LOREN CUNNINGHAM

(MIT JANICE ROGERS)

DAS BUCH, DAS NATIONEN TRANSFORMIERT

DIE KRAFT DER BIBEL, JEDE NATION ZU VERÄNDERN

Das Buch, das Nationen transformiert

Die Kraft der Bibel, jede Nation zu verändern

Loren Cunningham (mit Janice Rogers)

ISBN 978-3-944108-35-3
1. Auflage Februar 2014

Originaltitel: The Book That Transforms Nations –
The Power of the Bible to Change Any Country

Bibelstellen der deutschen Version wurden in aller
Regel der Elberfelder Übersetzung entnommen.

Übersetzung: Markus Rapp
Cover: Albrecht Fietz, Image Design
Satz & Layout: Riccardo Meusel, www.stiftung-fuer-weltmission.org
Titelabbildung (Buch): © Robert, Fotolia.de
Titelabbildung (Globus): © Thorsten Schmitt, Fotolia.de
Druck: CPI books, www.cpibooks.de

Christus für Europa e.V.
Berliner Straße 1
16356 Werneuchen
033398-918771

Kontakt: info@christusfuereuropa.de

www.christusfuereuropa.de
www.isddbibelschule.de
http://cfeshop.rakuten-shop.de

Inhaltsverzeichnis

Teil 3: Transformierende Wahrheiten aus Gottes Buch

Teil 4: Gibt es Ausnahmen von der Regel?

Teil 5: Gottes Buch der ganzen Welt bringen

Teil 6: Halte deine Augen auf Gott gerichtet

Ein Gleichnis für die Nationen

Was andere über dieses Buch sagen

„Was ist heute eine wichtigere Botschaft als der Hinweis, dass die stärkste Waffe gegen alle Arten von Ungerechtigkeit, Gewalt und Terrorismus im Buch des Vaters liegt – in der Bibel? Ja, in vielen Fällen ist *Das Buch* immer noch da (wenn auch lange nicht überall, wie Loren hier aufzeigt), aber es herrscht heute ein großer Bedarf an Lehrern, Nachfolgern Jesu, Trainern, Pionieren, Reformatoren (und wie steht es mit den gelegentlichen „Schmugglern"?), um jede Festung des Unglaubens zu durchdringen und die Herrschaft Christi kühn zu proklamieren. Die Welt wartet und die Türen sind offen. Gott wartet – und wenn auch du noch wartest, dann lies dieses Buch. Es handelt nicht von Problemen, sondern von Lösungen. Ich wünschte, ich selbst hätte es geschrieben."

Bruder Andrew, „der Schmuggler Gottes"

„Ich glaube, *Das Buch, das Nationen transformiert* ist eines der bedeutendsten Bücher über Weltmission, das jemals geschrieben wurde. Ich kenne kein anderes Buch wie dieses. Es ist ein seltenes und außergewöhnliches Buch, das eine ganzheitliche Sicht vom Reich Gottes vermittelt, und enthält viele historische Beispiele und Modelle, wie ganze Nationen verändert werden, direkt bis in unsere eigene Zeit hinein. Ich werde dieses Buch zur Pflichtlektüre für alle unsere Gemeindegründer und Trainees machen, sodass sie seinen Inhalt verinnerlichen. Loren brauchte eine ganze Lebenszeit, diese Dinge zu verstehen – mögen wir sie von nun an unser Leben lang praktizieren! Dies könnte sehr wohl der wichtigste Beitrag sein, den Loren bislang für die Erfüllung des Missionsbefehls geleistet hat."

Bob Roberts, Pastor, North Wood Church; Gründer des Glocalnet; Autor von Transformation und Glocalization

„*Das Buch, das Nationen transformiert* unterrichtet, informiert und inspiriert Diener Gottes weltweit, wie Gott die Transformation von Nationen bewirkt. Sein Wort setzt Kraft frei, um jede Nation zu verändern. Loren Cunningham kann mit Autorität über dieses Thema sprechen. Erstens, weil er die Vision der Transformation von Nationen vor mehr als 30 Jahren empfing. Zweitens, weil er die größte dezentrale Schule der Welt gegründet hat, in der die Bibel treu gelehrt wird. Und drittens, weil er wahrscheinlich der einzige Missionar ist, der jedes Land der Erde bereist hat."

Luis Bush, Transform World Connections, International Facilitator

„Es ist inspirierend, über den Unterschied zu lesen, den Gottes Wort in der Vergangenheit bewirkt hat. Darüber hinaus hilft es uns, uns vorzustellen, welchen Unterschied es in der Zukunft machen wird, wenn wir es in unserem Leben und unserer Kultur anwenden."

Steve Douglas, Präsident Campus Crusade for Christ International

„Auf diesen erfrischenden Seiten zeigt Loren Cunningham klar, dass, wenn die Wahrheiten der Bibel praktiziert werden, die Folge Transformation ist – für den Einzelnen, eine Familie, oder eine ganze Nation. Loren zeigt aus den Seiten der Geschichte auf, dass diejenigen, die sich am Gesetz des Herrn erfreuen, fruchtbar und gesegnet sein werden."

Paul Eshleman, Gründer, Das JESUS Film Projekt

„In diesem globalen Dorf hängt unsere Zukunft von der Zukunft aller Nationen ab … und die Zukunft jeder Nation hängt von ihrer Fähigkeit ab, Gottes Wort zu empfangen. In diesem Buch gibt Loren Cunningham seine einsichtsvolle und visionäre Antwort auf die Frage: Wie kommen verschiedene Kulturen dahin, Gott zu gehorchen und auf Jesus Christus zu hören? Es ist faszinierend, ihm in seiner Untersuchung so vieler verschiedener Menschen und Kulturen in der Geschichte und Geographie zu folgen."

Prof. Dr. John C. Badoux, Ehren-Präsident des Swiss Federal Institute of Thechnology Laussanne (EPFL)

„In *Das Buch, das Nationen transformiert*, legt Loren die Grundlage, warum das Wort Gottes nicht nur Gottes Instrument ist, Menschen zu Christus zu ziehen, sondern auch ein Instrument, ganze Völker zu transformieren. Ich glaube, dass dieses Buch nicht nur seine Leser als Jünger trainieren wird, sondern dass es auch Gottes Wort ehrt und auf seinen gebührenden Platz erhebt. „Denn du hast dein Wort groß gemacht über deinen ganzen Namen“ (Psalm 138,2).“

Danny Lehmann, Direktor von YWAM der Hawaii Inseln und Mitglied des YWAM Internationalen Globalen Leiter Teams.

„*Das Buch, das Nationen transformiert* ist sowohl eine Erinnerung daran, was Gott in der Vergangenheit getan hat, als auch eine praktische Anleitung, was jeder Gläubige heute tun kann. Loren Cunningham wird deine Vorstellung entzünden und deine Hoffnung für die Welt erneuern.“

Rick Warren, Pastor und Autor von „Kirche mit Vision“

„In den vielen Jahren, seit ich diesen modernen missionarischen Statesman, Loren Cunningham, persönlich gut kenne, hat er nicht nur eine Leidenschaft für die Verlorenen, sondern auch einen Drang vom Heiligen Geist, die Bibel verteilt, studiert und gelehrt zu sehen. Als ich dieses Buch las, verstand ich besser, warum dieser Drang immer da war. Gottes Wort formt wirklich Geschichte.“

Dean Sherman, Internationaler Dekan des College of Christian Ministries, University of the Nations

„Gottes lebendiges Wort ermöglicht es uns, unserem Herrn Jesus Christus zu begegnen. Wir können dann die Kraft des Heiligen Geistes empfangen, um uns selbst zu transformieren, unsere Familien, unsere Gesellschaft und unsere Nation. In Korea empfingen wir die Bibel und wurden mit dem Heiligen Geist erfüllt. Die große Erweckung und Transformation in unserem Land im 20. Jahrhundert wurde legendär. Diese Transformation geht immer noch weiter, nicht nur in Korea, sondern an vielen Orten der Welt. Loren Cunninghams neues Buch zeigt sehr anschaulich, wie Christen überall die kostbaren ersten Schritte tun, um ihre Länder zu verändern. Wir müssen dieses Buch lesen!“

Dr. KunMo Chung, Vorsitzender des Koreanischen Nationalen Gebetsfrühstücks; Vorsitzender von Habitat for Humanity Korea; Präsident der Myongji Universität

„Gottes Liebe für alle Nationen der Erde wird durch Lorens spannende Berichte und wahren Lebensgeschichten übertragen. Angesichts der geistlichen Finsternis an vielen Orten der Welt bietet dieses Buch Hoffnung und ist eine starke Erinnerung an die unbegrenzte Kraft der Bibel.“

Joyce Meyer, Bestseller Autorin und Bibellehrerin

„Loren Cunningham ist ohne Frage einer der größten missionarischen Leiter des 20. Jahrhunderts und setzt seinen Einfluss ins 21. Jahrhundert fort, als einer der führenden Pioniere der Gemeinde Christi. Es ist keine Überraschung, dass ein Buch über *Das Buch* und seine Kraft ganze Kulturen zu transformieren, von einem Mann geschrieben wird, der ein lebenslanger Beweis des Christus, des lebendigen Wortes ist, der durch das Leben eines Seiner treuen Diener reflektiert wird.“

Jack W. Hayford, Präsident, International Foursquare Churches; Chancellor des Kings College and Seminary

Vorwort

Während ich dieses Buch schreibe, muss ich gleich zu Anfang bekennen, dass ich mich nicht als einen Gelehrten sehe. Ich habe zwar mehrere Diplome, einschließlich einem Bachelor und weiteren Abschlüssen der Universität von Südkalifornien, und bin darum kein ungebildeter Mann. Aber ich kenne viele Leute, die sich der Forschung und dem Studium auf eine Weise verpflichtet haben, die ich nur bewundern kann. Zu diesen Experten gehören viele christliche Männer und Frauen, die bestimmte Themen oder Nationen ausführlich studiert haben, und dabei gleichzeitig ihr Knowhow mit einer Hingabe an das Wort Gottes kombinieren.

Dennoch habe ich einen einmaligen Ausgangspunkt, wenn ich über Nationen und die Probleme spreche, die in ihnen herrschen. Seit meiner frühen Berufung zum Dienst im Alter von 13 Jahren bin ich an der ganzen Welt interessiert. Als Erwachsener war ich ständig auf Reisen und habe meistens zwischen 30 und 40 Ländern pro Jahr besucht. Ich habe jedes Land der Erde besucht – ein seltenes Privileg, das ich vielleicht mit einem Dutzend anderer Menschen teile. Während ich das tat konnte ich beobachten, wie sich Nationen verändern. Dieses Buch entspringt aus meiner lebenslangen Beobachtung dieses Prozesses und einem lebenslangen Streben, das Wort Gottes für Nationen zu hören.

Meine Sichtweise ist keine Tiefenanalyse, sondern sie ist eher eine Meile weit und einige Zentimeter tief. Ich kann die großen Linien und das große Gesamtbild beschreiben. In vielen Kapiteln dieses Buches berühren wir Bereiche nur kurz, die eine viel tiefere Beschäftigung verdienen. Ich hoffe, dass dieses Buch viele Diskussionen eröffnet, und vertraue darauf, dass es deinen Appetit anregt, mehr darüber zu studieren, warum einige Nationen stark geworden sind, während andere immer noch in Verzweiflung leben.

Ich glaube wirklich, dass wir die Welt zum Besseren verändern können. Gott hat uns die Schlüssel für jedes Problem gegeben, das wir im 21. Jahrhundert haben – für Probleme in Entwicklungsländern ebenso wie für die Probleme der entwickelten Länder. Alles kann überall verändert werden.

Ich habe mein Leben diesem Zweck geweiht. Auf meinem Lebensweg hatte ich die Ehre, mit Millionen junger Männer und Frauen zu arbeiten, die dasselbe Ziel verfolgen. Ich habe dieses Buch mit dem Gebet geschrieben, dass auch du dich dieser Bewegung anschließt. Der Leib Christi hat die Antworten für die größten Probleme der Welt. Wir haben die Antworten zwischen den Buchdeckeln eines Buches, das viele von uns ihr Leben lang kennen. Wir können Nationen verändert sehen. Wenn wir die Bibel in mehr und mehr Leben säen, werden wir erleben, dass sowohl die Weltanschauung einzelner Menschen als auch ganzer Nationen korrigiert wird. Dies wird ihr Denken, ihre Werte und ihr Verhalten transformieren.

Während du dieses Buch liest achte auf die grundlegenden Ideen der Bibel, welche Nationen erneuern und verändern. Halte darüber hinaus nach Methoden Ausschau, wie zum Beispiel dem Erzählen von Geschichten. Gott selbst begann sein Buch in 1. Mose mit einer Geschichte, und 70 % der Bibel ist in der Erzählform geschrieben. Geschichten geben Wahrheiten in einen emotionalen Kontext wieder – das macht den Unterschied. Gottes Geschichten sind ewig, während unsere eigene Geschichte zeigt, dass Wahrheit heute noch relevant ist. Mögen die folgenden Geschichten von Männern und Frauen, die Nationen verändert haben, dich anspornen, selbst die Bibel zu nutzen, um Nationen zu transformieren.

TEIL I

WIR KÖNNEN ALLES GEWINNEN ODER ALLES VERLIEREN

Kapitel 1

Verlieren und Finden des Buches

Vor vielen Jahren predigte ein Missionar in den Tälern des östlichen Himalaja. Als er auf einem staubigen Marktplatz eines der Dörfer stand hielt er seine Bibel in die Höhe und sagte: „Dies ist Gottes Buch!"

Dann erzählte er den Menschen, was in dem Buch steht. Nachdem er gesprochen hatte, lief die Menge auseinander. Ein Mann kam auf ihn zu, der bekleidet war mit einer handgewebten Robe, wie man sie in einem der Dörfer der Hochebene des Himalaja trägt. Er fragte den Missionar: „Ist das wirklich Gottes Buch?"

„Ja, das ist Gottes Buch. Es ist für jeden Bereich des Lebens."

Der Dorfbewohner fragte: „Darf ich dir die Geschichte unseres Stammes erzählen?" Dann fing er an, die Geschichte zu erzählen, die sein Vater von seinem Vater und dieser wiederum von seinem Vater gehört hatte. Ihr Stamm war von weit her aus dem fernen Westen der großen Berge gekommen. „Wir haben früher immer nach Gottes Buch gelebt. Aber unsere Vorfahren wurden aus ihrem Land vertrieben." Er berichtete, wie sie eine gefährliche Reise ostwärts über die Gebirge unternahmen. „Während unser Volk die Berge überquerte, geriet es in einen heftigen Sturm und verlor das Buch."

Jetzt wusste sein Stamm nicht mehr, wie er leben sollte. Er hatte für viele Generationen nach dem Buch Ausschau gehalten. „Vor zwei Wochen hatte eine ältere Frau unseres Stammes einen Traum", sagte er. „Sie träumte, dass ein fremder Mann in dieses Dorf kommen und „Das Buch" hochhalten würde. Wenn die Ältesten an diesem bestimmten Tag jemanden zu dem Dorf senden würden, dann würde dieser den Fremden finden. Sie sandten mich. „Wirst du Gottes Buch meinem Stamm bringen, damit wir wieder wissen, wie wir leben sollen?“

Ein Missionar aus den Himalajas berichtete über diese erstaunliche Begegnung in der Gemeinde meines Vaters, als ich ein Teenager war. Heute, viele Jahre später, erinnere ich mich nicht mehr an den Namen des Missionars, aber ich habe seine Geschichte nie vergessen. Als er sprach, stellte ich mir vor, wie dieser Stamm das Himalaja-Gebirge überquerte. Ich konnte sehen, wie sie gegen den Wind ankämpften und vom Schneesturm geblendet wurden. Ich stellte mir ihre Freude vor, als sie ein sicheres Dorf fanden, und dann ihre Frustration und ihren Schmerz, als sie entdeckten, dass sie ihr einziges Exemplar von Gottes Buch verloren hatten. Wie tragisch.

Trauriger Weise ist die Tragödie des Verlustes von Gottes Buch und damit des Vergessens, wie man leben soll, im Verlaufe der Geschichte Völkern immer wieder passiert.

Abstieg in den Wahnsinn

Die Bibel berichtet von einem anderen Volk, welches „Das Buch“ verloren hatte und in Finsternis verfiel. Während der Herrschaft von König Manasse wandte sich das Königreich Juda von dem lebendigen Gott ab. Das Volk erfüllte das Land mit Götzendienst und Hexerei. Sie errichteten überall im Land heidnische Höhenaltäre und verunreinigten sogar den Tempel des Herrn mit Götzenbildern und Statuen der Aschera. Sie befragten Medien und Spiritisten anstatt Gott zu suchen. König Manasse etablierte Götzenanbetung im Tempel Gottes, und Tempelprostituierte dienten den Lüsten ihrer Besucher. Das Volk betete sogar den Götzen Moloch an, indem sie sein Steinbild bis zur Rotglut erhitzten, um dann ihre neu geborenen Babys darauf zu legen und sie zu verbrennen. Sogar der König selbst verbrannte seine Söhne als Opfer für Moloch. König Manasse vergoss so viel unschuldiges Blut, dass er Jerusalem von einem Ende bis zum anderen damit erfüllte.

Als Manasses Sohn Amon König wurde, war er so gottlos und böse, dass seine eigenen Mitarbeiter ihn zwei Jahre, nachdem er an die Macht gekommen war, ermordeten. Dann nahm das Volk Rache und brachte die Mörder um, welche Verrat gegen Amon begangen hatten. Inmitten all dieses Blutvergießens wurde der 8-jährige Josia auf den Thron seines Vaters gesetzt. Kannst du dir eine gefährlichere Situation vorstellen als die, in der dieser Junge aufwuchs?

Erstaunlicher Weise fiel der junge König in dieser Atmosphäre von Intrigen, Verrat und Gefahren nicht zurück in die bösen Wege seines Vaters. Stattdessen begann er, Gott zu suchen.

Die Bergung eines lange verlorenen Schatzes

Als Josia 26 Jahre alt war gab er den Befehl, den Tempel Gottes zu restaurieren. Eines Tages, inmitten all des Drecks und Durcheinanders, fand der Priester Hilkija etwas in einem Versteck, das in Tücher eingewickelt war. Als er die schützende Hülle entfernt hatte hielt er vergilbte Rollen in der Hand. Er hielt den Atem an als er erkannte, was er da gefunden hatte: Lange vergessene Schriftrollen – das Wort Gottes, weggelegt vom Volk und dann schließlich verloren.

Der Priester eilte mit den Schriftrollen zu Schafan, dem Sekretär des Königs, und rief aufgeregt: „Ich habe das Buch gefunden!"

Schafan brachte die Schriftrollen direkt zu König Josia und teilte ihm mit, was Hilkija gefunden hatte. Der König befahl Schafan, die Schriften laut vorzulesen. Als Josia zuhörte ging es ihm wie ein Stich durchs Herz, als er sich der Schuld vor Gott aufgrund seiner eigenen Sünden und der Sünden seines Volkes bewusst wurde. Er tat Buße und bat Gott, ihm und dem Volk zu vergeben. Er versprach, dem Herrn in allem zu gehorchen, was in den Rollen geschrieben steht. Dann versammelte Josia das ganze Volk vom Geringsten bis zum Höchsten und las ihnen das gesamte Wort Gottes laut vor.

Eine große Erweckung und Transformation, die das ganze Land verwandelte, brach los. Das Volk lernte alles über Gottes Bund aus dem Buch, und welche Segnungen daraus folgen, wenn es in einen solchen Vertrag mit Gott eintreten würde. Plötzlich erkannten sie, was sie der Abfall von Gott alles gekostet hatte. Der Schmerz dieser Offenbarung traf sie ins Herz und sie folgten ihrem König unter Tränen und Bittgebeten in die Buße, dass Gott ihnen vergeben und ihr Land heilen möge.

Daraufhin führte Josia das Volk dahin, alles Böse aus ihrem Land zu entfernen. Auf Befehl des Königs zerstörten sie alle heidnischen Altäre und stoppten alle bösen Praktiken. Sie trieben alle Prostituierten aus dem Tempel und vernichteten die Stätten, an denen sie ihre Babys geopfert hatten. Josia befahl dem Volk, alle Götzen zu zerstören und die Statuen der Aschera und der Astarte zu verbrennen.

Auf jede erdenkliche Weise richtete Josia sein Herz darauf, den Worten der Schrift zu gehorchen, und leitete das Volk darin an, dasselbe zu tun. Unglücklicher Weise führte der König, welcher Josia folgte, das Volk wiederum auf Irrwege, weg von dem Buch, worauf sie erneut Zeiten der Bedrängnis erlebten. Wir können jedoch von König Josia und seiner Generation lernen, wie wir Heilung und Wiederherstellung in unsere Nationen bringen können.

Das Buch, das Nationen transformiert

Ganz gleich ob im alten Israel, in den entlegenen Bergen des Himalaja oder in unserer eigenen Nation – es gibt viele Wege, wie wir Gottes Wort verlieren können. Die Folgen sind immer tragisch. Auf der anderen Seite sind immer Segnungen das Ergebnis, wenn eine Nation Gottes Buch wiederentdeckt. Durch die gesamte Geschichte sehen wir folgende Tatsache: Wenn eine kritische Masse von Menschen die Bibel ernst nimmt, und das, was sie lehrt, auf ihr Leben anwendet, dann wird eine Nation transformiert. Das ist die große Idee hinter diesem Buch, die wir detailliert untersuchen wollen.

Ein zweischneidiges Schwert

Es ist wunderbar zu erfahren, dass es Hoffnung für unsere Nation gibt, wenn sie die Bibel annimmt und ihre Wahrheiten in die Praxis umsetzt. Bevor wir jedoch begeistert über die Tatsache werden, wie großartig es ist, die Bibel zu haben, müssen wir uns ernsthaft das Gegenteil dieser Feststellung vor Augen führen, was ebenso wahr ist, ganz gleich, welche Nation wir uns heute anschauen: Wann immer eine kritische Masse eines Volkes die Bibel ablehnt und aufhört, ihre Wahrheiten auf ihr Leben anzuwenden, dann beginnt diese Nation, sich selbst zu zerstören.

Die Segnungen, derer wir uns durch die Bibel erfreuen, sind kein dauerhaftes Erbe. Unsere Entscheidungen bestimmen, ob wir daran festhalten oder nicht. Viele gläubige Christen sind sich einigermaßen unserer biblischen Grundlagen der westlichen Zivilisation bewusst. Viele sind sich jedoch nicht im Klaren darüber, wie kurz wir davor stehen, die Segnungen wieder zu verlieren, welche auf diesen Fundamenten geschaffen wurden.

Wir müssen uns einigen schwerwiegenden Fragen stellen: Haben wir einen „Punkt ohne Rückkehr“ überquert, was die „Ent-Christianisierung“ des Westens betrifft? Sind wir dabei, unsere Führungsrolle zu verlieren, und damit die Lebensweise, an die wir uns gewöhnt haben und die wir erwarten? Wenn wir die Quelle unserer Segnungen ablehnen, wie lange werden wir uns dann noch der Freiheit, Sicherheit, Kreativität und des materiellen Wohlstands erfreuen können? Ich glaube, es gibt sowohl Gründe dafür, sich Sorgen zu machen, als auch Gründe zur Hoffnung. Diese wollen wir im nächsten Kapitel betrachten.

Kapitel 2

Was wird es kosten?

China ist mit großen Schritten dabei, die führende Nation der Welt zu werden, während der Westen von einer Abwärtsspirale bedroht ist. Diese Tatsache wurde mir ganz neu in einem Gespräch mit einem Journalisten aus China bewusst. Wir waren mit tausenden Leitern aus vielen Nationen in Gisborne, Neu Seeland, versammelt, wo wir den Beginn des neuen Jahrtausends erwarteten. Viele internationale Pressevertreter waren um Mitternacht unter der Menge am Meerufer von Gisborne dabei, weil der neue Tag in dieser Stadt beginnt. Darum war dies die erste Stadt der Welt, die den Sonnenaufgang des neuen Jahrtausends erleben würde. Ich war dorthin geflogen, um zu einer Versammlung von Christen zu sprechen, und um dort das Jahr 2000 gemeinsam in Lobpreis und Anbetung zu begrüßen.

Während dieses historischen Moments begann ich eine Unterhaltung mit einem Journalisten einer führenden Zeitung Chinas. Ich sagte zu ihm: „China kann in diesem neuen Jahrhundert die führende Weltmacht werden." Der Mann schaute mich ganz erstaunt an. Ich sprach weiter: „China wird in den nächsten drei bis vier Generationen die neue führende Weltmacht werden, wenn zwei Bedingungen erfüllt sind …" Nachdem ich dem Reporter die beiden Bedingungen genannt hatte, sah er nachdenklich und hoffnungsvoll aus. Ich hingegen war ernüchtert bei dem Gedanken an die so gefährdete Lage, in der sich mein eigenes Land befindet.

Welche beiden Bedingungen müssen erfüllt werden, damit China zur führenden Weltmacht wird? Die erste Bedingung: China wird zur führenden Weltmacht, wenn sein Volk weiterhin mit der derzeitigen Bekehrungsrate zu Nachfolgern Jesu wird und diese ihr Leben auf die Bibel gründen.

Ein erstaunliches Wachstum

Um zu verstehen, was heute in China passiert, müssen wir die jüngere Geschichte verstehen. In den letzten Jahrzehnten hat die kommunistische Lehre radikal die traditionellen Religionen Chinas untergraben und aufgelöst – den Taoismus und den Buddhismus. Das gilt insbesondere für die Regierenden und die führenden Innovatoren aller Bereiche. Das daraus resultierende Vakuum hat den Weg für ein erstaunliches Wachstum der christlichen Kirche bereitet, denn trotz aller Versuche der Kommunisten haben sich die Chinesen geweigert zu glauben, dass es keine geistliche Dimension des Lebens gibt. Die Hauskirchen in China – die Untergrundgemeinden – sind die schnellstwachsenden Gemeinden der Welt. Experten sagen, dass die chinesische Kirche mit erstaunlichen 3 bis 4 Prozent pro Jahr wächst, so dass es mittlerweile geschätzte 110 Millionen Christen gibt, was 8,5 Prozent der Bevölkerung entspricht.

Es ist schwer, sich solche Zahlen richtig vorzustellen. Stellen Sie sich vor: Wenn diese Christen eine Nation wären, dann wären sie die elftgrößte Nation der Welt!

Das Wort Gottes schlägt schnell Wurzeln im Leben des chinesischen Volkes. Interessanter Weise sind viele dieser Neubekehrten junge Leute, die ihr ganzes Leben gelehrt wurden, dass es keinen Gott gibt. Trotz aller Verfolgung, die vom Verlust an Jobchancen bis zum Verlust der Freiheit oder sogar des Lebens reicht, wenden sich jedes Jahr Millionen von Chinesen Christus zu. Sie finden Gott und sein Buch. David Aikman, der frühere Büroleiter des Time Magazin und langjähriger Beobachter der Entwicklung in China, sagte: „China ist dabei, ein christliches Land zu werden. Ich erwarte, dass China in den nächsten 20 Jahren zwischen 20 und 30 Prozent Christen haben wird.“

Eine geheime Diplomfeier

Kürzlich wurde ich persönlich Zeuge dieses Wachstums als ich mich mit Gläubigen im hinteren Raum einer alten Fabrik traf, am Stadtrand einer der Großstädte Chinas. Alle Fenster waren mit schwarzem Plastik verhüllt. Auf allen Straßen, die zu unserem Versammlungsraum führten, waren Christen mit Handys platziert, die uns sofort warnen würden, falls die Polizei auftauchten sollte. Trotz all dieser Sicherheitsmaßnahmen war die Gefahr so groß, dass die Gläubigen ihre Lieder nur leise und zurückhaltend sangen.

Ich war angereist, um eine Predigt für die Abschlussklasse einer geheimen Bibelschule in China zu halten. Ich fühlte mich nicht wirklich würdig, ihr Begrüßungssprecher zu sein. Die meisten dieser jungen Leute hatten bereits Verfolgung erlitten. Zwölf ihrer ehemaligen Studenten waren den Märtyrertod gestorben. Als ich jedoch ihrer ruhigen aber leidenschaftlichen Anbetung zuhörte empfing ich etwas von ihrer Begeisterung. Sie waren unerschrocken, mutig und bereit, ihren Dienst zu tun, ungeachtet der persönlichen Kosten. Die jungen Männer und Frauen, die ich an diesem Tag sah, sind nur ein winziger Teil einer großen Bewegung, die Kirchenhistoriker staunen lässt und in den Herzen mancher traditioneller Leiter Chinas Furcht auslöst. Wenn die Chinesen weiterhin ihre Hoffnung auf den Gott der Bibel setzen und Seinem Wort gehorchen, dann wird ihre Nation an Wohlstand wachsen und vielleicht bald die Welt anführen.

Die zweite Bedingung für China, zur führenden Nation der Welt zu werden, wird erfüllt sein, wenn die westlichen Nationen sich mit gleichbleibender Geschwindigkeit weiterhin von der Bibel abwenden. Amerika und andere westliche Nationen werden zunehmend schwächer in ihrer Führungsrolle.

Ist Amerika heute ein unentwickeltes Land?

Diese Frage stellte vor kurzem der Ökonom Dr. Michael Schluter, Mitautor des Buches „The R Factor“ (The Relationship Faktor = Der

Beziehungsfaktor) einer Gruppe von Leitern von Jugend mit einer Mission. Dr. Schluter ist einer der Gründer der Stiftung für Beziehungen, die ein Hauptvermittler für die Schritte zur Versöhnung war, welche zum Ende der Apartheitsära in Südafrika führten.

Als Dr. Schluter diese überraschende Frage stellte, waren wir ein wenig sprachlos und verwundert. Er erklärte weiter, dass Gott eine Nation vermutlich nicht gemäß ihrem Einkommen richtet, sondern aufgrund dessen, wie genau sie der Bibel gehorcht – insbesondere Gottes großem Gebot, sowohl Ihn als auch einander zu lieben. Wenn gesunde Beziehungen, und nicht das Durchschnittseinkommen der Bürger oder das Bruttosozialprodukt der Standard wären, gemäß dem eine Nation beurteilt wird, dann würden die USA einen ganz anderen Rang in der globalen Bewertung haben, als es gegenwärtig noch der Fall ist.

Schauen wir uns die Fakten an. Amerika hat eine der weltweit höchsten Scheidungsraten: 43 Prozent aller Ehen enden in einer Scheidung innerhalb von 15 Jahren. Amerika hat zwei Millionen Gefängnisinsassen, was die höchste Pro-Kopf-Rate der Welt darstellt, und die Sucht nach Alkohol, Drogen, Glücksspiel und Pornographie nehmen immer mehr überhand.

Warum ist die amerikanische Gesellschaft so zerbrochen, obwohl mehr als 84 Prozent der Amerikaner sich als Christen bezeichnen? Die Antwort ist klar. Während viele bekennen, dass sie neu geboren seien und fast 70 Prozent der Amerikaner jede Woche in die Kirche gehen, führen die meisten ihr Leben nicht gemäß dem Wort Gottes. Laut einer Umfrage der George Barna Group aus Ventura in Kalifornien treffen nur sieben Prozent der Erwachsenen zwischen 18 und 35 Jahren ihre moralischen Entscheidungen auf der Grundlage der Bibel. Für ältere Menschen über 35 Jahren liegt der Prozentsatz etwas höher, bei 18 Prozent. Worauf stützen sich die Amerikaner, um ihre Entscheidungen zu treffen? Laut dieser Umfrage treffen die meisten von ihnen ihre Entscheidungen aufgrund ihrer „Gefühle“ oder „dem Nutzen“, den sie sich selbst erhoffen.

Europa gibt sein Erbe auf

Die Nationen Westeuropas wenden sich von Gott und der Bibel sogar noch schneller ab als dies in Amerika der Fall ist. Europäer sehen die Kirche und den Glauben an Gott als altmodisch und unwichtig an, oder betrachten ihn sogar als ein Hindernis für Fortschritt. Eine Langzeitstudie, welche europäische Werte analysierte, zeigt, wie weit sich die Europäer mittlerweile von ihrem christlichen Erbe entfernt haben. Nur 21 Prozent der Europäer sagen, dass ihnen Religion „sehr wichtig" ist, und nur 15 Prozent nehmen an irgendeinem Gottesdienst teil. Nur wenige glauben noch an Himmel, Hölle oder Sünde.

Andere Studien bestätigen dieses deprimierende Bild. In England nehmen nur 11 Prozent einmal pro Monat an einem Gottesdienst teil. Kein Wunder, dass die Prozentsätze für Ehescheidung, alleinerziehende Eltern, Selbstmord und Drogensucht so hoch sind, und dass die Gewalt in den Städten stetig zunimmt. In Norwegen wird die Hälfte der Kinder durch unverheiratete Frauen zur Welt gebracht, und es wird immer mehr zur Normalität, dass Paare nicht mehr heiraten. In Deutschland, der Geburtsstätte der Reformation, gehen nur noch 8 Prozent der Menschen regelmäßig in die Kirche.

Trauriger Weise herrscht in diesen einst christlichen Nationen mittlerweile Feindseligkeit gegenüber denen, die in lebendiger Beziehung zur Kirche stehen. Stattdessen werden New Age, heidnische Kulte und okkulte Praktiken oder Philosophien gefeiert, die sich wachsender Beliebtheit erfreuen.

Das Wachstum des Islam in Europa verschärft die Situation zusätzlich. Die muslimischen Geburtsraten übersteigen bei weitem die der nicht muslimischen. Aus Gründen, die Experten bis heute nicht ganz verstehen, bekommen die Europäer weniger Babys. Sie haben eine negative Geburtenrate – gebären also nicht genug Kinder, um sich selbst zu reproduzieren. Andererseits hat Europa Millionen von Gastarbeitern eingeführt, wovon die meisten aus dem Nahen Osten und aus Nordafrika stammen. Diese muslimischen Immigranten haben hohe Geburtsraten. Wenn dieser Trend anhält, wird der Islam gegen Ende dieses Jahrhunderts die vorherrschende Religion in Europa sein.

Während westliche Nationen den Zuwachs des Islam in Europa fürchten, scheinen sie für ihr größeres Problem blind zu sein – den Verlust ihres eigenen Glaubens. Wenn wir im Westen weiterhin die Bedeutung Gottes herunterspielen oder sogar Seine Existenz leugnen und uns von den absoluten Wahrheiten abwenden, die in der Bibel offenbart werden, dann wird unsere Leiterschaft in der Welt weiter abnehmen. Unsere Kulturen werden sich mehr und mehr dem Streben nach Vergnügung und dem Materialismus zuwenden, wodurch Mangel an Verantwortungsgefühl, Unehrlichkeit, Korruption und Gewalt zunehmen werden. Wir werden zu einer neuen Armut herabsinken. Wie Juda zur Zeit der Regierung von König Manasse, werden Amerika und der Westen zerfallen. Und wenn China sein erstaunliches Wachstum fortsetzt, dann wird es innerhalb von drei oder vier Generationen zur führenden Nation der Welt aufsteigen.

Dennoch glaube ich nicht daran, dass der Westen seinen Niedergang fortsetzen muss. Wir können sehen und erleben, dass sowohl China und der Westen – sowie alle Nationen der Welt – sich zu dem Potenzial erheben, welches Gott in jedes einzelne Land gelegt hat. Wir können erleben, dass sowohl der Westen als auch China in Frieden und Einheit zusammenleben und demselben Gott dienen. Wir können unsere Länder verwandelt und unsere Grundlagen wiederhergestellt sehen. Und diese Grundlagen befinden sich in einem Buch – Gottes Buch!

Wenn wir unsere Hoffnung in Gott setzen und in der Kraft des Heiligen Geistes anfangen, die Nationen zu Jüngern zu machen, indem wir sie alles lehren, was Gott in Seinem Buch offenbart hat, dann können wir jede Nation der Erde verwandelt sehen. Wagen wir es, dies zu glauben und entsprechend zu handeln?

Kapitel 3

Wir können den Trend umkehren!

Ist es möglich, eine Gemeinschaft, eine Stadt oder ein ganzes Land zu transformieren? Jesus muss gedacht haben, dass es möglich ist. Er sagte uns, wir sollen beten, dass Sein Reich komme und Sein Wille auf der Erde geschehe, so wie er im Himmel geschieht. Er befahl uns, alle Nationen zu Jüngern zu machen und sie zu lehren, alles zu tun, was Er uns befohlen hat.

Wenn es nicht möglich wäre, dass Gottes Wille auf der Erde getan werden kann und dass Nationen Gottes weise Gebote erlernen, hätte Jesus dann diesen Auftrag gegeben? Das hätte Er nicht. Er ist gerecht und liebevoll. Er würde uns nicht auffordern, etwas zu tun, wenn dies für uns unmöglich wäre. Es ist klar, dass Er nicht wollte, dass wir uns zurücklehnen und den Status Quo akzeptieren.

Einige Leute sagen, dass wir das Böse auf der Erde nicht aufhalten können. Sie sagen, dass die Zeiten schlechter und schlechter werden, bis der Herr wiederkommt. Obwohl ich auch der Meinung bin, dass das Böse zunimmt, glaube ich nicht, dass Jesus ein Fatalist war – und ich bin es auch nicht. Wir können dazu beitragen, dass unsere Länder transformiert werden. Die Bibel sagt: Wo die Sünde zunimmt, da nimmt die Gnade umso mehr zu. Der Herr will nicht, dass wir uns angesichts des zunehmenden Bösen zurückziehen und aufgeben.

Glaubst du, dass die Zukunft besser werden kann? Beachte, dass der Befehl Jesu, alle Nationen zu lehren und zu Jüngern zu machen, zwischen zwei guten Gründen für Hoffnung eingebettet ist: Er versichert uns, dass Er alle Autorität empfangen hat, und Er verspricht, immer bei uns zu sein. Jesus sagt:

„Mir ist alle Macht (Autorität) gegeben im Himmel und auf Erden. Darum geht nun hin und macht alle Nationen zu Jüngern, indem ihr sie tauft auf den Namen des Vaters und des Sohnes und des Heiligen Geistes, und sie lehrt, alles zu halten, was Ich euch geboten habe! Und siehe, Ich bin bei euch alle Tage bis zur Vollendung des Zeitalters“ (Matthäus 28,18-10).

Er lässt uns nicht allein mit der Aufgabe, Nationen zu verändern. Er erwartet nicht, dass wir dies in unserer eigenen Kraft tun. Das Alpha und Omega lädt uns ein, unter Seiner Autorität mit Ihm zusammenzuarbeiten.

Wenn wir die Bibel lesen gewinnen wir Zuversicht. Wir entdecken, dass Gott alles erschaffen hat und alles zusammenhält: Das, was wir sehen ebenso wie das, was wir nicht sehen können. Jesus lehnt sich nicht teilnahmslos und desinteressiert am Zustand der Welt zurück. Stattdessen ist Er aktiv und gebraucht Seine Kraft und Autorität, um Nationen und Menschen mit Sich zu versöhnen. Und Er bittet uns, diesen größten Kampf der Geschichte mit Ihm auszufechten.

Leben in der Realität

Wenn wir Verzweiflung oder Apathie nachgeben, dann leben wir nicht gemäß der Realität. Wir müssen darauf schauen, wer wir in Christus sind und unser Rückgrat durch Seine Kraft stärken lassen.

Ich habe weltweit vielen Gemeinden die Frage gestellt: „Wer von euch wurde gerettet?“ Im ganzen Saal gehen dann die Hände hoch. Dann frage ich: „Wer unter euch ist perfekt?“ Niemand hebt seine Hand. Dann frage ich: „Aber wer von euch ist jetzt viel besser als vor seiner Wiedergeburt“ Wieder gehen alle Hände hoch.

Wir können erleben, dass Gott Nationen auf dieselbe Weise transformiert, wie Er unser eigenes Leben transformiert hat. Der Apostel Johannes sagte: „Derjenige, der in euch ist, ist größer als der, der in der Welt ist.“ Der Apostel Paulus bezeugte, dass Christus über jeder Macht und Autorität thront. Wenn wir uns die Welt im Licht dieser Wahrheiten anschauen, dann sollten wir uns bewusst machen, dass

Sünde und Zerbrochenheit nicht triumphieren müssen. Wir sollten aufstehen und alles tun, was wir können, damit dieser Triumph des Bösen nicht stattfindet.

Die Welt muss nicht böse sein

Einige sagen vielleicht, dass ich unrealistisch sei und für irgendeine Utopie eintrete. Nein. Es gibt keine perfekte Nation bis Jesus wiederkommt und das neue Jerusalem aufrichtet. Andererseits muss die Welt nicht böse sein. Sünde wird finsterer, gewiss, aber das Licht strahlt auch immer heller. Die Bibel sagt, dass die Finsternis das Licht niemals auslöschen wird. Jesus sagte, dass Er das Licht der Welt ist, und Er sagte auch, dass wir als Seine Nachfolger das Licht der Welt sind.

Eine Insel, gefüllt mit Gläubigen

Ich bin jedes Mal ermutigt wenn ich Orte besuche, an denen Menschen des Lichts zahlenmäßig die der Finsternis übertreffen. Die Insel Atafu in der Tokelau-Inselkette ist einer dieser Orte. Ich fuhr dorthin auf einem der Missionsschiffe von JmeM. Wir besuchten eine Reihe von Nationen im mittleren Pazifik, in denen wir mit einfachen Puppenshows evangelisierten, den Leute Unterricht erteilten und medizinische Hilfe anboten. Als wir nach Atafu kamen fanden wir heraus, dass nahezu alle der 275 Bewohner dieser Insel ihr Leben Jesus anvertraut hatte.

Als die Bewohner hörten, dass wir ebenfalls Christen seien, hießen sie uns auf herzliche Weise willkommen. Wir bauten unsere Puppenshow auf dem Marktplatz auf, und sehr schnell kam eine Menschenmenge zusammen. Als unser Team die Puppen bewegte und eine einfache Evangeliumsbotschaft weitergab, schaute ich umher. Die Erwachsenen lachten fröhlich und unbeschwert wie Kinder. Ich freute mich und nahm alles in mir auf. Was für eine wundervolle, stressfreie Umgebung!

Später kam der Pastor der einzigen Gemeinde der Insel zu mir und teilte mir seine Sorgen mit. Er war besorgt, weil einer der Männer den Saft der Kokosnüsse gärte, um daraus Alkohol zu machen und sich gelegentlich zu betrinken. Der Pastor teilte mir auch mit, dass einige der Leute manchmal lügen würden. Ich ermutigte ihn, dachte aber im Stillen daran, mit was für Problemen Pastoren in anderen Teilen der Welt konfrontiert sind. Wie wunderbar, dass dies die größten Probleme der Insel Atafu waren.

Der Kontrast hätte nicht größer sein können als wir über Nacht mit unserem Schiff zur nächsten Insel fuhren. Wir fanden schnell heraus, dass die Menschen dieser Nachbarinsel nur Namenschristen waren. Obwohl sie uns höflich begrüßten, konnten wir spüren, dass die Inselbewohner uns nicht wirklich dort haben wollten. Sie waren verspannt, reizbar und schienen innerlich voller Ärger zu sein. Wir waren traurig als wir hörten, dass es auf der Insel gerade eine Vergewaltigung gegeben hatte – etwas, das im nahegelegenen Atafu unvorstellbar war.

Von Gefäßen und Betten

Wie können wir erleben, dass das Licht in unserer Nachbarschaft so leuchtet, wie auf der Insel Atafu? Wie können wir erleben, dass unser Licht die Finsternis in der Welt mehr und mehr überwindet? Das wird nur dann passieren, wenn wir völlig hingegeben und engagiert sind. Jesus sagte, dass wir das Licht der Welt sind, doch wir können dabei nicht passiv sein. In Markus 4,21 erzählt Jesus das Gleichnis einer angezündeten Lampe, die unter ein Gefäß (den Scheffel) oder unter ein Bett gestellt wird. Was wollte Er damit sagen?

Ein Gefäß oder Scheffel symbolisiert materielle Versorgung. Wenn wir nur dafür leben, unsere eigenen Bedürfnisse und die unserer Familie zu befriedigen, dann stellen wir unser Licht unter unser Gefäß. Wir führen ein Leben des Materialismus und lassen unser Licht nicht leuchten.

Jesus sagte auch, dass wir unser Licht nicht unter ein Bett stellen sollen. Das Bett ist ein Symbol für Bequemlichkeit. Wenn wir nur dafür leben, es bequem zu haben, und es daher vermeiden, je in eine Situation zu geraten, in der es unbequem wird, dann verstecken wir das Licht Christi.

Der Herr will, dass Sein Licht in aller Welt scheint, damit selbst die Menschen es sehen können, die in Gegenden großer Finsternis leben. Das wird nur geschehen, wenn wir anfangen, Ihm zu gehorchen, und Ihn fragen, wie wir Sein Licht in die Welt bringen können. Was sagt Jesus uns dazu?

Nicht nur Errettung, sondern Jüngerschaft

Wenn wir Nationen transformieren wollen, dann müssen wir zuerst Menschen dahin führen, dass sie Jesus Christus als ihren persönlichen Retter annehmen. Jesus sagte uns in Markus 16,15, dass wir in die ganze Welt gehen und die gute Nachricht jedem Menschen predigen sollen. Das ist der Startpunkt. Und trotzdem warten heute noch eineinhalb Milliarden Menschen darauf, dass wir diesem Befehl gehorchen. Um es anders auszudrücken: Ein Viertel der Weltbevölkerung hat noch niemals das Evangelium gehört. Wir müssen das Licht zu ihnen hinbringen. Wenn wir Menschen die Chance geben, auf die Gute Nachricht zu reagieren, dann werden viele von ihnen aus der Herrschaft der Finsternis in das Reich des Lichts versetzt. Das bedeutet Errettung. Es ist ein Wechsel der Staatsbürgerschaft.

Doch selbst wenn wir jedem Menschen auf der Erde diese Chance geben, auf das Evangelium zu reagieren, so reicht das nicht aus. Errettung ist nur der halbe Missionsbefehl. Jesus beauftragte uns mit der anderen Hälfte – Jüngerschaft – in Matthäus 28,19-20. Hier sagt Er uns, dass wir Jünger machen sollen, und zwar nicht nur aus einzelnen Menschen (wie es in Markus 16,15 betont wird). In Matthäus 28 sagt Er uns, dass wir in ganzen Nationen denken sollen. Schauen wir uns nochmals die Worte Jesu aus Matthäus 28,19-20 an.

Jünger machen

„Geht hin und macht zu Jüngern …“

Was bedeutet es, Jünger zu machen? Jüngerschaft ist der Prozess, einen Menschen in die Transformation gemäß den Standards der Bibel zu führen. Paulus sagte in Römer 12,2, dass diese Transformation bedeutet, einen neuen Sinn, also eine neue Art des Denkens zu empfangen. Die Verwandlung des Denkens geschieht, wenn eine Person sich Gott unterordnet, auf Ihn hört und Sein Wort aufnimmt.

Wir machen andere zu Jüngern, indem wir der Methode Jesu folgen, welche ein klassisches Modell für alle Lehrer ist. Zuerst tat Jesus vor den Augen Seiner Jünger etwas Neues. Dann lehrte Er sie die Bedeutung dessen, was Er gerade getan hatte. Als nächstes gab Er Seinen Jüngern die Gelegenheit, es nun selbst zu versuchen, ihn nachzumachen. Während sie Sein Verhalten kopierten blieb Er ihnen als Trainer zur Seite. Dann sandte Er sie aus, dasselbe allein zu tun. Danach kamen sie zurück und berichteten von ihren Ergebnissen. Das ist der Prozess der Jüngerschaft.

In den nächsten Kapiteln werden wir viele Beispiele sehen, wie wir vom Prozess der Jüngerschaft einzelner zum Prozess der Jüngerschaft ganzer Nationen gelangen können. Kurz gesagt machen wir Nationen zu Jüngern, indem wir mit Einzelnen beginnen, genau wie Jesus es tat. Wenn Individuen transformiert werden, indem sie Gottes Wahrheiten auf alle Bereiche ihres Lebens ebenso wie auf den Bereich der Gesellschaft, in dem sie leben und arbeiten, anwenden, dann werden sie andere beeinflussen, die dann wieder andere beeinflussen. Irgendwann kommt der Zeitpunkt, an dem genügend Jünger vorhanden sind – eine Minderheit, jedoch eine machtvolle – um die ganze Nation zu verändern. Jesus gebrauchte das Beispiel vom Sauerteig, um diesen Prozess zu verdeutlichen: Ein kleines Stück Teig beeinflusst und durchdringt die gesamte Masse. Es wird zu einer unaufhaltsamen, viralen Kraft.

Alle Nationen

„Macht zu Jüngern alle Nationen …“

Jesus beauftragte uns, alle Nationen zu Seinen Jüngern zu machen. Alle! Ohne Ausnahmen. Er sagte nicht, dass wir nur an leichte Orte gehen sollen oder an solche, an denen es legal ist, andere zu bekehren. Er sagte uns, dass wir zu allen gehen sollen. Wir sollen kein Land meiden, weil es zu hart, zu groß, zu gefährlich, zu hoffnungslos, zu bekannt oder zu fremd ist, zu weit oder zu nah. Das Evangelium und seine begleitenden Segnungen sind für alle Nationen. John Wesley sagte einmal: „Ich sehe die ganze Welt als meine Gemeinde!“ Wir müssen unser Denken erweitern und die ganze Welt umarmen, indem wir sie sehen, wie Gott sie sieht – jeder Mensch und jedes Land ist kostbar für Ihn!

Tauft sie

„Tauft sie auf den Namen des Vaters und des Sohnes und des Heiligen Geistes …“

Später werden wir in diesem Buch die Bedeutung dessen erkennen, dass Gott in drei Personen wirkt, wenn es um den Prozess der Jüngerschaft ganzer Nationen geht. Doch was bedeutet der Befehl Jesu, die Gläubigen zu taufen, für uns? Einige mögen sich fragen: Wie können wir eine ganze Nation taufen? Natürlich kannst du eine Nation nicht buchstäblich taufen, so wie du eine Person taufst. Was meint Jesus also damit? Indem wir mehr und mehr Individuen taufen und sie sowohl mit dem Wort als auch mit Jesus selbst – dem lebendigen Wort – in Beziehung bringen, werden wir schließlich eine gläubige Minderheit haben, die ihr Land verändert. Das ist die Weise, wie ganze Nationen in ein biblisches Weltbild eingetaucht und dazu auferweckt werden können, so dass Veränderungen in jedem Bereich der Gesellschaft geschehen.

Lehrt sie

„Lehrt sie, allem zu gehorchen, was Ich euch befohlen habe …“

Jesus gebot uns darüber hinaus, alle Nationen zu lehren und gab uns einen Lehrplan dafür – alles, was Er uns gelehrt hat. Das ist unser Lehrplan: Alles! Die ganze Bibel ist unser Lehrbuch für das Lehren von Nationen. Beachte jedoch, dass es sich nicht allein um Kopfwissen handelt, welches wir vermitteln sollen. Jesus sagte, wir sollen die Nationen lehren zu gehorchen. Dies ist eine große Aufgabe, die jedoch für uns nicht unerfüllbar ist. Wir können alles tun, was Jesus uns befohlen hat, weil Er uns die Kraft dafür gibt.

Jesus selbst lebte uns das ganze Wort vor. Er kam auf die Erde, um uns zu zeigen, wie die Wahrheit im wirklichen Leben praktisch aussieht. Dann sagte Er uns, dass wir hingehen und andere lehren sollen, während Er versprach, überall mit uns zu sein. Er fasste sogar die Botschaft zusammen, die wir predigen und lehren sollen. Er sagte, dass die wichtigsten Gebote die seien, den Herrn, unseren Gott zu lieben mit unserem ganzen Herzen, unserer ganzen Seele und mit unserem ganzen Denken, und unseren Nächsten zu lieben wie uns selbst. Dies ist unsere Botschaft in Kurzform. Dies sind die Prinzipien, die wir die Nationen lehren sollen.

Kalte und unpersönliche Prinzipien – ganz gleich, wie gut sie auch sein mögen – werden Menschen oder Nationen jedoch niemals verändern. Wir verbreiten das Reich Gottes wenn wir einen Bund mit Gott eingehen, nach Seinen Prinzipien zu leben. Wir geben alle Rebellion gegen Ihn auf und empfangen Seine Vergebung durch Seinen Sohn. Wir werden lebendig. Sein Geist kann uns dann erfüllen und Gottes Wort zu etwas Lebendigem für uns machen. Wir beginnen zu entdecken, wer das lebendige Wort im geschriebenen Wort ist. Jesus arbeitet nun daran, Seine Prinzipien zu einem festen Bestandteil unseres Charakters zu machen. Unser Charakter, der durch unsere Worte und Taten zum Ausdruck kommt, wird zum Sauerteig in unserer Gesellschaft, der alles hin zur Gerechtigkeit beeinflusst, wo immer wir sind. Das ist die Art, wie Gottes Reich kommt und Sein Wille auf der Erde genauso wie im Himmel geschieht.

Kapitel 4

Erweckung oder Transformation?

In den letzten Jahren hören wir viel über die Notwendigkeit einer Erweckung in unserer Generation. Doch Erweckung ist nicht genug. Unsere Nationen brauchen Transformation.

Worin besteht der Unterschied? In einer Erweckung erleben viele Menschen die Kraft Gottes. Tausende lernen Jesus als ihren Retter kennen, manchmal sogar die Mehrheit aller Menschen einer Region. Die Leute geben sündige Lebensstile auf, was oft von Manifestationen der übernatürlichen Kraft Gottes begleitet wird – Heilung der Kranken sowie Zeichen und Wundern. Es ist eine Zeit großer Begeisterung, während der Menschen kaum schlafen oder essen können, weil sie so berührt davon sind, was sie Gott tun sehen, und sich fragen, was Er wohl als Nächstes tun wird.

In der Kirchengeschichte können wir eine ganze Reihe von Erweckungen studieren. Um nur einige Beispiele zu nennen: Erweckung kam nach England in den Tagen von George Whitefield und den Wesley-Brüdern, später auch nach Amerika in der Zeit von Jonathan Edwards und einige Zeit darauf durch die Predigten von Charles Finney. In der jüngeren Zeit ereignete sich Erweckung in Wales am Anfang des 20. Jahrhunderts und breitete sich von da in den 50er Jahren nach Schottland aus. Danach verbreiteten sich neue Feuer der Erweckung durch die Jesus-People-Bewegung in Süd-Kalifornien in den späten 60er und 70er Jahren. Die Erweckung der Brownsville Assemblies of God Gemeinde in Pensacola, Florida, dauerte mehr als fünf Jahre an und berührte hunderttausende Menschen.

So sehr wir solche Zeiten der Erweckung brauchen: Wenn sie dauerhafte Veränderung hervorbringen soll, dann muss Erweckung zum nächsten Schritt führen: der Transformation. Dies geschieht, wenn wir uns in unsere Bibeln vertiefen und Gott bitten, uns die Prinzipien zu offenbaren, nach denen wir unser Leben ordnen sollen. Diesen Prozess nannte Paulus die Erneuerung des Denkens.

Dies geschah überall in England vor mehr als zwei Jahrhunderten. Während des Wirkens von John Wesley führte die Erweckung zur Transformation. Man könnte es sogar eine Revolution nennen.

Wesley und die Revolution der wahren Arbeiter

Die Menschen aller Zeitalter meinen, dass sie in der bösesten und schlimmsten aller Zeiten leben. Das ist die menschliche Natur. Aber in vielen Dingen standen John Wesley und seine Nachfolger vor weit härteren Herausforderungen als wir heute. Es ist schwer, sich vorzustellen, wie gottlos und grausam England in der Mitte des 18. Jahrhunderts war. Tausende zogen während der industriellen Revolution in die Städte, um ein besseres Leben zu finden. Stattdessen endeten sie als menschliches Futter für die Mühlen und Bergwerke. Es war eine Zeit großer Finsternis.

Das Elend stößt auf taube Ohren

Niemand trat als Fürsprecher für Männer, Frauen und Kinder ein, die lange und gefährliche Stunden unter den unmenschlichen Bedingungen der Fabriken und Bergwerke für einen erbärmlichen Lohn arbeiteten. Hunger war Alltag. Tausende verfielen Alkoholismus und versuchten, dem täglichen Horror zu entfliehen. Die Schwachen und Jungen wurden Opfer von Tuberkulose, Diphtherie, Cholera und einer Vielzahl anderer Krankheiten, die sich in den überfüllten Slums ausbreiteten.

Die Kinder der Armen gingen auf keine Schule. Bereits im Alter von vier oder fünf Jahren mussten sie in den Fabriken oder Minen arbeiten, oft mehr als zwölf Stunden am Tag. In Textilfabriken arbeiteten Kinder als Lumpensammler und Näher, die Stoffe auf Maschinen zusammennähten und unter bewegliche Maschinenteile krochen, um Stoffe, die sich gelöst hatten, einzusammeln. Einige wurden skalpiert, wenn sich ihre Haare in den Maschinen verfingen; einigen wurden die Hände zermalmt; andere fielen in die Maschinen und starben. In Streichholzfabriken starben massenhaft Kinder durch das Einatmen von Phosphor. Wenn sie es überlebten hatten sie durch Phosphor zerfressene Zähne.

In der Tiefe der Bergwerke zogen Kinder die Kohlenwagen oder krochen mit großen Körben voll Kohle auf dem Rücken durch die engen Gänge. Die Besitzer der Bergwerke hätten Pferde oder Maultiere einsetzen können, doch es kostete sie zu viel, diese bei den häufigen Stolleneinbrüchen ständig zu ersetzen. So benutzten sie kleine Kinder, die durch schmale Gänge kriechen konnten, welche für Erwachsene zu eng waren.

Trotz all dieser grausamen Behandlung verschloss die Kirche ihre Ohren für die Armen. Die großen Kirchen wurden bequeme Orte für die Reichen. Deismus und der Glaube an einen „Uhrmacher"-Schöpfer, der sich in die menschlichen Affären nicht einmischt, war ihre beherrschende Theologie. Dieser Glaube, gepaart mit einem fatalistischen Calvinismus, gab der damalige Generation wenig Anreiz, etwas an diesen furchtbaren Zuständen zu ändern.

Ein seltsam erwärmtes Herz

Zum Glück bereitete Gott einen Nationen-Veränderer vor. John Wesley war ordinierter Pastor der anglikanischen Kirche, für den die Dinge jedoch nicht gut liefen. Er hatte immer danach gestrebt, das Richtige zu tun. Als Studenten in Oxford waren John und sein Bruder Charles Mitglieder einer Gruppe, die sich „der heilige Club" nannte. Ihr diszipliniertes Gebet und Bibellesen zog ihnen den Spott ihrer Mitstudenten zu, weshalb man sie „Methodisten" nannte.

Trotz all seiner Bemühungen war Wesley voller Selbstzweifel und sich seiner eigenen Errettung ungewiss. Er versagte als Missionar, als er in die amerikanische Kolonie Georgia ging. Völlig niedergeschlagen kehrte er nach Hause zurück und war bereit, den Dienst ganz aufzugeben. Dann geschah etwas, das ihn bis ins Innerste veränderte. Am 24. Mai 1738 besuchte er eine Bibelstunde im Londoner Stadtteil Aldersgate und hörte der Lesung eines Herrnhuter Lektors aus Luthers Vorwort zum Römerbrief zu. Wesley schrieb später über diese lebensverändernde Erfahrung in seinem Tagebuch:

„Ungefähr um viertel vor neun, als der Sprecher die Veränderung beschrieb, die Gott im Herzen durch Glauben an Christus bewirkt, fühlte ich mein Herz seltsam erwärmt. Ich spürte, dass ich für meine Errettung in Christus vertraue, in Christus allein. Plötzlich wurde mir die Gewissheit zuteil, dass Er alle meine Sünden weggenommen und mich vom Gesetz der Sünde und des Todes errettet hatte."

Dies veränderte alles. Gottes Liebe erfüllte Wesley, und er wusste nun, dass seine Sünden wirklich vergeben waren. Sofort begann er damit, die gute Nachricht anderen zu predigen.

John und sein Lieder schreibender Bruder Charles glaubten, dass sie die Kirche von England reformieren könnten. Die strikt konservativen Gemeinden hießen ihr emotionales Predigen und Singen jedoch nicht willkommen. Die Brüder wurden buchstäblich aus einer Gemeinde nach der anderen ausgeschlossen. So brachten die Wesleys ihre Botschaft nach draußen unter freien Himmel. Das war zur damaligen Zeit schockierend, denn so etwas wurde außer von ihnen nur noch von einem Freund ihres „Heiligen Clubs" in Oxford praktiziert, George Whitefield. Als die Wesleys und Whitefield den Armen predigten entzündeten sie ein Feuer, das zu einer der größten und radikalsten sozialen Bewegungen aller Zeiten wurde.

Bausteine für eine Reform

Obgleich einige von Johns Bekehrten aus der Oberschicht kamen waren es hauptsächlich die Armen und Verzweifelten, die in Scharen zu ihm strömten, um ihn zu hören. Viele tausende schmutziger und armer Arbeiter, die nicht lesen konnten, hörten das Evangelium und fanden neue Hoffnung.

Die Wesley-Brüder hatten bald alle Hände voll zu tun, um diese Neubekehrten zu Jüngern Jesu zu trainieren. Keine Gemeinde war bereit, diese ungepflegten neuen Gläubigen aufzunehmen, und so begann John kleine wöchentliche Gruppen, in denen er über einen christlichen Lebensstil im Alltag lehrte. Er reiste ständig zu Pferd – über 400.000 Kilometer während seiner Lebzeiten – predigte zu Ungläubigen, organisierte Neubekehrte in kleine Jüngerschaftsgruppen und trainierte Laienleiter. Insgesamt trainierte er 10.000 Kleingruppenleiter. Diese Kleingruppen, welche „Klassen" genannt wurden, waren der Baustein für die Reformation. In ihnen wurden die neuen Gläubigen als Jünger geschult und ihr Leben verändert. Dort lernten sie Rechenschaft, Ehrlichkeit, christliches Leben, Leiterschaft, und den Wert der Zusammenarbeit für gemeinsame Ziele.

Verhindern eines Blutbads

Im Jahr 1798 zählten die Methodisten, wie sie genannt wurden, bereits 100.000 Mitglieder. Sie glaubten, dass Gott sie berufen habe, „die Nation zu reformieren, insbesondere die Kirche, und um geistliche Heiligkeit im ganzen Land zu verbreiten". Die Botschaft der Wesleys betonte die „Ganzheitlichkeit" des Evangeliums. Es reichte ihnen nicht, nur die Seelen der Menschen zu retten. Auch deren Verstand, ihr Körper und ihre Umgebung mussten transformiert werden.

Aufgrund dieser Überzeugung ging der Dienst von John Wesley in England weit über das Evangelisieren hinaus. John organisierte einen medizinischen Dienst, einen Bücherladen, freie Schulen und Unterkünfte für Witwen. Er stellte sich bereits gegen die Sklaverei bevor der bekannteste Vertreter gegen Sklaverei, William Wilberforce, geboren wurde. Wesley nahm sich der sozialen Missstände an und trat für religiöse Freiheit ein. Auf diese Weise erweckte er das Gewissen der Nation für das Übel der Ausbeutung der Armen. Er gründete Spinnerei- und Nähläden und studierte selbst Medizin, damit er den Bedürftigen besser helfen konnte.

Durch Wesleys Dienst wurden darüber hinaus Vereinigungen für Arbeiterrechte sowie für Sicherheit am Arbeitsplatz gegründet.

Der ehemalige britische Premierminister David Lloyd George sagt, dass die Methodisten für mehr als 100 Jahre die führenden Leiter der Gewerkschaftsbewegung waren.

Ein Beispiel für einen christlichen Reformer war der bibelgläubige Geschäftsmann Samuel Plimsoll. Er glaubte, dass es falsch sei, dass Händler ihre Schiffe mit Menschen und Waren überluden und dann einfach mit den Schultern zuckten, wenn ihre Schiffe sanken und alle ertranken, während sie sich danach nur um das Einstreichen großer Versicherungssummen kümmerten, um ihre Verluste auszugleichen. Zur Bekämpfung dieses Übels erfand Plimsoll ein Symbol, welches sichtbar diejenigen Schiffe markierte, die nach Sicherheitskriterien beladen worden waren. Diese Erfindung, welche heute noch Plimsoll-Zeichen genannt wird, rettete über die Jahre Tausenden das Leben.

Ein anderer Evangelikaler, Robert Raikes, kam auf die Idee der Sonntagsschulen für arbeitende Kinder, um ihnen eine Chance auf Bildung zu geben. Andere, die durch die methodistische Erweckung berührt wurden, arbeiteten für die Reformation von Waisenhäusern, Krankenhäusern und Gefängnissen. Florence Nightingale und Elizabeth Fry waren zwei dieser Reformer, die für die Entwicklung des Berufs der Krankenhelfer und für ihre Gefängnisarbeit bekannt wurden. Das geistige Erbe John Wesleys umfasst auch die Emanzipation der Frau. Wesley behandelte Frauen als geistlich gleichwertige Mitarbeiterinnen in der methodistischen Bewegung. Viele Glaubenspioniere wie Josephine Butler, Susan B. Anthony und Charles Finney folgten den Fußspuren der Wesleys, indem sie sich für die Rechte der Frauen auf höhere Bildung und berufliche Entwicklung einsetzten, einschließlich einer Laufbahn im geistlichen Dienst. Die ehemaligen Methodisten William und Catherine Booth griffen das geistliche Erbe Wesleys auf und setzten tausende von Frauen für den Dienst durch die Heilsarmee frei. So erweckten sie die Kirche wieder für den Dienst an den Armen außerhalb der Kirchenpforten.

Während diese Reformen in England geschahen beobachteten Teile der Elite Englands die Französische Revolution von 1789-

1799 voller Furcht, denn sie sahen, wie diese sich in ein Blutbad verwandelte, in dem die Adeligen, Priester und andere einflussreiche Leute getötet wurden. Etwas ähnliches hätte durchaus auch in England geschehen können! Aber der Historiker J. Wesley Bready meint, dass ausgerechnet die Erneuerungsbewegung, angeführt von John Wesley, solche Ausschreitungen verhindert hat. Die Erweckung wandelte sich zu einer Transformation, welche bedeutsame politische, wirtschaftliche und soziale Veränderungen bewirkte, so dass Ungerechtigkeit und Armut verringert und tausende von Menschen in eine stabile Mittelklasse erhoben wurden.

Optimismus und Berufung

Die methodistische Erneuerungsbewegung beeinflusste nicht nur England. Sie verbreitete sich ebenfalls in andere europäische Länder und nach Amerika. John Wesleys Nachfolger gingen als Missionare in die sich neu entwickelnde Nation, die Vereinigten Staaten. Genauso schnell wie sich die amerikanischen Siedler gen Westen über den Kontinent ausbreiteten kamen die Methodistenprediger auf ihren Pferden. Sie kamen mit der Bibel in der Hand und mit anderen Büchern, bereit zu predigen und Gemeinden zu gründen. Schon bald gab es in jeder neuen Siedlung eine methodistische Gruppe. Die Botschaft der Methodisten vom freien Willen und der Gnade Gottes beeinflusste die Vereinigten Staaten und setzte Optimismus und das Bewusstsein einer göttlichen Berufung frei.

Wesley erlebte nicht mehr die Früchte aller Reformen, die durch ihn angestoßen wurden, um seine Nation zur Jüngerschaft zu führen. Aber es ist schwer, sich unsere heutige Welt ohne den Einfluss der zehntausenden von Menschen vorzustellen, welche in Kleingruppen die Bibel studierten und sie auf ihr Leben anwandten. Doch all das begann damit, dass das Herz eines einzelnen Mannes auf übernatürliche Weise erwärmt wurde, und dieser daraufhin Gott und Seinem Wort gehorchte, indem er seine Nation lehrte, wie sie auf gottgemäße Weise leben kann. Gott will das gleiche heute wieder tun!

Kapitel 5

Wage es zu träumen!

Was wäre, wenn der Trend in unserer Nation umgekehrt würde? Wie würde deine Nation aussehen, wenn mehr und mehr Menschen die Wahrheiten der Bibel in ihrem Leben anwenden würden? Es mag schwer sein, sich ein Land vorzustellen, in dem die Mehrheit der Menschen die weisen Absichten Gottes für das Leben und die Schöpfung umsetzt. Ich persönlich kann mir dies leichter vorstellen, als die meisten jungen Menschen es können.

Ich wuchs in Los Angeles auf, inmitten einer Gegend, in der viele Rassen miteinander lebten. Es lebte sich dort so sicher, dass wir unsere Haustür nachts offenlassen konnten. Als Junge fuhr ich mit meinem Fahrrad in der ganzen Stadt umher, ohne dass meine Eltern sich Sorgen machen mussten. Ich hörte damals nichts von Drogen wie Marihuana, Heroin oder Crack in der Schule. Nur wenige Kinder rauchten Zigaretten oder tranken Alkohol. Die Leute glaubten, dass Sex nur zwischen einem Mann und einer Frau stattfinden sollte, die zusammen in einer Ehe leben. Wenn ein unverheiratetes Paar ein Kind bekam, dann heirateten die beiden entweder oder gaben das Baby zur Adoption frei. Man sprach nicht über sexuelle Perversion, denn die meisten Amerikaner hatten noch nie davon gehört. Fast jede Ehe hielt „bis das der Tod sie schied". Nur sehr selten traf man Jugendliche, deren beide Eltern nicht verheiratet waren und zusammen lebten.

Versuche, dir das Gute dieser früheren Zeit vorzustellen, nur noch viel besser, ohne Böses und ohne Verführungen. Wie würde es aussehen, wenn in unserem Umfeld mehr und mehr Leute gemäß den Standards der Wege Gottes leben würden, wie die Bibel sie offenbart? Dabei schauen wir nicht zurück auf die gute alte Zeit, sondern wir schauen nach vorn auf das, was Gott zu unseren Lebzeiten bewirken kann. Wage es, dir folgende Dinge vorzustellen:

- Eine Mehrheit ehrt Gott, achtet einander und sieht das Leben als Gottes Gabe.
- Jede Mutter kennt den Wert ihres ungeborenen Kindes und jeder Vater sorgt für die liebevolle Stabilität, die sein Kind braucht.
- Rassismus ist selten. Versöhnung und Einheit bringt alle Rassen und Volksgruppen zusammen.
- Wir müssen Gewalt oder Diebstahl nicht mehr fürchten.
- Verbrecherbanden lösen sich aus Mangel an Mitgliedern auf. Stattdessen finden junge Menschen wahre Gemeinschaft und den Sinn ihres Lebens im Leib Christi.
- Menschen halten die Straßen sauber. Niemand malt Graffiti auf Wände von Gebäuden oder U-Bahnen.
- Die meisten Menschen schützen die Umwelt und praktizieren gute Verwalterschaft über die Schöpfung Gottes.
- Kindesmissbrauch und ehelicher Missbrauch verschwinden.
- Ehen werden nur noch extrem selten geschieden.
- Gebrochene Beziehungen werden geheilt, indem Menschen Buße tun und einander vergeben.
- Es gibt keine öffentlichen Skandale mehr.
- Firmen versuchen, einander mit Barmherzigkeits-Kampagnen zu übertreffen.
- Politiker, Beamte und Richter sind wahre Diener der Allgemeinheit.
- Milliarden Euro werden freigesetzt für soziale Arbeiten, weil es so wenig Korruption, Betrug oder Steuerhinterziehung gibt.

- Die Produktivität der arbeitenden Bevölkerung steigt stark an, weil Sucht nach Alkohol, Drogen und Pornographie auf ein Minimum schrumpft und die Menschen mit Umsicht und Freude und gemäß ihrer Gaben arbeiten.
- Leere Gefängnisse müssen für andere Zwecke umgebaut oder abgerissen werden.
- Wir schauen über unseren Tellerrand, um Menschen in fernen Ländern zu helfen, ihnen das Evangelium zu bringen und für ihre Bedürfnisse zu geben.
- Menschen sprechen die Wahrheit in Liebe. Weltlichkeit und üble Nachrede werden die Ausnahme, anstatt länger die Regel zu sein.

Was kann noch alles geschehen? Wie könnte deine Nation aussehen? Wage es zu träumen – und dann im Glauben hinzugehen und diese Dinge in die Realität zu bringen.

Es kann deine Nation sein

Wenn wir eine Nation mit Eigenschaften wie diesen sehen, welche gesegnet ist mit Wohlstand und Freiheit, dann werden wir in der Geschichte dieser Nation unausweichlich Menschen wie John Wesley finden, die Gott suchten und Zeit mit Seinem Buch verbrachten, um Wege zu finden, ihre Nation zu Jüngern zu machen.

Heute hält Gott Ausschau nach neuen Leuten, die Sein Wort ernst nehmen und es als Vorlage dafür studieren, um Nationen zu transformieren und ihre Generation zu beeinflussen. Diese Person könntest du sein. Indem du Zeit in Seiner Gegenwart verbringst und Sein Wort studierst, wird es jeden Bereich deines Lebens verändern. Wenn du dies tust, wirst du die Menschen um dich herum beeinflussen. Und indem mehr und mehr Menschen dies tun, wird eine ganze Nation verändert. Es könnte deine Nation sein.

Ein reines Lippenbekenntnis zu Gott verändert weder einzelne Leben noch ganze Nationen. Eine Bibel zu haben und nicht zu lesen, wird uns ebenfalls nicht verändern. Stattdessen müssen wir die Bibel lesen und Gott durch die Kraft Seines Heiligen Geistes gehorchen. Indem wir Ihm und Seinem Wort gehorchen, entfaltet sich unser Charakter. Gottes Wort wird ein Teil von uns – der Standard für jeden Bereich unseres Lebens. Das ist es, was eine Nation verändert.

Wer sind die Nationen-Bauer?

In den letzten Jahren haben sich viele Leiter und Gelehrte darüber ausgetauscht, wessen Rolle es ist, Nationen zu bauen. Obwohl ihre Diskussionen das Internet füllen und es viele Artikel darüber gibt, habe ich von keinem eine klare Antwort auf diese Frage erhalten. Wer sind diese Nationenbauer? Armeen? Friedensorganisationen? Leiter von Regierungen? Die Vereinten Nationen? Um diese Fragen zu beantworten müssen wir die Begriffe definieren. Was ist eine Nation?

Wenn wir von einer „Nation" sprechen, dann meinen wir oft den Staat – die politische Organisation oder die Regierung. Wir denken in Begriffen von Grenzen, Ausweisen und Flaggen. Doch die Bibel gibt uns ein anderes Verständnis von Nationen. Im 1. Buch Mose sehen wir, wie aus Familien Stämme werden, die wiederum zu Nationen werden, welche durch sprachliche Unterschiede getrennt sind und sich oftmals über die ganze Welt verbreiten. Wenn wir es so betrachten, sind Nationen einfach Familien oder Stämme von Volksgruppen. Sie haben ein gemeinsames Erbe, eine Sprache, Glaubensinhalte und Verhaltensweisen, die wir „Kultur" nennen.

Das Wort Nation ist im Neuen Testament das griechische Wort ethne, von welchem sich unser Begriff ethnische Gruppe oder Volksgruppe herleitet. Ich glaube, dass dies immer noch die Weise ist, wie Gott Nationen sieht: Ethnische Gruppen, die aus Familien und Stämmen bestehen – Menschen, die eine gemeinsame Kultur und Sprache haben. Nationen sind Völker.

Wenn wir Nationen bauen wollen, dann müssen wir Menschen bauen – Familien, Stämme, Volksgruppen, und dadurch ganze Länder. Das ist die Aufgabe, die Jesus uns in Matthäus 28,19 gegeben hat. Er sagt, dass Seine Nachfolger Nationen bauen sollen. Doch auf welche Weise sollen wir das tun?

Sieben Orte, wo wir beginnen können

Wo beginnen wir? Das ist die Frage, die ich Gott 1975 stellte. Ich war besorgt wegen der Richtung, die mein Land und andere Länder einschlugen. Wie können wir die Entwicklungsrichtung unserer Länder verändern? Wie können wir es erleben, dass die Grundlagen von Moral und Güte erneuert und wiederhergestellt werden?

Im Sommer 1975 befand ich mich in Colorado, wo ich mit meiner Familie in den Bergen von San Juan Urlaub machte. Wir bewohnten eine Holzhütte, die uns ein Freund zur Verfügung gestellt hatte. Eines frühen Morgens, als ich neben dem Kamin saß, sprach der Herr leise zu mir. Es gibt sieben Bereiche der Gesellschaft, die wie Klassenzimmer sind, um Nationen zu Jüngern zu machen. Ich nahm mir einen Zettel und einen Stift, um die Gedanken aufzuschreiben, die mir ganz klar zuströmten. Ich konnte die sieben Bereiche kaum so schnell aufschreiben, wie sie kamen:

- Familie
- Religion (Gemeinde und Mission)
- Erziehung und Bildung
- Freizeit (Künste, Unterhaltung, Sport)
- Kommunikation (Medien)
- Wirtschaft (Firmen, Wissenschaft und Technologie)
- Regierung (Politik)

Das ist interessant, dachte ich, als ich sorgsam den Zettel faltete und in meine Hemdtasche steckte. Später an jenem Tag kam der Förster dieses Waldes auf seinem Motorrad zu unserer Holzhütte und wirbelte eine Staubwolke hinter sich auf. „Herr Cunningham“, sagte er, „da ist ein Anruf für sie in meinem Büro“.

Der Anruf war von einem Freund, der uns mitteilte, dass Bill und Vonette Bright, die Gründer von Campus für Christus, ebenfalls in Colorado auf Urlaub seien und mich und meine Frau Darlene treffen wollten.

Am nächsten Tag flog ein Freund unsere Familie in seiner Cessna über die Rocky Mountains, um Dr. Bill Bright und seine Frau zu besuchen. Ich wollte gerade den gelben Zettel aus meiner Tasche holen, um Bill davon zu erzählen, als er sagte: „Loren, der Herr hat mir mehrere Wege gezeigt, wie wir unsere Nation verändern können.“ Er entfaltete ein Blatt Papier und las vor, was darauf stand. Seine Liste war so gut wie identisch mit meiner! Dann zeigte ich ihm meine Liste.

In diesem Moment erkannte ich, dass dies nicht nur ein Wort für mich oder für „Jugend mit einer Mission“ war. Es war für den gesamten Leib Christi. Einige Tage darauf sprach ich in einer Kirche in Hamburg, die mit hunderten junger Menschen gefüllt war, und teilte ihnen die sieben Bereiche mit, von denen Gott will, dass wir darin arbeiten, um unsere Nationen zu verändern.

Einige Wochen später hörte meine Frau Darlene, dass Dr. Francis Schaeffer, der Gründer der L‘Abri-Gemeinschaft, in einem Fernsehinterview dieselbe Liste von Bereichen präsentiert hatte, in denen gläubige Christen Einfluss nehmen müssen.

Würdest du nicht zustimmen, dass, wann immer Gott drei Seiner Diener in drei verschiedenen Teilen des Leibes Christi unabhängig voneinander dieselbe Botschaft gibt, Er dadurch versucht, Seinem Volk eine wichtige Botschaft mitzuteilen? Damals wusste ich noch nicht, dass Männer und Frauen Gottes sich seit Jahrhunderten auf dieselben Bereiche konzentriert hatten, um ihre Nationen transformiert zu sehen.

In den nächsten Kapiteln wollen wir uns einige dieser Menschen anschauen. Es sind Helden, und ihre Geschichten sind voller Kraft. Sie sind die wahren Nationenbauer.

Teil 2

Portraits von Transformation

Kapitel 6

Ein wahrer Nationen-Bauer: William Carey

Indien

Es ist schwer, sich vorzustellen, was William Carey sah, als er sein Schiff 1793 in Indien verließ. Carey, ein Schuhmacher, Pastor und autodidaktischer Linguist, fand in jedem Bereich der indischen Gesellschaft vieles vor, was dringend transformiert werden musste. Ruth und Vishal Mangalwadi liefern uns in ihrem Buch: „The Legacy of William Carey – A Model for the Transformation of a Culture“ (Deutsch: Das Erbe von William Carey: Ein Modell für die Transformation einer Kultur) ein Bild davon, wie Indien damals aussah. Die folgenden Beschreibungen stammen aus diesem Buch.

Als Carey in Indien ankam, befand sich die Nation in den Fängen der schlimmsten Täuschung. Der Hinduismus sorgte dafür, dass nur eine kleine Minderheit an Personen – diejenigen an der Spitze der Gesellschaft – in den Genuss von materiellem Wohlstand und Bildung kamen. Das Kastensystem hielt die übrige Mehrheit der Bevölkerung in fortwährender Sklaverei. Die Inder sahen dies jedoch als die rechtmäßige und natürliche Ordnung der Dinge an. Die Angehörigen niedrigerer Kasten mussten nämlich für Sünden büßen, die sie in ihrem vorherigen Leben begangen hatten.

Die Hindulehrer verkündeten, dass es keinen Unterschied zwischen ihnen und den Göttern gäbe. Der Mensch bilde sich nur ein, vom Göttlichen getrennt zu sein. Darum ist alles, was die Menschen tun, ebenfalls göttlich. Dieser Glaube trennte ihre Religion von der Moral, so dass es für Inder möglich ist, sehr religiös zu sein – und gleichzeitig schreckliche Dinge zu tun.

Als Carey in Indien ankam hatten fast 3.000 Jahre Hinduismus die Zivilisation beinahe zum völligen Zusammenbruch geführt. Normale Schulbildung gab es so gut wie überhaupt nicht mehr. Die überall gegenwärtige Kultur der Bestechung hatte die Zinsen für geliehenes Geld von 36 auf fast 100 % ansteigen lassen, was Investitionen unmöglich machte.

Menschenrechte existierten nicht. Frauen wurden verachtet. Zum Beispiel stimmte der Hinduismus der Tötung weiblicher Babys zu, ebenso Kinderehen, Polygamie, dem Verbrennen der Witwen (suttee) und der Euthanasie bei Frauen. Die einzige Hoffnung einer Frau war es, ihrem Mann gut zu dienen und vielleicht als Belohnung im nächsten Leben als Mann geboren zu werden. Aussätzige wurden lebendig verbrannt, um ihnen eine bessere Neugeburt im nächsten Leben zu ermöglichen. Kranke Babys wurden drei Tage lang in einem Korb ohne jegliche Fürsorge aufgehängt, um zu sehen, ob sie den „bösen Geist" überwinden würden. Jeden Winter stießen Eltern ihre Kinder die schlammigen Abhänge des Hooghly-Flusses hinab, damit sie entweder ertranken oder von Krokodilen gefressen wurden. Die Leute sahen solche Mütter als sehr religiös an, wenn sie auf diese Weise ihre Kinder der Mutter Ganges opferten.

Wir könnten verstehen, wenn William Carey sich ganz auf die geistliche Errettung so vieler Menschen wie möglich konzentriert hätte. Doch er reduzierte seine Missionsarbeit nicht auf Evangelisation (die eine Hälfte des Missionsbefehls in Markus 16,15). Er widmete sich auch der anderen Hälfte (Matthäus 28,19). Carey begann mit der gigantischen Aufgabe, Indien in den Prozess der Jüngerschaft Jesu zu führen. Wir haben hier nicht den Raum, alles zu untersuchen, was dieser bemerkenswerte Nationen-Bauer alles tat. Für ein vertiefendes Studium empfehle ich, dass du Mangalwadis ausgezeichnete Bücher liest. Wir wollen uns jedoch kurz ansehen, auf welche Weise William Carey die sieben Gesellschaftsbereiche in Indien beeinflusste.

Familie

William Carey übernahm Verantwortung für die Aufgabe, die Familien Indiens zu reformieren. Er erkannte, dass kein Land frei sein kann, wenn seine Frauen unterdrückt und verachtet werden. Zuerst trat er für ein gesetzliches Verbot der Tötung ungewollter Babys ein – dieser Sieg wurde 1804 per Gesetz errungen. Es war noch viel schwerer, die schreckliche Praxis der Witwenverbrennung (nach dem Tode des Ehemannes) abzuschaffen. Doch Carey sorgte dafür, dass auch dies schließlich im Jahre 1829 gesetzlich verboten wurde.

Religion

Natürlich taten Carey und sein enger Mitarbeiterkreis viel im Bereich der Religion, indem sie die Gemeinde Jesu Christi auf indischem Boden bauten. Sie gründeten die Baptisten-Gemeinde Indiens, die sich bis zum heutigen Tag weiter multipliziert. Carey gründete auch die Serampore-Universität, in der die ersten indischen Pastoren trainiert wurden. Ebenso koordinierte er die Übersetzung der Bibel in fast 40 Sprachen, so dass Inder das Wort Gottes in ihrer eigenen Muttersprache lesen konnten.

Erziehung und Bildung

Carey gründete dutzende Schulen, die für Kinder aller Kasten und auch für Frauen zugänglich waren. Wie bereits erwähnt gründete er die Serampore-Universität, welche Asiens erstes allgemeinbildendes College war, wo auch die Heimatsprachen und Dialekte unterrichtet wurden. Er schrieb das erste Sanskrit-Wörterbuch für Lehrer und Studenten und gründete die erste Leih-Bücherei Indiens.

Unterhaltung und Künste

Der unermüdliche Missionar wirkte sogar an der Entwicklung der Künste Indiens mit. Carey setzte sich für Literatur ein, indem er große indische Klassiker übersetzte und veröffentlichte. Er erhob die Bengali-Sprache, die zuvor nur „für Dämonen und Frauen" als geeignet angesehen wurde, zur führenden Sprache der Literatur in Indien. Darüber hinaus schrieb er Gospelballaden auf Bengalisch und nutzte so die Vorliebe der Inder für musikalische Beiträge, um Christi Botschaft auf effektive Weise zu kommunizieren.

Medien und öffentliche Kommunikation

Carey brachte auch die Massenmedien nach Indien, indem er die erste Druckerpresse einführte und Inder lehrte, wie man sie gebraucht, und wie die Inder ihre eigenen Druckerzeugnisse damit herstellen konnten. Er gründete die erste Zeitung, die jemals in einer asiatischen Sprache gedruckt worden war. Er glaubte, „dass das Christentum den freien Austausch über die Wahrheit und alle wichtigen Themen suchen sollte". Seine englische Zeitung veröffentlichte Artikel, die dabei halfen, während der ersten Hälfte des 19. Jahrhunderts viele Sozialreformen in Indien durchzusetzen.

Wirtschaft

Es lässt sich kaum vorstellen, wo Indiens Wirtschaft heute stünde, hätte Carey nicht die Idee von Banken mit Sparkonten eingeführt und sich für vernünftige Zinsen und ausländische Investitionen stark gemacht. Doch das war noch nicht alles, was er zum Nutzen der Wirtschaft des Landes tat. Im Bereich der Technologie führte er den Dampfmotor in Indien ein. In der Medizin leitete er eine Kampagne, die sich für die humane Behandlung von Aussätzigen einsetzte, wodurch er den biblischen Wert vorlebte, Individuen mit Würde zu behandeln. In Bereich Wissenschaft gründete er die Agrargesellschaft, unternahm ein systematisches Studium der Landwirtschaft und führte die Lehre der Astronomie ein, um die Gebundenheit der Inder an Aberglauben und Astrologie zu schwächen. Als leidenschaftlicher Botaniker veröffentlichte Carey auch die ersten Bücher über Wissenschaft und eine Naturgeschichte. Er unterschied sich dabei völlig von den Hindus, die lehrten, dass die physische Realität nur eine Illusion sei und daher verachtet werden müsse. Stattdessen glaubte er der Bibel, worin Gott Seine Schöpfung betrachtete und sagte: „Es ist sehr gut".

Carey glaubte, „alle Werke sollen dich preisen, o Herr". Weil das Wort Gottes lehrt, dass der Mensch Herrschaft über die Natur ausüben soll, schrieb er Aufsätze zur Entwicklung der Forstwirtschaft bereits 50 Jahre eher als die indische Regierung sich damit beschäftigte.

Regierung

Einige der größten Erfolge Careys lagen im Einflussbereich der Regierung, wo er jedoch großen Hindernissen begegnete. Wir müssen uns vor Augen führen, dass, als Carey zuerst nach Indien kam, seine Arbeit sogar illegal war. Die britische Ost-Indien-Company hatte zusammen mit der britischen Krone alle Aktivitäten von Missionaren verboten. Einige betrachten heute im Rückblick viele der Reformen, die in Indien umgesetzt wurden, sehr positiv und meinen, dass die britische Kolonialregierung dafür verantwortlich sei. Das ist jedoch nicht der Fall. Die Engländer waren bereits seit dem Jahr 1600 in Indien, haben dort jedoch keine Reformen eingeführt.

Die Briten glaubten daran, dass man bestehende religiöse Traditionen und Gebräuche unter den kolonisierten Völkern unberührt belassen sollte, damit es für sie leichter sein würde, die Kolonien zu kontrollieren. Bevor Carey und seine bibelgläubigen Freunde den Schauplatz in Indien betraten hatte die Kolonialregierung Indien lediglich ausgebeutet. Sie hatten kein Interesse daran, dem indischen Volk zu helfen oder ihm Nutzen zu bringen.

Es waren die Nachfolger Jesu, die an diesen brisanten Themen unermüdlich arbeiteten. Andere gläubige Christen in der Heimat in England, wie William Wilberforce im Parlament, traten für Carey ein und brachten die Nöte Indiens ins Gespräch. Schließlich überzeugten sie das englische Gewissen davon, einen zivileren Kurs in ihrer Kolonie einzuschlagen und Reformen umzusetzen.

Einer der größten Kämpfe, den Carey sein ganzes Leben lang bestritt, wurde bis heute nicht gewonnen. Das Kastensystem ist weiterhin intakt und hält hunderte Millionen Menschen bis in unsere Generation in schrecklicher, auswegloser Armut.

In der jüngsten Vergangenheit zeigen sich die Regierungschefs der Welt erfreut über das wirtschaftliche Wachstum in Indien – ein Boom im privaten Sektor mit neuen Geschäftsvierteln in Städten, neuen Firmen, gepaart mit einem Wachstum der Mittelschicht. Doch die meisten dieser Leiter verschließen die Augen für die Tatsache, dass mehr als 160 Millionen Inder völlig von jeder Möglichkeit ausgeschlossen sind, an dieser neuen Wirtschaft teilzuhaben.

Die „Dalits", welche früher als „die Unberührbaren" bekannt waren, machen 17 % der indischen Bevölkerung aus. Der Begriff unberührbar ist wörtlich gemeint – wenn ein Dalit jemanden oder etwas berührt, das einer Person aus einer höheren Kaste gehört, dann muss diese erst durch ein Ritual der Reinigung gehen. Unter dem Kastensystem haben Dalits keinerlei Aussicht auf eine bessere Zukunft. Es schließt sie von jeglicher Arbeit aus, außer den niedrigsten Jobs, wie dem Reinigen öffentlicher Toiletten. Ebenso verbieten es Hindubräuche Dalit-Kindern, zur Schule zu gehen. Dalits verbringen ihr kurzes, elendes Leben mit dem Existenzkampf, nicht zu verhungern und ihre Familien in schmutzigen Slums durchzubringen, oder damit, am Wegesrand der Städte Indiens auf der Straße zu leben.

Die anderen, die an dem neuen Wirtschaftsaufschwung Indiens teilhaben, steigen einfach über ihre Körper hinweg oder gehen um sie herum, um eilig zu ihrem Arbeitsplatz zu gelangen. Der Kampf für die Abschaffung des Kastensystems muss weitergehen.

Dennoch sehe ich echte Veränderungen am Horizont. Die Kirche Indiens ist eine der schnellstwachsenden in der Welt. Tausende entscheiden sich jeden Tag dafür, an Jesus zu glauben. Laut Dr. J. N. Manokaran, einem Gemeindewachstumsforscher Indiens, glauben heute schätzungsweise 60 Millionen Inder, die in 400.000 Gemeinden und Hauskirchen gehen, an Christus. Über 300.000 Pastoren, Missionare und Evangelisten bringen eine große Ernte neuer Gläubiger ein und arbeiten daran, ihre Nation zu Jüngern Jesu zu machen. Joshua Pillai von DAWN Ministries (Disciple A Whole Nation = Eine Nation zu Jüngern machen) berichtet, dass indische Pastoren über 15.000 Gemeinden pro Jahr gründen. Das sind 41 neue Gemeinden pro Tag! Indische Gläubige haben Einfluss weit über ihre Grenzen hinaus. Zehntausende indischer Missionare gehen in andere Länder oder arbeiten in fremden Kulturen (cross-cultural) in ihrem eigenen Land. Einige Experten glauben, dass, wenn man die Inlandmissionare ebenfalls zählt, Indien auf Rang zwei der Nationen der Welt steht, die am meisten Missionare aussendet.

Carey hat eine starke Grundlage gelegt. Dennoch sind in dieser großen Nation hunderte Millionen Menschen bis heute nicht in ihrem Denken transformiert. Sie halten noch immer an ihren alten Wegen fest. Indien braucht weitere Nationen-Bauer, die das weiterentwickeln, was William Carey begonnen und angestoßen hat.

Kapitel 7

Ein Mann, den du treffen musst: Abraham Kuyper

Die Niederlande

Viele haben von William Carey gehört. Doch nur wenige kennen Abraham Kuyper, einen weiteren Nationen-Bauer. Ich möchte hier diesen Holländer vorstellen, der Prediger war und Premierminister der Niederlande wurde. Er hat uns vieles zu lehren – insbesondere, wie man ein treuer Zeuge für Jesus Christus in einer pluralistischen Gesellschaft sein kann. Gehen wir zurück zur Mitte des 19. Jahrhunderts in Europa, um diesen erstaunlichen Mann zu treffen.

In der Zeit Kuypers erholte sich der Kontinent immer noch von zwei großen Unruhen, zum einen von der blutigen französischen Revolution, zum anderen von den napoleonischen Kriegen. Zwei bestimmende Ideen entwickelten sich in dieser turbulenten Zeit: Der Marxismus und der theologische Liberalismus der romantischen Ära. Die meisten der größeren europäischen Universitäten widmeten sich dem Rationalismus und dem Humanismus, also dem Glauben, dass der Mensch in sich selbst Wahrheit finden und Probleme ohne Gott lösen kann. Diese Gedanken beherrschten auch die theologischen Fakultäten, an denen junge Pastoren ausgebildet wurden. Als sich Abraham Kuyper entschied, Pastor zu werden, schrieb er sich an einer holländischen Universität ein, wo seine Professoren ihn lehrten, dass Jesus nur ein Mensch gewesen und die Bibel eine Ansammlung von Mythen sei.

Neid auf den Glauben einfacher Menschen

Als Kuyper seine theologische Ausbildung abschloss und seine erste Stelle als Pastor übernahm hatte er nur noch wenig oder gar keinen Glauben mehr an einen persönlichen, aktiven Gott. Doch nach den ersten Monaten stellte er zu seiner Überraschung fest, dass er den Glauben der einfachen Leute in seiner kleinen Landgemeinde beneidete. Bald darauf führte ihn einer seiner Gemeindemitglieder zu Christus als seinem persönlichen Retter.

Indem er seine Überzeugungsgabe, seine intellektuellen Fähigkeiten sowie eine fast übermenschliche Energie einsetzte widmete sich Kuyper umgehend der Aufgabe, die holländische Kirche zu ihren biblischen Grundlagen zurückzubringen. Er nahm das Pastorat einer großen Kirche in Utrecht im Jahr 1867 an. Während seines Dienstes als vollzeitlicher Pastor wurde er auch Journalist, indem er politische und religiöse Artikel für die Zeitung schrieb. Er wurde für die nächsten 40 Jahre schließlich Chefredakteur von zwei verschiedenen Zeitungen – einer wöchentlichen und einer täglichen. Doch das war nicht alles. Er arbeitete auch als Erzieher und Schullehrer, als politischer Aktivist, als Mitglied des Parlaments, und schließlich als Premierminister von Holland, wobei er außer dem Amt des Premierministers alle diese Dienste für viele Jahrzehnte tat.

Entdeckung der Einflussbereiche

Es ist kein Wunder, dass Kuypers körperliche Stärke schließlich nachließ. Im Jahr 1875, nur ein Jahr, nachdem er ins Parlament gewählt wurde, musste er sich eine zweijährige Auszeit nehmen, um seine Gesundheit wiederherzustellen, was er durch einen langen Urlaub in der Schweiz tat. Als Kuyper hier betend die Bibel durchforschte, fing Gott an, ihm eine sehr wichtige Einsicht zu geben. Genau 100 Jahre bevor der Herr zu mir und Dr. Bill Bright über die Einflussbereiche (Sphären) der Gesellschaft sprach, offenbarte Er Abraham Kuyper bereits das gleiche. Ich weiß nicht, ob Dr. Bright

1975 schon von Abraham Kuyper gehört hatte. Ich, für meinen Teil, hatte es nicht. Kuyper nannte dies „Sphären-Souveränität". Dieses Konzept sollte den Nachfolgern Christi den Weg aufzeigen, wie man die Herrschaft Jesu in jeden Bereich der modernen Nationen Europas bringen kann.

Als Kuyper die Schriften Johannes Calvins studierte lernte er, dass Gott nicht auf die „religiöse Box" beschränkt werden konnte, die nur an Sonntagen geöffnet wird. Gott sollte der Herr über alle Bereiche des Lebens sein, genauso wie die Kirche es jede Woche betete: „Dein Reich komme, dein Wille geschehe, wie im Himmel, so auf Erden." Jeremia 27,5 sagt, dass Gott die Erde und alles darin geschaffen hat, und dass Er sie denen anvertraut, die Ihm wohlgefällig sind. Alle Sphären gehören Gott, und jeder Bereich der Gesellschaft braucht die Lehren von Christus, um den sündigen Neigungen der Menschen zu entgegnen und stattdessen Liebe und Ganzheitlichkeit zu fördern.

Keine Theokratie

Kuyper stimmte Calvin zu, dass die Kirche als Institution nicht direkt über die anderen Bereiche der Gesellschaft herrschen sollte, obwohl die ganze Gesellschaft Gott gegenüber Rechenschaft schuldig ist. Kuyper war der Ansicht, dass wir keine Theokratie – keinen Gottesstaat – gründen sollen. Gott achtet unseren freien Willen. Er achtet auch die Gewaltenteilung. Glaube kann und soll niemandem aufgezwungen werden.

Auf der anderen Seite soll jedoch auch der Staat nicht dominieren, wie es die säkularen Humanisten propagieren. Ebenso sollen aber auch die Individuen nicht einfach alles tun können, was sie wollen, wie es extreme Vertreter der demokratischen Liberalisten oder die Anarchisten verkünden. Stattdessen, so verstand Kuyper es, hat Gott den Menschen dafür geschaffen, in „Sphären" des Einflusses zu wirken, mit einer begrenzten Autorität in diesem Bereich. Dieses Verständnis ähnelt der biblischen Teilung von Macht zwischen Propheten, Priestern und Königen in Israel unter dem alten Bund, oder der Gewaltenteilung zwischen Exekutive, Legislative und Judikative in modernen Nationen.

Kuyper sah fünf voneinander unterscheidbare Sphären: Selbst-Regierung (das Individuum, welches vor Gott verantwortlich ist), Familien-Regierung (den Eltern wurde hauptsächlich die Verantwortung gegeben, ihre Kinder zu erziehen und zu trainieren), kirchliche Regierung (Leitung der Dienste und Aufgaben der Kirche, sowie Gemeindezucht), staatliche Regierung (mit dem göttlichen Mandat betraut, „das Schwert zu tragen", um die Wirkungen der gefallenen Menschheit zu begrenzen), und die gesellschaftliche Regierung (freiwillige Organisationen wie Vereine, Firmen, Gesellschaften und Organisationen).

Jesus ist Herr über alles

Kuyper lehrte, dass jede dieser vier Sphären auf die Prinzipien von Gottes Wort gegründet sein sollte, und dass Jesus der Herr über alle vier Sphären ist, wobei jede Sphäre in direkter Verantwortung und Rechenschaft vor Gott steht. Keine Sphäre sollte die Grenzen seiner von Gott anvertrauten Autorität in Beziehung zu den anderen Sphären überschreiten. Stattdessen sollten Individuen Gottes Einfluss und Lehren in den jeweiligen Lebensbereich bringen, innerhalb dessen sie tätig sind.

Man kann die Weisheit Gottes sehen, die Kuyper empfangen hatte, indem er die wechselseitige Beziehung der Sphären untereinander sowie ihre begrenzte Autorität erkannte. Die Erfahrung hat gezeigt, dass der Eingriff der Institution Kirche in die staatlichen Belange immer zu religiöser Tyrannei führte. Wenn der Staat in die Sphären der Familie oder Kirche eingreift, dann führt dies zu politischer Tyrannei. Wenn die Kirche in die Sphäre der Familie eingreift, dann endet es in der Regel in einem religiösen Kult oder einer Sekte. Stattdessen sollte es in einer geordneten Gesellschaft, welche individuelle Freiheiten schützt, eine Trennung der Macht zwischen diesen von Gott gegebenen Sphären der Autorität geben.

Grundlagen für das moderne Holland

Nachdem Kuyper von seinem Gesundheitsurlaub in der Schweiz, in dem Gott ihm diese Einsichten offenbart hatte, zurückgekehrt war, begab er sich in Holland in noch größere Aktivitäten als je zuvor. Er unternahm große Anstrengungen, um den Einfluss des Evangeliums in die Medien, die Politik, die Schulen, die Kirche und die Familien zu bringen. Er nahm seine Arbeit bei beiden Zeitungen wieder auf und nutzte sie, um seine Leser zu lehren, wie sie die Wahrheiten der Bibel in jedem Bereich ihres täglichen Lebens anwenden können. Er reorganisierte eine politische Partei und inspirierte und mobilisierte eine wachsende Zahl von Menschen der unteren Mittelklasse, Reformen auf der Grundlage der Bibel umzusetzen.

Im Bereich der Erziehung und Bildung kämpften Kuyper und seine Kollegen für das Recht, „freie, unabhängige Schulen" zu haben. Sie glaubten, dass Eltern das Recht haben sollten, ihre Kinder auf staatlich finanzierte Schulen zu schicken, die ihrer Weltanschauung entsprechen – was „Schulen mit biblischer Grundlage" beinhaltete. Dieses Muster, welches damals von Kuyper etabliert wurde, wird bis heute in Holland fortgesetzt, nicht nur im Bereich des Bildungswesens, sondern auch in Zeitungen, Gewerkschaften, politischen Parteien und Fernsehsendern, die ein weites Spektrum von Weltanschauungen repräsentieren.

Im Jahr 1880 gründete Kuyper eine Universität in Amsterdam – die *Vereniging voor Christelijk Wetenschappelijk Onderwijs* – oder Vereinigung für christlich-wissenschaftliche Bildung. Er wurde der erste Direktor dieser auf der Herrschaft Jesu Christi begründeten Universität. Die Dozenten ermutigten ihre Studenten, den Herrn mit ihrem ganzen Denken zu lieben und Seine Wahrheit in jede Sphäre der Nation zu tragen. Kuyper begann mit nur vier Professoren und fünf Studenten. Heute heißt diese Schule die *Vrije Universiteit* (die Freie Universität). Sie ist heute eine der größten Universitäten der Welt. In den letzten 130 Jahren hat sie viele der führenden Leiter des Landes hervorgebracht. Obwohl sich seit den Anfängen viele Dinge verändert haben erkennt die Universität immer noch ihre Verwurzelung im christlichen Glauben an. Sie betont die Wichtigkeit der christlichen Standards und Werte, insbesondere durch soziales und gesellschaftliches Engagement.

Arbeiten für die Zukunft

Kuyper kehrte 1894 mit neuer Tatkraft ins Parlament zurück und begann eine dynamische Periode politischer Aktivität, die sowohl seine Freunde als auch seine Gegner erstaunte. Im Jahr 1901 bat die Königin von Holland Abraham Kuyper, Premierminister von Holland zu werden. In seiner Einführungsrede verkündete Kuyper seine Absicht, die Nation auf biblischen Prinzipien aufzubauen. Er führte viele soziale Reformen durch, die sich für die Rechte der Armen, der Minderheiten und der Arbeiterschaft einsetzten. Sein Einfluss verbreitete sich international, als er als Vermittler im Krieg zwischen Engländern und Buren in Südafrika eingeladen wurde.

Wie Wesley in England und Carey in Indien arbeitete auch Abraham Kuyper für eine bessere Zukunft. Trotz seiner Energie und Intelligenz wusste er jedoch, dass er eine ganze Nation nicht allein reformieren kann. Er schrieb in einem seiner Zeitungsartikel:

> „Wir arbeiten mit einer langfristigen Perspektive. Unser Ziel ist nicht ein kurzfristiger Triumph, sondern unser dauerhafter und nachhaltiger Erfolg. Die Frage ist nicht, welchen Einfluss wir jetzt, sondern welchen Einfluss wir in einem halben Jahrhundert haben; auch nicht, wie wenige wir jetzt sind, sondern wie viele von der jungen Generation in Zukunft für unsere Ziele eintreten."

Kurzfristiges Denken, langfristiges Versagen

Natürlich setzt sich nicht jeder für die nächsten Generationen ein. In der Bibel lesen wir von König Hiskia. Er war ein guter König, sogar einer der besten. Doch er beging eine ernsthafte Sünde gegen Gott. Der Prophet kam zu ihm und sagte: „Deine Generation wird sicher sein und im Frieden leben, aber die Generation deines Sohnes wird das ernten, was du und das Volk an Sünden begangen haben." Hiskia freute sich, als der Prophet das sagte. Warum? Weil er Gottes Gericht nicht selbst erleben würde. Stattdessen hätte er jedoch über die Qualen und Leiden der künftigen Generationen weinen sollen.

In unserer Generation gibt es zu viele, die Hiskia ähneln, indem sie mit einer kurzfristigen Sichtweise leben. Sie wollen nur darüber nachdenken, was wir hier und jetzt für uns erlangen können. Stattdessen sollten wir wie Wesley, Carey und Kuyper sein und bis zu drei oder vier Generationen in die Zukunft vorausdenken. Wir sollten auf eine Weise leben, dass unsere Kindeskinder gesegnet sind.

Bitte verstehe das, was ich sage, jedoch nicht falsch. Ein Hauptfaktor unserer kurzsichtigen Denkweise ist eine völlige Überbetonung endzeitlicher Prophetie.

Vor einigen Jahren sprach ich während eines Fluges mit einer Passagierin neben mir, die eine der weltweit führenden Umweltschützerinnen war. Ich fragte sie, wo wir derzeit bei der Überwindung des Problems der Umweltverschmutzung stehen. Sie sagte: „Wir machen große Fortschritte dabei, jede wichtige soziale Gruppierung zu motivieren, außer einer – den evangelikalen Christen." Sie erklärte, dass dies so sei, weil die meisten Evangelikalen glauben, dass Jesus jede Minute zurückkommen könne, was sie von dem ernsthaften Einsatz für Umweltschutz abhält. „Wenn wir nur diese Gruppe gewinnen könnten", fuhr sie fort, „dann könnten wir den Trend umkehren und das Problem lösen."

Ich wusste, was sie meinte. Manche Leiter beschreiben dies als „Endzeit-Lähmung". Viele Evangelikale sind nur auf die Gegenwart fokussiert. Sie glauben, wenn sie für die Zukunft planen, dann bedeute dies, dass sie keinen Glauben haben, dass Jesus bald wiederkommt.

Einige von uns hatten Großeltern und Urgroßeltern, die auf die gleiche Weise glaubten. Sie waren völlig überzeugt davon, dass es keine künftigen Generationen mehr geben würde. Deshalb konzentrierten sie all ihre Energie nur darauf, Menschen für die Wiederkunft Christi zu retten. Sie zogen sich aus der Politik, den Künsten, Erziehung und Bildung sowie anderen Einflussbereichen zurück, und damit von der Möglichkeit, einen göttlichen Einfluss in diese wichtigen Bereiche zu bringen. Anstatt ihre Kinder für den Dienst als weltliche Leiter zu trainieren predigten sie gegen solche Ziele.

„Wir senden unsere jungen Leute lieber in die Hölle."

Kürzlich hörte ich ein dramatisches Beispiel für den Rückzug der Kirche. Dr. William Dyrness, Professor für Theologie und Kultur am Fuller Seminary, erzählt von einem Produzenten bei Twentieth Century Fox in den 30er Jahren. Der Produzent schrieb Briefe an mehrere evangelikale Leiter, in denen er sie aufforderte, ihre Studenten zu motivieren, neue Drehbücher zu schreiben, damit in Zukunft gute und erbauliche Filme produziert werden könnten. Nutzte die Gemeinde diese goldene Gelegenheit? Nein. Ein christlicher Collegepräsident schrieb zurück: „Wir würden unsere jungen Leute lieber frühzeitig in die Hölle senden, als sie nach Hollywood zu schicken."

Wir müssen die Führung in Schlüsselbereichen der Gesellschaft zurückgewinnen, so wie Abraham Kuyper es in Holland und William Carey es in Indien taten. Wir dürfen unserem Glauben an Prophetie und Endzeit nicht erlauben, uns davon abzuhalten, alles zu tun, um die Nationen als Jünger Jesu zu trainieren – einschließlich unserer eigenen Nation. Jesus trug uns auf, dass wir das Land einnehmen sollen, bis Er wiederkommt. Das ist aktiv, nicht passiv. Wenn Jesus wiederkommt, dann sollte Er uns eifrig damit beschäftigt sehen, jeden Bereich der Nationen und der Welt in Sein Reich zu bringen.

Kapitel 8

Skifahren mit Bibeln: Hans Nielsen Hauge

Norwegen

Einer der größten Nationen-Erbauer wuchs auf einer Farm in Norwegen auf. Viele glauben, dass dieses Land so reich wurde, weil es große Ölvorkommen in der Nordsee besitzt. Doch hinter der Geschichte steckt viel mehr. Ich habe große Armut in anderen ölproduzierenden Nationen gesehen. Oftmals werden solche Nationen von korrupten Diktatoren beherrscht, die ihre Bevölkerung in Armut und Sklaverei dahinvegetieren lassen. Norwegen ist anders. Seine Segnungen reichen aufgrund seines Volkscharakters in die Weite und in die Tiefe. Und dieser Charakter ist in großem Maße die Frucht der Bemühungen eines Norwegers, der das Volk im 19. Jahrhundert das Wort Gottes lehrte.

Vor einigen Jahren hatte ich das Vorrecht, mich mit König Harald V. von Norwegen zu treffen. Das war im Jahr 1995. Ich empfing die Einladung durch den königlichen Sekretär, der mich in seiner Jugend hatte reden hören. Er hatte alle meine Bücher gelesen und sie dem König gegeben. Alv Magnus, der Leiter von JmeM in Norwegen, begleitete mich, um den König in seinem Palast zu treffen.

Bevor wir zum König hineingingen, fragte ich den Sekretär, wie viel Zeit uns mit seiner Majestät zur Verfügung stünde. „O, er wird es euch schon wissen lassen, wann ihr gehen sollt“, antwortete er schnell. Eine schwere Tür wurde geöffnet, welche in einen großen Versammlungsraum führte, der mit herrlicher Holztäfelung verziert war und in dem alte Ölgemälde in vergoldeten Rahmen hingen. Aus den Fenstern schauten wir auf die weitläufigen, malerischen Parkanlagen und konnten in der Ferne durch die Tore des Palastes die Stadt Oslo sehen. Der König stand auf, begrüßte uns warmherzig und platzierte uns dann rechts und links neben sich. Ich hatte mir zuvor überlegt, was ich dem König sagen wollte, um diese Gelegenheit voll auszuschöpfen.

Nach anfänglichen Einführungen sagte ich: „Eure Majestät, als ihr Großvater noch ein Kind war, da war Norwegen noch die ärmste Nation in Europa." Der König nickte zustimmend. Nicht nur war Norwegen damals sehr arm, sondern das Volk war größtenteils ungebildet und hatte nur sehr wenige Rechte.

„Aber heute, eure Majestät, wurde erst kürzlich mitgeteilt, dass Norwegen die reichste Nation der Welt ist, was das Pro-Kopf-Einkommen betrifft. Sie haben ein wundervolles Bildungssystem mit hundert Prozent Lese- und Schreibfähigkeit der Bevölkerung, und ihr Volk genießt viele Freiheiten. Wie erklären Sie sich solch schnelle Veränderungen in einer so kurzen Zeit?"

König Harald beugte sich zu mir herüber und berührte meinen Arm. „Herr Cunningham, ich weiß es nicht! Mir wird diese Frage ständig von Botschaftern aus der ganzen Welt gestellt und jedes Mal muss ich sagen: ‚Ich weiß es nicht!'"

„Würden Sie gern etwas über den Mann erfahren, der ihr Land verändert hat, eure Majestät?", fragte ich.

Die Geschichte geht mehr als 200 Jahre zurück, zu einem jungen Mann namens Hans Nielsen Hauge. Die meisten Menschen außerhalb Norwegens haben nie von ihm gehört. Und in Norwegen selbst geht es vielen so wie ihrem König, dass sie von Hauge nur als einem Volkshelden der Vergangenheit gehört haben. Doch der Einfluss seines Lebens war gewaltig. Alv Magnus, der an diesem Tag mit mir in den Palast gekommen war, hatte seine Diplomarbeit über Hauge geschrieben. So erzählten Alv und ich dem König, wie ein junger Mann eine großartige Veränderung in seinem Land bewirkt hat.

Wir blieben lange, da König Harald von der Geschichte fasziniert zu sein schien. Als wir schließlich ein Zeichen erhielten, dass unsere Audienz zu Ende war, verließen wir den König und sahen, dass im Wartezimmer bereits viele Botschafter und Beamte auf den König warteten.

Hier ist nun die Geschichte, die König Harald so interessant fand, dass er die anderen Botschafter warten ließ.

Kaum in der Lage, sich selbst zu ernähren

Hauge lebte von 1771 bis 1824. Er war der Sohn eines Farmers und wuchs in einer Familie auf, die die Bibel ehrte. Er war geistlichen Dingen gegenüber immer sehr sensibel gewesen, doch fühlte er sich nicht gut genug, um gerettet zu sein. Hans war ein sehr geschickter Handwerker und schon als junger Mann erfolgreich. Er hatte jedoch ein schlechtes Gewissen weil er erkannte, dass er mehr durch sein Streben nach weltlichen Gütern motiviert war als durch seine Liebe zu Gott.

Als Hauge 25 Jahre alt war wurde sein Leben auf den Kopf gestellt. Am 5. April 1796 sang er eine Hymne, als er auf dem Feld arbeitete. Plötzlich fühlte er sein Herz zu Gott erhoben, und sein Verstand wurde mit neuem Verständnis erfüllt. Innerhalb eines Augenblickes wusste er, dass Gott ihn angenommen hatte. Seine Sünden waren vergeben. Er wusste auch, dass er das Wort Gottes in ganz Norwegen predigen sollte.

Als Hauge seinen Dienst begann, war Norwegen kaum in der Lage, sich selbst zu ernähren. Obwohl es einige wenige reiche Kaufleute und Landbesitzer gab, waren die meisten Norweger arme Bauern. Jeff Fountain, der ehemalige Europadirektor von Jugend mit einer Mission, berichtet, wie es immer wieder zu Hungersnöten kam, die die Bevölkerung zwangen, Brote aus der Rinde von Bäumen zu machen. Nicht selten fand man die Leichname von Menschen am Wegesrand, die verhungert waren. Es sah nicht so aus, als ob sich das in naher Zukunft ändern würde, da es nur wenige Schulen und keine Universitäten gab. Nach mehreren Jahrhunderten der Besetzung durch seine Nachbarländer bestand das Land aus wenig mehr als kleinen Fischerdörfern und armen Bauerngehöften. Die Menschen besaßen im dänischen oder norwegischen Königreich kaum persönliche Freiheiten. Es war ihnen nicht erlaubt, sich öffentlich zu versammeln oder im Land ohne eine Genehmigung der Regierung umherzureisen.

Eine Bedrohung für das Establishment

Hauge jedoch ignorierte diese Bestimmungen. Er begann damit, zu Fuß und auf Skiern überallhin zu reisen, um seinen neu gefundenen Glauben mit großer Kraft zu verkündigen. Während er durch das ganze Land reiste schockierte sein radikales Predigen die Gemeinden seiner Zeit. Viele waren Rationalismus oder Lethargie zum Opfer gefallen. Doch Gott wirkte durch diesen Prediger, der zuvor ein Bauer gewesen war. Er erwärmte die Herzen unzähliger Norweger und zog sie zu sich.

Die staatlichen Behörden brachten Hauge immer wieder ins Gefängnis, weil er religiöse Treffen ohne die Aufsicht von Gemeindepastoren durchführte. Hauge antwortete seinen Kritikern, dass die Bibel die Gläubigen ermahnt, einander aufzubauen. Wenn Hauge predigte hörten viele Menschen zu und kamen zum Glauben. In den Jahren 1796 bis 1804 verteilte Hauge Bibeln von Dorf zu Dorf und säte das Buch Gottes im ganzen Land.

Begeisterung und neue Hoffnung keimten im verarmten Norwegen auf. In weniger als drei Jahrzehnten gründete Hauge mehr als 1.000 Hausgruppen innerhalb der Staatskirche, und das in einer Nation mit nur 800.000 Einwohnern. Als die Gläubigen sich in Hausgruppen zu Gebet und Bibelstudium trafen kamen sie Gott und einander näher. Sie gaben einander Rechenschaft darüber, wie sie versuchten, ihr Leben nach den Maßstäben der Bibel zu führen. Joseph Shaw berichtet in seiner Biographie über Hauge „Pulpit under the Sky“: „Gott machte neue Menschen aus ihnen, und aus den Nachbarschaften, in denen sie lebten, neue Orte.“

Der Dienst von Hauge und die wachsende Erweckung beunruhigten sowohl die Behörden als auch die Geistlichen und die Oberschicht. Sie fanden die Botschaft Hauges fragwürdig. Nicht nur das – die Tatsache, dass ein Farmer überhaupt predigte, war unakzeptabel und revolutionär! Noch schlimmer, dieser Mann inspirierte und trainierte auch andere Bauern, den Platz, der ihnen zugewiesen war, zu verlassen und dasselbe zu tun.

Darum wurden Hauge und andere Laienprediger, die er rekrutiert hatte, immer und immer wieder ins Gefängnis geworfen, elfmal in sieben Jahren.

Wohlstand durch gerechten Handel

Ob im Gefängnis oder außerhalb, Hauge fuhr beständig damit fort, Gott zu dienen und seine Nation zu Jüngern zu machen. Um mehr Menschen zu erreichen schrieb er Bücher. Neben Büchern zur religiösen Unterweisung schrieb er über die Erziehung von Kindern, darüber, wie man durch gerechten Handel Wohlstand schafft sowie über viele andere Themen, die er in Gottes Wort fand.

Während Hauge die Bibel studierte wandte er ihre Inhalte auf sehr praktische Weise auf das Leben der Menschen an. Er entdeckte, dass das Buch voller Prinzipien für alle Nöte und Probleme ist, mit denen der Mensch zu tun hat. Er lehrte, dass Gottes Wort unser „heiligster Schatz vor allen anderen Dingen in dieser Welt“ sein muss.

Auch predigte er, dass alles, was wir besitzen und was wir sind, von Gott kommt. Der Herr erwartet von uns, dass wir gute Haushalter all dessen sind, was Er uns anvertraute. Weil der Schöpfer jeden Menschen in Seinem Ebenbild geschaffen hat, ermutigte Hauge jeden Menschen, durch ehrliche Arbeit Wohlstand zu erwirtschaften. Er half den Armen, Wege zu entdecken, sich selbst zu versorgen. Darüber hinaus lehrte er seine Nachfolger, ihre Möglichkeiten und Mittel zu nutzen, um ihr Land für Gott zu beeinflussen.

Hauge lehrte die Menschen nicht nur, was die Bibel über wirtschaftlichen Handel sagt, sondern wandte sein Wissen auch praktisch an. Hierfür gründete er viele Firmen. In einem einzigen Ort baute er eine Papierfabrik, eine Gerberei, eine Gießerei und eine

Getreidemühle. Zusätzlich bot er Gläubigen Hilfe an, neue Jobs zu finden, in denen sie der Stadt zum Segen werden konnten. Durch diese Initiativen verbesserte der geschäftstüchtige Prediger die Wirtschaft im ganzen Land.

Lesen lernen

Hauge erkannte auch das Potenzial des Druckens, um das Evangelium zu verbreiten und die Gläubigen zu lehren. Darum lernte er, wie man druckt und Bücher bindet. Er schrieb und publizierte Bücher aller Art – dreiunddreißig an der Zahl. Als seine Bücher immer beliebter wurden, lernten mehr Menschen lesen, um seine Bücher lesen zu können. Während der ersten acht Jahre seines Dienstes wurde Hauge der größte Publizist seines Volkes. Mehr als 200.000 Exemplare seiner Bücher wurden im ganzen Land verbreitet – erstaunlich bei einer Bevölkerung von nur 800.000 Einwohnern.

Bauern für Leiterschaft trainieren

Die Erweckung begann, Norwegen zu transformieren. Shaw bemerkt dazu: „Obwohl Hauge und die anderen einfachen Laienprediger sich dessen nicht vollständig bewusst waren, forderten sie das gesamte System des Landes heraus."

Als Hauge immer mehr Laienprediger unter den Bauern rekrutierte, breitete die Bewegung sich immer schneller aus. Gewöhnliche Leute lehrten und ermutigten einander und entwickelten sich dabei zu Kommunikatoren und Leitern. Bauern, deren Welt bislang auf ein Dorf oder Tal begrenzt gewesen war, fingen nun an, mit Menschen im ganzen Land in Beziehung zu treten, was zu einer stärkeren nationalen Identität führte. Sie zogen in größere Städte und wurden zu Handwerkern. Einige von Hauges Neubekehrten legten ihr Geld zusammen und gründeten neue Firmen: Textilfabriken, Druckereien und Papierfabriken. Während sie einander innerhalb der Hauge-Bewegung im ganzen Land Briefe schrieben lernten sie immer wieder Neues, etwa über bessere Methoden in der Landwirtschaft. Sie fingen sogar an, die Regierung zu beeinflussen. Als die Gläubigen entdeckten, was die Bibel über Regierung sagt, entstand das Verlangen, daran teilzuhaben. Sie nutzten soziale Kompetenz, welche sie in Hauges Hausgruppen gelernt hatten, um ins Parlament gewählt zu werden.

Die Gläubigen Norwegens spiegelten so immer mehr den Charakter Christi wieder und beeinflussten dadurch ihre eigenen Sphären der Kultur: Die Familie, die Arbeit und die sozialen Gruppen. Sie begannen, die Gesellschaft als Jünger Jesu zu trainieren. Nach und nach veränderte sich Norwegen.

Die dunkelsten Jahre

Durch diese Veränderungen fühlte sich die Oberschicht bedroht. Im Oktober 1804 warf die Regierung Hauge erneut ins Gefängnis, weil er ohne Genehmigung gepredigt hatte. Von nun an war er für die nächsten zehn langen Jahre seiner Freiheit beraubt.

Hauge hatte keinerlei Absicht, eine politische Bedrohung zu sein – er strebte lediglich danach, eine Nation auf der biblischen Wahrheit für jeden Lebensbereich aufzubauen. Doch Regierungsbeamte hielten ihn für gefährlich. Seine Lehren und die geistliche Erweckung, die durch ihn entstanden war, veränderten die gesamte Ordnung des Landes. Deshalb hielten sie ihn in Ketten und brachen ihn körperlich. Sie konnten jedoch nicht die Veränderungen aufhalten, die er in Gang gesetzt hatte – Veränderungen, die weitergingen, während Hauge in seiner Zelle saß.

Während seiner Zeit im Gefängnis wurden sowohl seine Gesundheit als auch sein Geist immer schwächer. Er dachte, dass jeder ihn vergessen hatte. Ironischerweise entließen die Behörden ihn für kurze Zeit aus seiner Einzelhaft, da die Regierung seinen Rat brauchte, um Salzraffinerien an der Küste zu bauen. Die Kriege Napoleons hatten ihre bisherige Salzzufuhr abgeschnitten, welche sie dringend für die Bewahrung ihrer Lebensmittel brauchten. Im Jahr 1809 wurde Hauge lange genug aus dem Gefängnis entlassen, um das Problem zu lösen und die Krise abzuwenden. Er untersuchte viele Orte, um herauszufinden, wo der Salzgehalt des Meeres am höchsten war, und half beim Aufbau mehrerer Salzfabriken. Danach schickten die Behörden ihn ins Gefängnis zurück.

Schließlich entließen sie ihn im Dezember 1814 als freien Mann. Obwohl er erst 44 Jahre alt war hatten die langen Jahre im Gefängnis seine Gesundheit zerstört. Er verbrachte die letzten Jahre seines Lebens auf seinem Hof, um zu lehren und zu schreiben.

Der Mann, der „Gottes Gabe für Norwegen" genannt wurde, arbeitete bis zu seinem Lebensende daran, seine Nation zu Jüngern zu machen. Er starb mit 53 Jahren. Zu seinen Lebzeiten hatte er mehr als 10.000 Meilen zu Fuß und auf Skiern zurückgelegt, um die Bibel und seine Bücher zu verbreiten.

Der heutige Wohlstand und die Freiheit Norwegens lassen sich eindeutig auf Hauge zurückführen. Eine veränderte Nation, die mit einem einzigen Mann begann. Sein Biograph Joseph Shaw schreibt: „Die biblische Lehre Hauges und seine Arbeit legten die Axt an die Tyrannei eines wirtschaftlichen Systems, das seit Jahrhunderten das Monopol der Oberschicht gewesen war". Schließlich setzten sich einige derer, die sich durch Hauge bekehrt hatten, für die nationale Unabhängigkeit Norwegens ein. Sie halfen dabei, im Jahr 1814 in der Stadt Eidsvoll eine neue Verfassung für Norwegen zu erstellen. Die Nachfolger Hauges machten das Land zu einem der freiesten Länder der Erde, gegründet auf biblischen Prinzipien.

Das Erbe von Hauge erreichte auch andere Länder, denn Norwegen begann, Tausende von Missionaren auszusenden. Bis heute ist es eines der führenden Länder in der weltweiten Aussendung von Missionaren.

Hauge lebte nicht lange genug, um zu erleben, wie Norwegen reich wurde und als Nation viele Missionare in alle Welt entsandte. Doch er war derjenige, der diesen Prozess in Gang gesetzt hatte. Wenn wir Nationen verändern wollen sehen wir vielleicht nicht alle Früchte und Ergebnisse zu unseren Lebzeiten. Die Bibel verheißt uns jedoch, dass, die Segnungen bis in die dritte und vierte Generation spürbar sein werden wenn wir gottgefällige Entscheidungen treffen. In manchen Fällen reichen diese Segnungen auch bis zur tausendsten Generation, was bedeutet: Bis in die Ewigkeit. Wir sollten unsere Ziele nicht auf das beschränken, was wir heute an Veränderung bewirken können. Wir sollten – wie Hauge es tat – die Samen pflanzen für eine neue und bessere Welt für unsere Kinder, unsere Enkelkinder, und weit darüber hinaus.

Kapitel 9

Eine „Über-Nacht"-Erfolgsgeschichte

Südkorea

Eine der größten Umwälzungen in der Geschichte geschah im 20. Jahrhundert in Korea. Aber unsere Geschichte beginnt bereits im 15. Jahrhundert mit einem koreanischen König namens Sejong.

König Sejong berichtete, er habe ein Wort vom Himmel empfangen: Sein Volk sei so arm, weil es nicht lesen könne. Seinerzeit musste man tausende von chinesischen Schriftzeichen lernen, um koreanische Bücher zu lesen. Dies machte für die Armen das Lesen unmöglich. Nur die Elite hatte den Luxus einer Ausbildung. Um dieser Not zu begegnen, erfand König Sejong zusammen mit einigen weisen Männern ein neues, vereinfachtes phonetisches Schreibsystem, das sie „Han Gul" nannten. Dieses neue Alphabet wurde ursprünglich „hunmin jeongeum" genannt, was bedeutet „die richtigen Laute für die Belehrung des Volkes".

Die Bemühungen des Königs zogen sehr bald Gegner an. Die Schreiber der Regierung sahen in diesem vereinfachten Schreibsystem eine direkte Bedrohung für ihren Lebensunterhalt. Sie lehnten das Alphabet gerade deshalb ab, weil es so leicht zu erlernen war. Sie verspotteten „Han Gul" als nur für Frauen und Kinder geeignet. Die Schriftgelehrten verbrannten die meisten Schriften des Königs – und so blieb das koreanische Volk ungebildet und arm.

Bis in die heutige Moderne gebraucht die große Mehrheit der Gelehrten und der koreanischen Oberschicht die alte und viel kompliziertere chinesische Schreibweise. Sie brachten Han Gul mit der Unterschicht in Verbindung. Aber irgendwie überlebten die Han-Gul-Schriften die Jahrhunderte der Vernachlässigung bis zur Ankunft von Gottes Buch.

Das Blut der Märtyrer

Bekannt als das „verschlossene Reich“ widerstand Korea denen, die Gottes Buch brachten. Als die ersten katholischen Missionare im Jahr 1784 ankamen, da erfuhren sie Desinteresse, Verfolgung und den Märtyrertod. Aber sie hatten dennoch den Erfolg, die Kirche in Korea zu gründen. Im Jahr 1866, 82 Jahre nach der Ankunft der ersten Missionare, brachten die Koreaner zehntausend katholische Gläubige um. Ein Jahr vor diesem Massaker versuchte ein protestantischer Missionar, namens Robert Thomas, in Korea zu landen. Er schaffte es, ein Bündel mit Bibeln in die Menge zu werden, bevor sie ihn zu Tode schlug.

Gottes Wort in der Schrift von König Sejong

Außerhalb des Landes wurden einige Koreaner gläubige Christen und kehrten mit dem Wort Gottes zurück. Einer davon war Su Sang-Jun. Schottische Missionare hatten ihn 1876 in der Mandschurei zu Christus geführt. Su Sang-Jun half dabei, das Neue Testament ins Koreanische zu übersetzen, wobei er Han Gul verwendete, das 400 Jahre alte, vereinfachte Schreibsystem von König Sejong. Darauf brachte er Teile des Evangeliums zurück in sein Heimatland. Zusätzlich kamen gegen Ende des 19. Jahrhunderts protestantische Missionare nach Korea, die Gottes Wort verbreiteten und Schulen, Kliniken und Universitäten gründeten. Das Wort wurde gepflanzt und fing an, sich auszubreiten. Aber immer noch dominierten Buddhismus und Geisterreligionen das verschlossene Reich. Zu Beginn des 20. Jahrhunderts gab es in Korea nur ein halbes Prozent Gläubiger, also etwa 42.700 Christen.

Sprache und Glauben am Leben erhalten

Die schlimmste Zeit brach mit dem Beginn des 20. Jahrhunderts an. Die brutale Besatzung Koreas für 36 Jahre durch die Japaner drohte die koreanische Identität zu zerstören. Die Japaner verboten die koreanische Sprache in den Schulen und im öffentlichen Gebrauch. Es war die verfolgte Kirche im Untergrund, die die Sprache am Leben erhielt, indem sie aus Bibeln in Han Gul lehrte, ungeachtet aller Verfolgung. Auf das Lehren aus der koreanischen Bibel stand Gefängnisstrafe. Einige wurden sogar dafür getötet, dass sie Gottes Wort lehrten.

Als die Japaner gegen Ende des 2. Weltkrieges aus Korea vertrieben wurden übernahm tragischerweise eine noch grausamere Macht den Norden des Landes: Der Diktator Kim Il Sung. Er tötete viele Tausende koreanischer Gläubiger. Im Jahr 1950 marschierte er in den südlichen Teil Koreas ein und versuchte, die gesamte Halbinsel gewaltsam unter dem Kommunismus zu vereinen. Sein Vormarsch führte zum Korea-Krieg. Obgleich der Konflikt nur drei Jahre dauerte zerriss er das Land, tränkte die koreanische Halbinsel mit Blut und führte zur Teilung des Landes. Schätzungsweise fünf Millionen Menschen wurden getötet, verletzt oder blieben verschollen, wobei mehr als die Hälfte dieser Opfer aus der Zivilbevölkerung kamen. Der Krieg trennte zehn Millionen Menschen von ihren Familien und hinterließ 100.000 Kinder als Waisen. Das ganze Land war verwüstet worden und in großer Armut.

Gebet für ein Fahrrad

Als ich im Jahr 1971 zum ersten Mal Südkorea besuchte, da litt die Nation immer noch unter Armut und der Militärherrschaft. Ich werde diesen Besuch nie vergessen. In Seoul sprach ich in Dr. David Yonggi Cho‘s Gemeinde. Zu der Zeit hatte seine Gemeinde „nur“ 6.000 Mitglieder. Ich stand vor diesen koreanischen Gläubigen und sagte ihnen, was Gott mir gezeigt hatte: Korea wird eine große Nation werden, die Missionare in die ganze Welt senden wird. Danach kamen mehrere Gläubige auf mich zu, um mich zu begrüßen mit „kamsá hamni dá“, was „vielen Dank!“ bedeutet. Daraufhin widersprachen sie sehr höflich meiner Vorhersage. Sie seien viel zu arm, um irgendwo als Missionare hinzugehen. Außerdem machte es ihre Regierung ihnen unmöglich, Pässe für Reisen ins Ausland zu bekommen.

Beide dieser Einwände entsprachen der Wirklichkeit. Südkorea war tatsächlich arm. Und nur zehn Jahre zuvor hatte das Militär die Macht übernommen. Seit Jahrzehnten litt das Volk darunter. Vom ersten Moment meiner Ankunft in Korea an hatte ich die Bedrückung durch Armut auf dem Volk gespürt. Eine der ersten Dinge, die mir auffielen als mein Flugzeug im Landeanflug war, war der Mangel an Bäumen auf dem Land. Wir erfuhren, dass das Volk während der langen Kriegsjahre so verzweifelt Brennstoffe brauchte, dass man alle Bäume fällte.

Als ich in Seoul herumfuhr, sah ich die vielen sehr einfach gebauten Wohnhäuser und mit Müll gefüllte Gassen. Überfüllte Busse fuhren durch die Straßen, neben Dutzenden kleiner, verbeulter Taxis und vielen Militärfahrzeugen. Nur sehr wenige konnten sich damals ein Auto leisten. Tatsächlich sah ich nicht ein einziges Auto vor Dr. Cho‘s Gemeinde parken. Yonggi Cho selbst betete und vertraute Gott für ein Fahrrad, damit er leichter seine Gemeindemitglieder besuchen konnte.

Von Armut zum Erfolg in dreißig Jahren

Dreißig Jahre später kehrte ich zurück, um in Pastor Cho‘s Gemeinde zu sprechen. Als ich an jenem Abend nach Seoul fuhr, sah ich voller Erstaunen die gewaltigen Veränderungen. Koreaner hatten ein neues Problem – tausende und abertausende von Hyundais, Daewoos und Kias fuhren im Schritttempo, Stoßdämpfer an Stoßdämpfer auf der Autobahn. Hochhäuser: Bürotürme und Luxuswohnungen für die Neureichen, ragten in den Himmel. Ich schaute näher hin und sah etwas, was mein Herz erwärmte: Blaue Neonkreuze auf unzähligen Kirchendächern leuchteten auf beiden Seiten der Autobahn im blassen Abendlicht.

Als es für mich Zeit war, am Sonntagmorgen in Dr. Cho's Gemeinde zu sprechen, konnte ich wieder kaum glauben, was ich sah: Die Yoido-Full-Gospel-Gemeinde hatte nun über 700.000 Mitglieder und war die damals größte Gemeinde der Welt. Und da die Koreaner nun Millionen Autos besaßen, mussten die Mitglieder in entfernten Parkhäusern parken und mit Shuttlebussen zur Kirche gebracht werden.

Was ich mit eigenen Augen in Seoul sah, wird jetzt in Nachrichten und Artikeln in der ganzen Welt berichtet. Das wirtschaftliche Wachstum der letzten Jahrzehnte hat Südkorea zu einem der „asiatischen Tiger" gemacht, sie sind die Nummer 16 der größten Volkswirtschaften der Welt. Statt der vorherigen Militärherrschaft hat Südkorea heute eine zivile, demokratische Regierung. Und was ist aus der unglaublichen Vorhersage geworden, die ich 1971 von Dr. Cho's Kanzel verkündete, dass Korea viele Missionare aussenden würde? Bei einer Bevölkerung von nur 48 Millionen sendet Südkorea heute die zweitgrößte Anzahl von Missionaren in die Welt (nach den USA).

Mit leiser Stimme und mit Weisheit

Laut einem Artikel der Seoul Times (2005) hat Südkorea jetzt mehr als 12.000 Missionare in andere Länder ausgesandt. Das ist das Doppelte pro Kopf der Bevölkerung, was an Missionaren von den USA ausgesandt wurde, obwohl die USA als eine mehrheitlich christliche Nation bekannt ist. Die Onnuri presbyterianische Kirche hat eine beispielhafte Hingabe an Weltmission, wie viele andere koreanische Gemeinden auch. Die Gemeinde wurde vor 19 Jahren gegründet, hauptsächlich um Missionare zu trainieren. Heute dienen 500 Missionare dieser einen Gemeinde in 53 Nationen. Koreanische Missionare arbeiten in vielen Ländern der Welt und ein Großteil in Ländern des Nahen Ostens, wo es schwierig ist zu evangelisieren.

Einer dieser Missionare beschreibt seine Arbeit mit den Worten „mit leiser Stimme und mit Weisheit", um Menschen in solchen schwierigen Regionen zu erreichen. Die südkoreanische Kirche wirkt auch nach China und sogar nach Nordkorea hinein.

Berichtigung eines Ministers

Was ist geschehen? Wie konnte sich die Situation eines Landes in weniger als 30 Jahren so verändern? Das wirtschaftliche Wachstum von Südkorea ging Hand in Hand mit dem schnellen Wachstum der Kirchen – eines der schnellsten in der ganzen Welt.

Ich war kürzlich in Mumbai (Bombay) und hörte in meinem Hotelzimmer dem indischen Finanzminister im Fernsehen zu. Er sagte: „Wenn Südkorea in nur 25 Jahren zu einer reichen Nation geworden ist, dann kann Indien das auch." Ich rief laut dem Fernseher zu: „Nicht ohne Jesus!" Denn das ist die Ursache, warum Südkorea heute diesen Erfolg hat. Ein Drittel oder mehr Südkoreaner folgen jetzt Jesus Christus. Das bedeutet, dass die koreanischen Christen zahlenmäßig in weniger als 100 Jahren von weniger als einem halben Prozent auf ein Drittel der Bevölkerung gewachsen sind! Mir fällt kein dramatischeres Wachstum der Kirche zu irgendeinem Zeitpunkt in der Geschichte ein.

Große Gebetsversammlungen in der Frühe

Der Boden für das dramatische koreanische Gemeindewachstum wurde bewässert durch das Blut von vielen Tausend Märtyrern im 19. und 20. Jahrhundert. Eine Geschichte, die ich nie vergessen werde, berichtet von japanischen Soldaten, die koreanische Gläubige – Männer, Frauen und Kinder – in eine Kirche trieben. Die Soldaten verschlossen die Türen und Fenster und steckten das Gebäude in Brand. Die Gläubigen sangen, während sie starben, und ihre Hymnen stiegen über dem Knistern des Feuers und den niederfallenden Balken auf.

Koreanische Nachfolger Jesu, die diese Verfolgung überlebten, scheinen wie mit Stahl gewappnet und befestigt zu sein. Von diesen Wurzeln her gaben sich die Koreaner auf ungewöhnliche Weise dem Gebet und Bibelstudium hin. Wenn man heute Südkorea besucht, dann sieht man jeden Morgen um 5 Uhr hunderttausende Gläubige die Kirchen füllen. Bevor sie zur Arbeit gehen sind sie für zwei Stunden im Gebet und lesen sie ihre Bibel. Wöchentliche Gebetsnächte und geistliche Rüstzeiten mit Fasten und Beten sind dort ganz normal. Ich habe den Osalli-Gebetsberg außerhalb von Seoul besucht, wo tausende von Koreanern jedes Wochenende auf ihren Knien mit ihren offenen Bibeln verbringen. Als Folge dieser Leidenschaft haben sich die Gläubigen und die Gemeinden multipliziert, was schnell die geistliche Atmosphäre des Landes verändert hat.

Zehn der elf größten Mega-Gemeinden der Welt gab es in Seoul. 2014 ist das nicht mehr so, da viele der größten Gemeinden heute in Afrika und Lateinamerika sind. Die größte Pfingstgemeinde (Dr. Chos Gemeinde), die größte presbyterianische Gemeinde, die größte Methodisten-Gemeinde und die größte Baptistengemeinde befinden sich alle in dieser Stadt. Ich hatte das Vorrecht in jeder dieser Kirchen zu sprechen. Ich habe gesehen, dass alle diese Gemeinden voller lebendiger, betender und Bibel lesender Christen sind. Sie sind Jünger Jesu, die fest in „Dem Buch“ gegründet und verwurzelt sind, das uns Menschen sagt, wie wir leben sollen.

Die am meisten vernetzte Nation der Erde

Korea ist kein sündloses Utopia, aber der biblische Einfluss hat jeden Bereich der koreanischen Gesellschaft durchdrungen. Im Jahr 1996 wurden zwei ehemalige Präsidenten wegen Korruption verurteilt. Warum sind die Verurteilungen bemerkenswert? Weil in früheren Jahren Korruption bei Beamten als etwas ganz normales galt.

Andere Zeichen für die Heilung Südkoreas sind die großen Fortschritte, die die Nation in Technologie, Wissenschaft und Volksbildung gemacht hat. Wo im Jahr 1971 ein Fahrrad noch Luxus war, sind die Südkoreaner heute mit an der Spitze, was Technologie und Produktion betrifft, so dass sie ihre Autos und Elektronik mittlerweile in die ganze Welt exportieren. Die Koreaner nutzen das Internet durchschnittlich mehr als jedes andere Land der Welt. Südkoreas Bestreben, alle Bürger online zu vernetzen, ist Teil einer größeren Vision – ihrem Ziel, dass jeder Koreaner eine Ausbildung erhält. Vor kurzem berichtete mir Dr. Sek Yen Kim-Cho, ein Professor der Linguistik an der State Universität von New York, dass die Analphabeten-Rate von Süd-Korea bei 0,002 Prozent liegt.

Als ich von der erstaunlichen Bildungsrate Südkoreas hörte, da erinnerte ich mich an die ersten gläubigen Christen im Untergrund. Während all der Jahre haben diese Gläubigen den Glauben bewahrt und sogar die Sprache am Leben erhalten, trotz aller Drohungen mit Gefängnisstrafe und Tod. Sie lasen Gottes Wort, indem sie das einfache Schriftsystem eines koreanischen Königs aus dem 15. Jahrhundert nutzten, der eine Botschaft vom Himmel empfangen hatte. Die auf lange Dauer angelegte Vision des Königs, seinem koreanischen Volk zu helfen, und die Treue von vielen Generationen koreanischer Christen haben zu dem „Über-Nacht“-Erfolg der Gemeinde und des Landes geführt.

Kapitel 10

Revolution in einem winzigen Land

Pitcairn

Das Wort Gottes zu verbreiten und seine Prinzipien zur Anwendung zu bringen wird jedes Land erheben und segnen, weil diese Prinzipien universal gültig sind. Sie wurden in einem Land nach dem anderen, klein und groß, unter Beweis gestellt. Wenn Gott einen Menschen oder eine Nation durch Sein Wort und Seinen Heiligen Geist ergreift, dann ist die Auswirkung revolutionär.

An einem wunderschönen Tag im August 1991 warfen wir Anker an der kleinen Insel Pitcairn, die zu England gehört. Um diesen entlegenen Außenposten zu erreichen waren wir von den Gambier-Inseln, Französisch Polynesien, drei Tage lang auf einem der Schiffe von JmeM, der Pacific Ruby, gesegelt. Die Inselbewohner hatten uns eingeladen und kamen in einem langen Boot zu unserem Schiff. Nur so dürfen Besucher auf Pitcairn landen, auf dem 1991 auf einer Fläche von weniger als zwei Quadratmeilen nur 55 Menschen wohnten.

Die Insel erhebt sich aus dem Ozean mit einer hoch emporragenden Steilküste auf allen Seiten. Dankbar, dass diese freundlich lächelnden Männer uns navigierten, sprangen wir vorsichtig hinunter in ihr kleines Boot, das mit den Wellen auf und niederging. Dann fuhren wir im Zickzack durch die starken Wellen, stießen immer wieder an Felsen, bis wir ihren kleinen Anlegeplatz erreicht hatten.

Während wir den „Hügel der Schwierigkeit" emporstiegen – ein steiler Pfad zu ihrer Siedlung Adamstown – war ich von Freude erfüllt. Ich wusste, dass dieses winzige Land eine faszinierende Geschichte hat.

Eine selbst produzierte Hölle

Meuterer des englischen Schiffes „Bounty“ besiedelten diese Insel vor mehr als 200 Jahren. Im Jahr 1789 protestierten neun Seemänner gegen Ungerechtigkeiten auf See, stifteten eine Meuterei an und übernahmen das Schiff. Zuerst flohen sie nach Tahiti. Nachdem sie auf mehreren Inseln gelandet waren, überzeugten oder entführten die neun Meuterer verschiedene Polynesier – so dass sie schließlich sechs weitere Männer sowie elf Frauen und ein Kind bei sich hatten. Ihr Leiter, Fletcher Christian, hatte von einer unbewohnten Insel namens Pitcairn gehört, welche auf den Karten um einige hundert Meilen falsch eingetragen war. Die Insel war buchstäblich von allen Karten verschwunden.

Die Nachfahren dieser kleinen Gruppe verzweifelter Segler und Polynesier waren diese lächelnden Männer, die uns bei unserer Ankunft auf Pitcairn willkommen hießen.

Nachdem sie viele Tage gesegelt waren fanden die Meuterer diese einsame Insel, eine kleine Felsenküste im einsamsten Teil des Süd-Pazifiks. Nachdem sie alles, was sie hatten retten können, den steilen Hügel, welchen sie den „Hügel der Schwierigkeit“ nannten, hinaufgeschleppt hatten, entschlossen sich die Männer zu einem verzweifelten Schritt. Sie wussten, dass die Briten das Meer durchfahren würden, um sie gefangen zu nehmen und zum Tod durch den Strang zu verurteilen. Darum steckten sie die Bounty in Brand, versenkten sie und machten sich selbst zu lebenslangen Schiffbrüchigen.

Auf der Insel gab es frisches Wasser, und die Männer hatten sowohl Tiere als auch Pflanzen aus Tahiti mitgebracht, um Nahrung zu züchten. Man hätte dort ganz gut leben können, verborgen vor dem Rest der Welt. Aber nach nur wenigen Jahren wurde das Leben für die Einwohner von Pitcairn zu einer selbst produzierten Hölle. Einer der Männer fand heraus, wie man Likör aus der Wurzel der Ti-Pflanze herstellt, die überall auf der Insel wächst. Sehr bald produzierte seine selbstgemachte Brennerei genug Alkohol, um sie alle ständig betrunken zu machen. Kämpfe brachen aus, gewöhnlich wegen einer Frau oder rassistischen Bemerkungen. Einige der Schiffbrüchigen starben an Krankheiten. Einer brachte sich selbst um, indem er über eine Klippe ins Meer sprang. Keiner weiß es genau, da es unterschiedliche Berichte gibt, doch es kam mindestens zu zwei Massakern. Schließlich waren alle polynesischen Männer und alle Meuterer tot, außer einem – Alexander Smith, der sich in John Adams umbenannte. Außer ihm überlebten noch zehn Frauen sowie die Kinder der Meuterer.

Von Bedlam zum Buch

Was als Nächstes geschah veränderte die einsame Siedlung dramatisch. Adams fand eine Bibel in Fletcher Christians Seetruhe – eine Bibel, die Fletchers Mutter hineingelegt hatte, bevor dieser England verließ. Adams fing an, das Buch zu studieren. Es dauerte nicht lange, bis er dem Verfasser begegnete und sein Leben Gott übergab. Adams lehrte darauf die Frauen und die jungen Leute die Inhalte des Buches. Daraufhin veränderte sich alles.

Sir Charles Lucas schrieb im ersten Geschichtsbuch von Pitcairn eine Einleitung und fasst die Ereignisse wie folgt zusammen:

> „Viele bedeutende Fälle von Bekehrungen wurden in der Geschichte des Christentums berichtet, doch es wird schwierig sein, eine exakte Parallele zu der von John Adams zu finden. Die Fakten sind recht klar überliefert. Es gibt keinen Zweifel darüber, wer er war und was er tat, nachdem alle Männer seiner Schiffscrew verstorben waren. Er hatte keinen menschlichen Führer oder Ratgeber, der ihn auf den Weg der Gerechtigkeit führen oder ihm die Verantwortung und Erziehung einer Gruppe von Jungen und Mädchen in der Furcht Gottes beibringen konnte. Er hatte eine Bibel und ein Gebetsbuch als einziges Instrument der Erziehung. Vielleicht mag er sich auch an Erfahrungen aus seiner eigenen Kindheit erinnert haben. Doch kann es nur eine einfa-

che und plausible Erklärung für das geben, was geschah: Es war das Wirken des Allmächtigen, durch das ein Seemann, der einen Lebensstil der Verbrechen gewöhnt war, in einem fernen Land zu sich selbst und zu Gott fand und es lernte, andere zu lehren, wie man Christus nachfolgt."

Im Jahr 1808 stieß ein amerikanisches Schiff, die Topaz, zufällig auf die nicht eingezeichnete Insel und entdeckte die Siedlung – bestehend aus Adams, den Frauen und den jungen Leuten, von denen mittlerweile viele Teenager waren. Der Kapitän und die Besatzung der Topaz, sowie die Seeleute anderer Schiffe, die in den nächsten Jahren folgten, beschrieben sie als eine glückliche und friedliche Siedlung. Aus irgendeinem Grund waren das Geschrei und die Unruhen der Meuterer verstummt. Schließlich kamen zwei britische Kapitäne auf ihrer Durchreise nach Pitcairn und kehrten nach England mit der Empfehlung für König George's Regierung zurück, die Einwohner von Pitcairn in Ruhe zu lassen. Sie berichteten, dass die Kultur auf der Insel wie ein goldenes Zeitalter sei. Seit Adams sie aus der Bibel unterrichtet hatte, war nie wieder eine junge Frau vergewaltigt worden. Diebstahl war unbekannt. Sie lebten in Ordnung und Frieden.

Das war vor fast 200 Jahren. Jetzt wurde es uns im Jahre 1991 gestattet, die Nachfahren der Meuterer und der polynesischen Frauen zu besuchen. Mit den Jahren sind viele Pitcairner zur Norfolk-Insel, nach Neu Seeland oder an andere Orte gezogen, um Arbeit zu finden und mehr Raum zu haben, ihre Familien großzuziehen. Viel hat sich natürlich verändert, und nur ungefähr 50 Menschen leben heute noch auf Pitcairn.

Meine Familie und ich übernachteten im Hause des Pastors und ich predigte in ihrer winzigen Kirche. Unser Team, zu dem ein Arzt, zwei Krankenschwestern und ein Zahnarzt mit Assistentin gehörten, gab den Einwohnern erforderliche medizinische Hilfe.

Eines der aufregendsten Dinge für mich war, als sie mir die alte Bibel von der Bounty zeigten. Sie bewahrten sie in der Kirche auf einem kleinen Holzpodest unter einer Glasbedeckung auf. Als sie diese Bibel für mich öffneten berührte ich sie vorsichtig. Während ich diese alte, in Leder gebundene Bibel in meinen Händen hielt dachte ich darüber nach, wie Gottes Wort vor langer Zeit für diese Menschen alles verändert hatte. Ich blickte aus dem Fenster und sah kleine Kinder im Sonnenschein spielen. Ich versuchte mir vorzustellen, wie es wohl gewesen sein musste, bevor diese Bibel Pitcairn von einem Ort der Trunkenheit, des Mordes und des Selbstmordes hin zum Guten veränderte. Mit meinen Fingern strich ich über die vergilbten Seiten und dachte an die gewaltige Veränderung, welche dieses Buch im kleinsten aller Länder bewirkt hatte.

Kapitel 11

Die größte Revolution aller Zeiten: Martin Luther

Deutschland

Es ist leichter, in einem kleinen Land wie Pitcairn schnelle Veränderungen zu erleben. Ein kleiner Ort ist wie ein Laboratorium, in dem man Veränderungen genauer beobachten kann. Aber was ist mit größeren Nationen? Können wir dort dieselbe Auswirkung des Buches wiederfinden?

Ja, eine ganz ähnliche Veränderung geschah in Deutschland im 16. Jahrhundert. In einem Teil Deutschlands, nämlich in Sachsen, trat der junge Martin Luther einem Kloster der Augustiner bei in der Hoffnung, Vergebung und Errettung für seine Seele zu finden. Aber obwohl er all den strengen, religiösen Bußübungen der Mönche folgte und sie sogar darin noch übertraf, wurde er sich immer mehr bewusst, dass er verloren war. Er versuchte verzweifelt, Erlösung durch gute Werke zu finden, obwohl er von starken Schuldgefühlen geplagt wurde. Er hatte den Eindruck, dass Gott bereit war, ihn zu verdammen. Der Leiter seines Ordens, Johann von Staupitz, versuchte den jungen Mann zu ermutigen. Er versicherte ihm, dass der Herr ihn für große Dinge gebrauchen wolle und sagte: „Lass das Studium der Schriften deine bevorzugte Beschäftigung sein."

Verschlingen der Seiten

Während seines zweiten Jahres im Kloster fing Martin an, die Bibel in der Bibliothek des Klosters zu lesen. Er begann, die Seiten zu verschlingen und bat Gott, dass Er ihm Sein Wort verständlich machen solle.

Als der Abt des Klosters ihn für eine Mission in den Vatikan sandte, nutzte Martin die Gelegenheit, um mehr Buße zu tun, in dem Versuch, seine Erlösung am „Tor des Himmels", wie Rom genannt wurde, zu finden. Er rutschte die heiligen Stufen in Rom auf seinen Knien als ein treuer Pilger hinauf, im Glauben an das Versprechen, dass ihm dies 15 Jahre seiner Zeit im Fegefeuer verkürzen würde. Plötzlich wurde ihm eine Bibelstelle, die er gelesen hatte, so lebendig, dass er aufsprang. Er hatte den Eindruck, dass Gott zu ihm sagte: „Die Gerechten sollen aus Glauben leben!" Christus bot ihm nicht 15 Jahre Erlass des Fegefeuers an, sondern eine völlige und kostenlose Errettung für alle Ewigkeit. Das war ein starkes Wort, aber Martin hatte noch immer keine Heilsgewissheit für seine Seele.

Was er während seiner Zeit in Rom sah schockierte den jungen Mann. Überall herrschte sexuelle Unmoral und zügellose Gier. Luther war abgestoßen von den Priestern, die so leichtfertig mit ihrem heiligen Dienst umgingen. Die Erkenntnis, wie übel es in Rom – am „Tor des Himmels" – zuging, war der Same für Luthers späteren Aufruf, die Kirche zu reformieren.

Doch zuerst suchte er nach Reformation in sich selbst. Im Jahr 1507 wurde er zum Priester ordiniert und wenig später Professor der Universität von Wittenberg. Er diente auch als Priester vor Ort sowie als Beichtvater an der Schlosskirche. Obwohl er immer noch innere Kämpfe hatte wurde er durch seine Hingabe an das Studium zu einem beliebten Prediger und Lehrer.

Als er im Jahr 1513 eine Vorlesung vorbereitete las er über Gottes Gerechtigkeit in Psalm 31,2: „Bei dir, Herr, habe ich mich geborgen; lass mich niemals zuschanden werden; errette mich in deiner Gerechtigkeit!" An Gottes Gerechtigkeit zu denken hatte ihn immer nervös gemacht. Dann erinnerte sich Martin an Römer 1,17, wo die Rede ist von Gottes Gerechtigkeit und der Kraft der Errettung für jeden Gläubigen. Die Worte, die er so klar gehört hatte, als er die heiligen Stufen in Rom auf seinen Knien emporgekrochen war, kamen ihm erneut in den Sinn: „Die Gerechten sollen aus Glauben leben.“ Ihm wurde bewusst, dass Gerechtigkeit eine Gabe von Gott ist, welche einfach von denen empfangen wird, die glauben, dass Christus für sie gestorben ist. Später schrieb er: „Als ich dies erkannte fühlte ich mich wie völlig neu geboren. Die Tore des Paradieses waren aufgestoßen, und ich war eingetreten. In jenem Moment sah ich die ganze Bibel mit völlig neuen Augen.“

Die Kraft des Wortes und das Werk des Heiligen Geistes in seinem Herzen und Verstand reformierten Martin Luther. Von da an begann Luther, die Menschen in seiner Umgebung zu reformieren, indem er predigte, dass Errettung eine Gabe von Gott ist, die durch Glauben empfangen wird, und nicht etwas, das verdient werden kann. Der Weg war bereitet für eine Konfrontation, die schließlich die Kirche spalten und Europa verändern würde – und später die ganze Welt.

Verkauf von Errettung

Die Realitäten bombardierten Luther in seinem Dienst als Priester und Beichtvater. Er konnte nun klar erkennen, was das Volk durchmachen musste. Besonders traurig und ärgerlich war er darüber, wenn die Kirche ihnen Ablassbriefe verkaufte. Ein Ablass versprach Befreiung von der Strafe, die ein Mensch nach seinem Tod für seine Sünden zu erwarten hatte. Die Leute konnten Ablässe für sich selbst oder für geliebte Verstorbene kaufen, die sich im Fegefeuer befanden. Der Papst nahm für sich das Recht in Anspruch, diese Ablässe ausstellen zu können.

Während Luther in Wittenberg diente, entschied sich der Papst, den Verkauf von Ablässen noch stärker als Mittel zur Geldeinnahme zu nutzen. Er war mit der Fertigstellung des herrlichen Petersdoms in Rom beschäftigt. Seine Botschafter reisten umher, um Ablässe mit dem Slogan zu verkaufen: „Wenn das Geld im Kasten klingt, die Seele in den Himmel springt.“ Als diese Ablassprediger auch in die Nähe von Wittenberg kamen, war Luther sehr beunruhigt, um es gelinde auszudrücken. Er sah dabei zu, wie seine Gemeindeglieder sich Ablässe mit Geld kauften, das sie eigentlich brauchten, um ihre Familien zu ernähren. Es war einfach nicht richtig. Er fing an, gegen die Ablässe zu predigen und verkündete, dass Gottes Gabe der Errettung bereits durch Christus am Kreuz erkauft und bezahlt worden sei.

Schließlich, im Jahre 1517, verfasste Luther ein Schriftstück, mit dem er zu einer öffentlichen Debatte einladen wollte. Er schrieb 95 seiner Aussagen oder „Thesen" und nagelte sie gemäß allgemeinem Brauch an die Kirchentür in Wittenberg. Neben dem Ablass ging es Luther in seinen Thesen um Buße, die Vergebung der Sünden sowie die Gier und Weltlichkeit vieler Priester in der kirchlichen Hierarchie. Luthers Absicht war es, eine geordnete, professionelle Debatte zu eröffnen. Stattdessen löste sein Papier einen Feuersturm der Kontroversen aus. Seine 95 Thesen wurden schnell vom Lateinischen ins Deutsche übersetzt und mit Hilfe der noch recht neuen und unglaublich wichtigen Erfindung – der Gutenberg-Druckerpresse – vervielfältigt.

In nur zwei Wochen verbreiteten sich die 95 Thesen in ganz Deutschland. Innerhalb eines Monats wurden sie in ganz Europa gelesen.

Die wichtigste Arbeit im Geheimen

Die Kirche reagierte sofort auf diese direkte Herausforderung der Autorität des Papstes. Sie nannten Luther einen Häretiker und forderten ihn auf, umgehend in Rom zu erscheinen, um für seine Taten Rechenschaft abzulegen. Hätte er das getan so wäre er sehr wahrscheinlich umgebracht worden, wie andere potenzielle Reformatoren vor ihm. Stattdessen schritt ein deutscher Kurfürst ein und brachte ihn in ein Versteck. Während seiner Isolationszeit auf der Wartburg arbeitete Luther an seinem wichtigsten Werk: Er übersetzte die Bibel ins Deutsche – in die Sprache des Volkes. Davor war die Bibel ausschließlich in Latein verbreitet worden, so dass nur die Elite sie lesen konnte. Das Buch dem Volk zurückzugeben war das, was die Nation Luthers und andere Länder verändern würde. Wir werden im nächsten Kapitel sehen, wie seine deutsche Bibel eine der größten Revolutionen aller Zeiten auslöste.

Luther hatte nicht die Absicht, die Kirche zu verlassen. Wie andere vor ihm wollte er die Kirche zurück zu ihrem grundlegenden Glauben bringen und sie so reformieren. Obwohl beide Seiten Frieden zu schließen versuchten, war der Riss bereits zu tief. In einer Anhörung vor Gesandten des Papstes auf dem Reichstag zu Worms weigerte sich Luther im Jahr 1521, seinem Recht zu entsagen, das Wort Gottes auszulegen. Er sagte: „Ich kann und werde nicht widerrufen, denn es ist weder sicher noch weise, etwas gegen das eigene Gewissen zu tun. Hier stehe ich, ich kann nicht anders. Gott helfe mir, Amen." Der Papst reagierte, indem er ihn aus der Kirche ausschloss. In einer Welt, in der die Kirche die absolute Macht über die Errettung eines Menschen in den Händen hielt, war dies das Schlimmste, was der Papst Luther antun konnte. Er verdammte damit Luther in die Hölle.

Die Idee, die alles veränderte

Alle diese Ereignisse waren von viel größerer Bedeutung, als die Beteiligten es damals erkennen konnten. Als Luther die päpstliche Autorität ablehnte sagte er etwas sehr Wichtiges über die Natur der Kirche selbst. Die meisten Menschen glaubten bis dahin, dass „die Kirche" die religiöse Organisation sei – insbesondere die Bischöfe und der Papst. Laien waren nur passive Mitglieder, abhängig von den Priestern sowie von der Lehre und der herrschenden Autorität der Bischöfe.

Es ist heute für uns schwer vorstellbar, welche Kontrolle die Institution Kirche damals über das Leben der Menschen ausübte. Bischöfe herrschten wie Fürsten und nahmen Aufgaben wahr, die wir heute als Verantwortung der Regierung ansehen. Zum Beispiel konnte der Papst eine Armee aufstellen und Krieg führen, und Bischöfe konnten Leute ins Gefängnis setzen und sie exekutieren lassen. Die Kirche schüchterte sogar Könige ein, sich unterzuordnen.

Als Luther die alleinige Autorität der Kirche herausforderte, sagte er damit, dass die Kirche nicht nur aus Priestern und Bischöfen besteht.

Sie besteht vielmehr aus allen Menschen, die an Christus glauben: aus der „Priesterschaft der Gläubigen". Er und andere Reformatoren fanden diese Idee eines Königreichs von Priestern sowohl im Alten wie im Neuen Testament – das Verständnis, dass Gott mit Seinem Volk direkt in Beziehung stehen und es führen will.

„Das Priestertum der Gläubigen" war der zentrale Gedanke der Reformation. Diejenigen, die an Christus glauben, können direkt zu Gott kommen, ohne von menschlicher Autorität oder religiösen Zeremonien abhängig zu sein. Andere Texte im Neuen Testament – insbesondere die Worte von Paulus in Galater 3,28, wo der Apostel sagt, dass es in Christus weder Jude noch Grieche, Sklaven noch Freien, Mann noch Frau gibt – verstärkten seinen Glauben, dass alle gleich sind vor Gott. Alle sind eins in Jesus Christus.

Daher war jeder Mensch frei unter Gott, die Bibel selbst zu untersuchen und nach ihr gemäß seinem Gewissen zu leben. Luther formulierte es so: „Ein Christ ist der freieste Herr von allen und niemandem untertan", und doch, „ist ein Christ der verantwortlichste Diener von allen und jedem untertan."

Diese wahrhaft revolutionäre Idee aus Gottes Wort sollte nicht nur Deutschland verändern, sondern Nation für Nation, wo immer sich die Reformation ausbreitete.

Kapitel 12

Aufschließen des Reichtums

Deutschland (Fortsetzung)

Das aufregende neue Verständnis der „Priesterschaft aller Gläubigen" begann die Kirche sofort zu verändern. Viele wurden „Protestanten" und trennten sich von Rom. Währenddessen fing die katholische Gegenreformation an, sich mit einigen Missbräuchen in der Kirche zu beschäftigen. Es dauerte Jahrhunderte, aber vieles von dem, was den jungen Luther schockiert hatte, (wie zum Beispiel der Verkauf der Ablassbriefe) wurde abgeschafft. Die Spaltung zwischen den Protestanten und Katholiken führte jedoch zu viel Gewalt und Kriegen, die Jahrhunderte währten – selbst bis in unsere heutige Zeit an Orten wie Nordirland.

Vor einigen Jahren besuchte ein römisch-katholischer Priester aus Mexiko City unsere Mission in Kona, Hawaii. Er war ein echter Bruder im Herrn. Er leitete Erweckungsversammlungen, in denen er die persönliche Errettung und Heiligkeit betonte, in mehr als 800 Diözesen in vielen Ländern. Als meine Schwester Janice den mexikanischen Priester fragte, was er von Martin Luther halte, da empfand ich seine Antwort als bemerkenswert. Er sagte: „Gott sandte Martin Luther, um die Kirche zur Buße aufzurufen, aber sie hörte nicht auf ihn." Jetzt, in der Gegenwart, tat dieser Priester aus Mexiko City alles, um seine Mitkatholiken zu einer persönlichen Beziehung zu Christus zu führen.

Es brauchte mehrere Jahrhunderte, damit zwischen Protestanten und Katholiken auch nur ein wenig Zusammenarbeit möglich wurde. Die anfängliche Welle der Gewalt zu Luthers Zeiten war brutal.

Das Blutvergießen schockierte Luther. Aber seine Lehre hatte das Fass zum Überlaufen gebracht, und die Reformation breitete sich jetzt schnell über die Mauern der Kirche hinaus aus. Mit der Zeit beeinflussten die Gedanken der Reformation – und die verbreiteten Bücher der Reformatoren unter dem Volk – die radikale Reformation der Gesellschaft und auch die Art, wie Menschen Regierung verstanden. Die Reformation und ihre Nebenprodukte bereiteten den Weg für Demokratie, für allgemeine Bildung und zur Idee der Menschenrechte. Es führte zur größten Explosion von Wohlstand und Wissen in der Geschichte der Welt.

Eine Bibel, die jeder lesen kann

Mit wenigen Ausnahmen, konnten vor der Reformation nur Gelehrte und ausgebildete Priester die Bibel studieren. Sie sollten die Inhalte dem gewöhnlichen Volk weitergeben, oder auch nicht, ganz nach ihrem Belieben. Tatsächlich sahen die meisten Mitglieder der Elite es als gefährlich an, dass gewöhnliche Menschen die Bibel selbst lasen, wenn sie zum Lesen imstande waren. Das Volk hätte gefährliche Vorstellungen über Religion entwickeln können oder, was genauso schlimm gewesen wäre, es hätte seine Herrscher in Frage stellen können.

Die Reformatoren glaubten jedoch, dass alle Menschen vor Gott gleich sind, und dass sie direkt zu Gott kommen können. Alle Gläubigen sind ein Teil des Königtums der Priester (siehe Offb. 1,6; 5,10 und 1. Petrus 2,5). Darum müssen sie alle das Wort Gottes haben. Wie sollen sie sonst erfahren, wie Gott will, dass sie leben sollen? Leider war jedoch die einzige Bibelübersetzung, die man erhalten konnte, die lateinische Übersetzung von Hieronymus aus dem 5. Jahrhundert. Und niemand außer Gelehrten und Priestern verstand Lateinisch.

Die Bibel in die Sprache des Volkes zu übersetzen und sie zu vertreiben war lebensgefährlich. Für ihren Versuch, die Bibel für das gewöhnliche Volk in die Muttersprache zu übersetzen hatten während der einhundert Jahre vor Luther viele Leute mit ihrem Leben bezahlt oder waren ins Exil verbannt worden. Und wenn sie es dennoch taten, dann konfiszierten die Autoritäten diese Bibeln schnell und verbrannten sie.

Martin Luther war jedoch der festen Überzeugung, dass sein Volk eine Bibel haben müsse, die alle verstehen könnten. Seine deutsche Bibel, die er in seinem Versteck übersetzte, gab das Wort Gottes in die Hände des Volkes. Die Wichtigkeit dieses einen Werkes kann kaum überschätzt werden. Luthers Übersetzung transformierte die deutsche Sprache und gab einer der radikalsten und progressivsten Bewegungen aller Zeiten Kraft und Vollmacht.

Bereits früher wurde ein anderes grundlegendes Werk für diese Revolution der Herzen und des Denkens geschaffen, das dann die Initialzündung der Reformation auslöste. Im Jahr 1437 erfand ein anderer Deutscher, Johannes Gutenberg, die Druckerpresse mit beweglichen Buchstaben-Typen. Bücher waren dadurch nicht länger nur Luxusgüter für die Elite. Diese Technologie kam genau zur richtigen Zeit, um auf schnelle Weise Luthers neue Übersetzung zu verbreiten, sowie seine Bücher und Schriften mit biblischer Lehre.

Meine asiatischen Freunde weisen mich darauf hin, dass sie bereits Druckerpressen vor Gutenberg hatten. Das mag sein, aber ihre Druckerpressen führten nicht zu Freiheit und Wohlstand. Erst die Erfindung der Druckerpresse zusammen mit der Herausgabe der Bibel in der Sprache des Volkes veränderte das Gesicht Europas – und schließlich der Welt.

Aufschließen von Reichtum

Als die Bibel erst einmal in der Sprache des Volkes verfügbar war kam ein weiteres wichtiges Element der Revolution ins Spiel. Es reichte nicht aus, die Bibel in der eigenen Sprache zu haben. Das Volk musste auch lernen, wie man liest. Die Reformatoren riefen daher Leseprogramme überall in Deutschland und in weiten Teilen Europas ins Leben. Und als die Leute die Bibel lesen konnten, da konnten sie auch andere Dinge lesen – religiöse Schriften, lange Erzählungen, Dichtung, politische Schriften und Nachrichten, Bücher über alle Themen von Landwirtschaft bis zu Buchhaltung und Architektur – mit anderen Worten, alle Arten von nützlicher Information. Ideen konnten sich nun ausbreiten, und kreative Energien konnten freigesetzt werden.

Dies veränderte die ganze Geschichte. Davor gab es keine reiche Nation auf der Erde. Könige und Tyrannen waren natürlich reich und wohlhabend. Einige wenige Aristokraten waren wohlhabend. Aber nicht das gewöhnliche Volk. Das individuelle Potenzial entfaltete sich nun aber explosiv, nachdem Menschen überall durch das Konzept der Priesterschaft aller Gläubigen inspiriert waren. Und als die Menschen nun lesen konnten, begannen sie, in bis dahin nie dagewesener Menge, von ihrem Verstand Gebrauch zu machen, wodurch sie auf Ideen kamen, die neuen Wohlstand schufen und das Leben von vielen veränderten. Eine Mittelklasse fing an aufzublühen, und ganze Nationen wurden reich, nachdem eine genügend große Anzahl von Menschen das Wort Gottes auf ihr Leben anwandte.

Dieser Zugewinn an neuem Wissen begann an Geschwindigkeit zuzunehmen. Seit Jahrhunderten lag Europa bereits hinter dem Nahen und Fernen Osten (Asien) zurück, was seine kreative Entwicklung anbelangte. Europa hatte viel von seinem Erbe aus Griechenland und Rom vergessen, während die islamische Welt es mit Freuden aufgenommen hatte – und darauf aufbaute. Die Araber erfanden die Zahlen, die wir alle bis heute nutzen, und auch das Konzept der Null. Die Chinesen machten viele Erfindungen, bevor der Westen darauf kam, einschließlich Papier und Zündpulver. Dennoch verblassten diese Erfindungen bald im Vergleich mit den leuchtenden, neuen Entdeckungen, die nun aus Europa kamen.

Ungefähr einhundert Jahre vor Luther hatten die Europäer die griechischen und römischen Schriften wiederentdeckt. Eine gewaltige Neugeburt des Wissens und der Entdeckung von neuen Konzepten, bekannt als Renaissance, hatte Europe ergriffen. Auch das Zeitalter der Entdeckungen hatte begonnen, da die Europäer auf Schiffen die Weltmeere bereisten, um mehr über ihre Welt zu entdecken.

Und noch wichtiger, sie gewannen die Kenntnis der alten Sprachen zurück, was ein neues und tieferes Verständnis für das Studium der biblischen Schriften eröffnete.

Dennoch, so wichtig auch die Renaissance für das Erweitern des Denkens der Menschen und für großartige Werke der Literatur und Kunst war, so dürfen wir nicht vergessen, dass es die Reformation war, die das Leben der gewöhnlichen Menschen veränderte. Als mehr und mehr Menschen zu lesen lernten, fingen die Entdeckungen an, sich exponentiell im Westen zu vermehren, was schließlich alle Leistungen in anderen Teilen der Welt weit übertraf. Heute verdoppelt sich unser Wissen alle drei bis vier Jahre. Im Bereich der biologischen Wissenschaft verdoppelt sich das Wissen sogar alle 180 Tage.

Manchmal verstehen kompetente Fachleute nicht die Gründe, warum so große technologische Unterschiede zwischen christlichen und nichtchristlichen Teilen der Welt bestehen. Ende der 90er Jahre wurde in den Nachrichten berichtet, dass die Chinesen nukleare Geheimnisse vom Westen stehlen würden. Der chinesische Premierminister Zhu Rongji leugnete die Berichte. Ich hörte die Übersetzung seiner Bemerkungen auf CNN: „Meint ihr nicht, dass wir Chinesen so klug sind wie ihr?"

Natürlich sind Chinesen ebenso klug. Es gibt kluge und weniger kluge Menschen in jedem Land der Erde. Und da es mehr Chinesen auf der Erde gibt, gibt es auch mehr begabte Chinesen. Intelligente Menschen werden jeden Tag in Indien, Russland und dem Nahen Osten geboren. Aber wie viele junge Menschen aus dem Westen zieht es nach China, Indien, Russland oder den Nahen Osten, um Wissenschaft und Technologie zu studieren? Ich sage nicht, dass dies kein Grund für Wettbewerb oder nationalen Stolz sein sollte. Aber wir müssen die Gründe dafür bedenken.

Was bewirkt den „brain drain" (die Abwanderung) von Wissenschaftlern, Doktoren und Fachleuten? Warum verlassen diese Menschen ihre Länder, um an Orte zu gehen, die so anders geartet sind als ihre Kultur und die vorherrschende Religion ihrer Heimat? Sie suchen nach Freiheit und der Gelegenheit, ihr Potenzial zu entfalten. Nachdem sie im neuen Land angekommen sind, bauen sie ihre Moscheen und Tempel. Sie erkennen nicht, dass die Kirchen um sie herum und die Bibel die Quellen für das sind, was sie in ihrem neuen Land suchen.

Mariano Grondona, Professor für Regierungs- und Staatswesen an der Fakultät der Nationalen Universität von Buenos Aires sagt, dass vor dem 16. Jahrhundert kein Land eine entwickelte Nation war, weder im Osten noch im Westen: „Es war die protestantische Reformation, die zum ersten Mal wirtschaftliche Entwicklung in Europa und Amerika hervorbrachte." Er fügt hinzu, dass die heutige Wachstumsrate der Wirtschaft in protestantischen Ländern wieder gesunken ist. Das liegt zum Teil wohl daran, weil der religiöse Eifer für den Glauben abgekühlt ist.

Wir müssen alle Nationen wissen lassen, dass die Anwendung der Wahrheit und Weisheit Gottes, des Schöpfers und Erhalters des Universums, sie befähigt aufzublühen und zu gedeihen. Es spielt keine Rolle, ob eine Nation klein und ungebunden wie Pitcairn ist, oder so groß und tief verwurzelt wie Deutschland. Gott hat die Macht, durch Seinen Geist und Sein Wort das zu bewirken, was unmöglich erscheint. Indem wir mit Ihm zusammenarbeiten, können wir Seine Segnungen zu jeder Nation bringen. Prinzipien von Gottes Wort sind universal. In einem jeden der hier vorgestellten Länder wurde der Beweis erbracht, dass sie Freiheit und Gerechtigkeit hervorbringen, ein Aufblühen von Kreativität bewirken und die Fähigkeit von Menschen wachsen lassen, ihr Potenzial zu entfalten und zu nutzen.

Kapitel 13

John Calvin und die stinkendste Stadt Europas

Genf

Eines der besten Beispiele dafür, wie die Bibel ein Land veränderte, ist die Geschichte der Schweiz. Dieses Land lässt einen den Atem anhalten, wenn man hindurchfährt. Makellose, herrlich grüne Landschaften ziehen auf beiden Seiten an einem vorüber, umrahmt von schneebedeckten Bergen. Märchenhafte Landhäuser mit Giebeln und hübschen Blumenkästen schmiegen sich an die Täler und thronen auf den Hügelketten. Wenn man weiter ins Landesinnere fährt nähert man sich schönen, wohlhabenden Städten mit Gärten, Parks, großen Herrenhäusern und Boulevards, in denen elegante Läden mit Designerkleidung und anderen Luxusartikeln auf einen warten.

Es ist leicht zu meinen, dass es in diesem Land mit der soliden roten Flagge und dem einfachen weißen Kreuz in der Mitte immer so gewesen sein muss. Doch die Schweiz war früher schrecklich arm und in ständiger Abhängigkeit von ihren viel stärkeren Nachbarn. Die Reformation der Schweiz hängt mit vielen Menschen und Orten zusammen. Um jedoch die Transformation dieser Region zu verstehen müssen wir uns nur die Geschichte einer Stadt anschauen: Genf. Einer unserer JmeM-Leiter, Dr. Tom Bloomer, hat die Geschichte der Schweiz umfassend studiert, besonders die Geschichte von Genf. Ich bin Tom dankbar, dass ich diese Geschichte mitteilen darf, über die Jim Stier in einem Kapitel seines Buches „His Kingdom Come“

berichtet hat. Dies zeigt, wie die schlimmsten Orte zu einem leuchtenden Beispiel für die Welt werden können. Es ist eine bemerkenswerte Geschichte der Transformation, die in der Kraft von Gottes Wort ihre Wurzeln hat.

Eine transformierte Stadt

Stellen Sie sich vor, wir besuchen Genf im Jahr 1530. Das Erste, was uns auffällt, ist der Gestank. Genf hatte sich einen Spitznamen gemacht als „die stinkendste Stadt Europas“. Während wir uns der Stadt nähern sehen wir eingefallene Mauern und Straßen voller Müll und Abfall. Der Geruch von Erbrochenem, saurem Wein und Urin dringen uns in die Nase. Wir halten unsere Sachen fest an uns gedrückt während wir beobachten, was für merkwürdige Leute überall um uns herum sind. Wir haben bereits manches gehört von den vielen Kriminellen der Stadt, politischen Flüchtlingen, ehemaligen Söldnern, Spionen, Seeleuten vom Genfer See, Händlern, Prostituierten und den vielen armen Slumbewohnern. Bereits nach kurzer Zeit sind wir froh, dass wir nicht lange an diesem verpesteten Ort bleiben müssen.

Sie denken vielleicht, dass alle Städte des Mittelalters stinkend und arm waren. Gewiss. Aber Genf war es noch viel mehr. Und es ist erstaunlich, wie schnell sich diese Stadt veränderte.

Vom Schlimmsten zum Besten

Wie wurde diese schreckliche Stadt so wohlhabend? Wie entwickelte sich ein Ort des Verbrechens und der Korruption zu einem Knotenpunkt der internationalen Diplomatie sowie zu einem Zentrum für humanitäre und internationale Organisationen? Wie wurde aus einem Ort großer Ignoranz eine vorzügliche Stadt mit vielen hervorragenden Schulen, in welche die Eliten der Welt ihre Kinder zum Studium senden? Warum ist Genf zu dem Ort geworden, an dem sich verfeindete Nationen treffen, um wichtige Verträge zu unterzeichnen? Wie ist es dieser Stadt und den Schweizern gelungen, über drei Jahrhunderte hinweg unabhängig, frei und ohne einen einzigen Krieg zu sein?

Natürlich übersteigt ein genaues Studium von Genf und der Schweiz den Rahmen dieses Buches. Wenn wir jedoch den Unterschied zwischen armen und reichen Nationen verstehen wollen sollten wir unser Augenmerk auf die Schweiz und insbesondere auf Genf richten.

Die Transformation von Genf begann mit einem Mann namens Jean Calvin. Calvin war genauso bedeutend für die französische Reformation wie Martin Luther es für die deutsche war. Calvin und andere Reformatoren in der französischsprachigen Welt betonten die Notwendigkeit der persönlichen Errettung. Sie forderten die Menschen auf, Buße zu tun und Gott zu vertrauen. Dabei blieben sie jedoch nicht stehen. Sie begannen, die Menschen systematisch zu lehren und nutzten ihre Kanzeln, um die Gesellschaft zu reformieren.

Freie Menschen lehren, wie man lebt

Für Jahrhunderte waren die Kirche und der Adel die einzige Autorität in Genf gewesen. Niemand musste sich fragen, was er tun sollte, denn es wurde alles für ihn bestimmt. Genf war ein unabhängiger Stadt-Staat. Seine Bürger waren frei, doch wer sagte ihnen, wie sie leben sollten? Calvin und seine Freunde forschten in der Bibel und lehrten das Volk, was Gott über jeden Bereich des Lebens zu sagen hat. Ihr Ziel war es, eine Stadt auf dem Fundament des Wortes Gottes zu bauen – eine Stadt, die ein Modell für andere Städte in ganz Europa sein würde.

Calvin hielt Predigten über die Verantwortung des Individuums und über den Wert der Arbeit als Anbetung Gottes. In der Vergangenheit hatten kirchliche Denker und Theologen stets die Neigung gehabt, das „Heilige" vom „Weltlichen" (dem Säkularen) zu trennen, indem sie lehrten, dass nur die Kirche heilig ist und abgesondert sei von den unreinen, weltlichen Dingen des täglichen Lebens. Die

Menschen sollten in die Kirche kommen, um ein geistliches Bad zu nehmen, bevor sie wieder zurückgingen in eine neue Woche inmitten der schmutzigen Welt.

Im Gegensatz dazu lehrten die Reformatoren die Menschen, ihre Welt mit Gottes Wort und Gebet zu waschen. Dies entsprach dem, was Paulus an Timotheus in 1. Timotheus 4,4-5 schrieb, dass die ganze Schöpfung Gottes geheiligt werden kann. Calvin und die anderen Reformatoren hatten eine ganzheitliche Sicht des Lebens. Jede Arbeit konnte eine Berufung Gottes sein. Lobpreis war nicht nur dem Sonntag vorbehalten. Jedes Werk, das an den anderen sechs Tagen auf exzellente Weise getan wurde, war ebenfalls Lobpreis „als Werk für den Herrn". Die Reformatoren glaubten, dass Gott souverän über alle Bereiche des Lebens herrsche, privat wie öffentlich. Wahre Jünger Jesu unterstellten alles der Führung Gottes.

Diese und andere Ideen der Reformatoren brachen sich auf dem ganzen Kontinent Bahn. Sobald Calvin eine Predigt gehalten hatte, wurde sie umgehend als Flugblatt gedruckt und in ganz Europa verbreitet. Diese Predigten behandelten viele Themen.

Die Reformatoren predigten darüber, was es bedeutet, eine auf Gott ausgerichtete Familie zu haben. Die Männer von Genf waren schreckliche Väter – unehrlich, unverantwortlich und oft betrunken. Die Unordnung in den Familien spiegelte sich wieder in der Armut und Unmoral der Stadt. Jetzt lehrten die Reformatoren sie, dass sie sich um ihre Familien kümmern, nüchtern bleiben, hart arbeiten, ihre Rechnungen zahlen, den Zehnten geben und für die Zukunft sparen sollten. In Genf wurde diesen Lehren sogar Gesetzeskraft verliehen, da der Stadtrat die Richtlinien, die Calvin ihm präsentierte, als geltendes Gesetz erließ.

Als Max Weber, ein deutscher Soziologe, nach den Gründen für den westlichen Wohlstand suchte, kam er zu dem Ergebnis, dass dieser in Genf seinen Anfang nahm. In seinem Buch „Die protestantische Ethik und der Geist des Kapitalismus" rechnet er diesen Wohlstand dem Verdienst Calvins und seinen Lehren in dieser Stadt zu. Jean Calvin suchte im Wort Gottes nach allen möglichen wirtschaftlichen Prinzipien. Zum Beispiel lehrte er, dass Banken keine hohen Zinsen nehmen sollten, weil dies die Sünde des Wuchers sei. Er begrenzte Zinsen auf vier Prozent, hoch genug, damit der Geldgeber etwas mit dem Verleihen des Geldes verdiente, und niedrig genug, damit der Darlehensnehmer sein neues Vorhaben finanzieren konnte. Die Rate von vier Prozent Zinsen wurde in der Schweiz für vier Jahrhunderte beibehalten.

All diese Lehren hatten eine sofortige wirtschaftliche Auswirkung. Genf und die Schweiz wurden immer erfolgreicher und wohlhabender.

Kapitel 14

Grundlagen für Freiheit legen

Genf (Fortsetzung)

Heute glauben viele Leute, einschließlich der Politiker, dass es nur eine begrenzte Menge von Reichtum in dieser Welt gibt. Die Politik, für die sie eintreten, geht von der Annahme aus, dass wir Wege entwickeln müssen, um begrenzte Ressourcen in immer kleinere und kleinere Portionen aufzuteilen. Aber die Bibel lehrt das nicht! Die Umverteilung von Reichtum führt nie zu Wohlstand. Sie bringt nur immer mehr Gier, Korruption, Ungerechtigkeit und Neid zwischen den Klassen hervor. Eine kleine machtvolle Minderheit eignet sich die Ressourcen an, während die Armen und Schwachen immer tiefer sinken. Die Mittelklasse verschwindet völlig. Lethargie breitet sich aus und ersetzt die Freude und Produktivität derer, die einst Initiative ergriffen.

Das Volk der Schweiz (und andere Länder der Reformation) hat entdeckt, dass es keine Grenzen gibt, wenn freie Menschen biblische Prinzipien nutzen, um neuen Wohlstand zu schaffen. Der allgemeine Wohlstand steigt, wenn Individuen befähigt werden, ihr wahres von Gott gegebenes Potenzial zu nutzen.

Moderne Wirtschaftsexperten entwickeln heute Konzepte, die denen von Jean Calvin entsprechen, der seine Lehre aus den Prinzipien der Bibel gewann. Sie sagen heute, dass jedes Land wirtschaftlich erfolgreich wird, wenn die Menschen hart arbeiten, Geld sparen, dafür sorgen, dass die Familie intakt bleibt, die Banker eine vernünftige Zinspolitik betreiben und das Volk unter einem System gerechter Gesetze und gegenseitiger Rechenschaft lebt. Der internationale Währungsfond und die Weltbank lehren heute ihre Mitgliedsnationen viele dieser Prinzipien. Aber im 16. Jahrhundert empfing Jean Calvin diese Weisheiten aus der Bibel.

Alle Kinder Gottes lehren

Als Teil seiner Übereinkunft mit den Stadtvätern, Genf zu reformieren, forderte Calvin, dass sie ein Schulwesen gründen und Gelder zur Verfügung stellen sollten, damit alle Kinder unterrichtet werden könnten – eine wahrhaft revolutionäre Idee. Weil jedes Kind im Ebenbild Gottes geschaffen wurde, glaubten die Reformatoren, musste jedes Kind gelehrt werden, Gottes Wort zu lesen. Zum ersten Mal in der Geschichte der Welt (außer dem alten Israel), war die Schule offen für jede soziale Klasse, nicht nur für die Reichen. Und anders als im alten Israel, waren diesmal sogar die Mädchen zugelassen.

Auf Grund der Reformation konnten mehr und mehr Menschen lesen und studieren. Und die neue Lese- und Schreibfähigkeit des Volkes führte zu einer Explosion von Wissen. In den Jahrhunderten davor war nur eine winzige Anzahl von Menschen gebildet. Was für eine schreckliche Verschwendung von Potenzial, wenn man bedenkt, dass Gott jedem Kind Gaben gegeben hat – Talente und Fertigkeiten, die darauf warten, zum Segen für alle freigesetzt zu werden! Wenn wir anderen Menschen die Freiheit und Möglichkeit verweigern, lesen und schreiben zu lernen, dann schneiden wir den Strom von neuen Erfindungen und Ideen ab.

Meine Frau Darlene und ich gingen mit Dr. Tom Bloomer auf eine Geschichtstour zu Fuß durch Genf. Ich war berührt, vor der Schule des Jean Calvin zu stehen, als ich zu den starken Mauern aufschaute. Dies war der Ort, wo alles begonnen hatte. Es fühlte sich an, als stünden wir an dem Quellgewässer eines großen, mächtigen Flusses der Erziehung und Bildung, der seither zu vielen Millionen von Jungen und Mädchen geflossen ist.

Die Grundlagen der freien Welt

Ein weiteres Konzept, dass Calvin und die Reformatoren in der Bibel fanden, war die Sündennatur des Menschen. Auf den ersten Blick erscheint dies keine großartige Idee, um eine Gesellschaft darauf zu bauen. Aber aufgrund ihrer Erkenntnis dieser Wahrheit lehrten die Reformatoren, dass die Macht von Leitern und Regierungen begrenzt werden sollte. Ihr System von wechselseitiger Kontrolle der Organe einer Regierung folgte dem Beispiel der Gewaltenteilung im Alten Testament. Daher forderten die Reformatoren, den Herrschern nicht zu viel Macht zu geben, damit sie nicht ihrer Sündennatur nachgäben und zu korrupten Tyrannen würden. Die dreiteilige Regierung, die sie einrichteten, bestehend aus Judikative, Legislative und Exekutive, stammte aus dem 5. Buch Moses und aus Jesaja 33,22: „Denn der Herr ist unser Richter, der Herr ist unser Gesetzgeber, der Herr ist unser König."

Die Schweizer Reformatoren gingen sogar noch weiter. Sie sorgten nicht nur für Gewaltenteilung der drei Zweige der Regierung, sondern legten auch jeden Zweig in eine andere Stadt. Und sie trennten die Mächte weiter auf der nationalen Ebene, auf Ebene der Kantone (wie Staaten oder Provinzen), und der Städte.

Europa beobachtete dieses Pilotprojekt der Anwendung biblischer Prinzipien, um eine Nation zu bauen, genau. Schließlich wurde das Modell von Genf von vielen Nationen kopiert und adaptiert, sogar Jahrhunderte später von den Autoren der Verfassung der U.S.A., mit ihren Zweigen der Exekutive, Legislative und Judikative.

Freiheit war daher kein Phänomen, das in Westeuropa und Nordamerika einfach zufällig aufkam. Sie erwuchs aus der Lehre von Gläubigen, die in Gottes Wort nach Prinzipien für Regierung suchten. Die freie Welt ist bis heute Jean Calvin und anderen Lehrern der Reformation zu Dank verpflichtet.

Fürsorge für die Armen

Die Schweizer Reformatoren erkannten aus der Bibel auch, dass sie verantwortlich für die Armen waren. Im 16. Jahrhundert fing Genf an, protestantische Flüchtlinge aufzunehmen, die vor der Verfolgung durch katholische Herrscher in England, Schottland und Frankreich, sowie den Stadtstaaten Italiens flohen. Sogar das Wort „Flüchtling" wurde dem Konzept aus dem Alten Testament von den Zufluchts-Städten entnommen. Obwohl der Zufluss von Ausländern zeitweilig Spannungen erzeugen konnte, empfingen die Menschen von Genf sie in ihren Häusern. Während unserer Tour mit Dr. Bloomer zu Fuß durch Genf, standen wir auf einem Hügel, von wo wir auf Reihen von alten Häusern schauen konnten. Tom wies uns darauf hin, dass man heute, noch Jahrhunderte später, die Trennungslinien an den alten Häusern sehen kann, wo die Bürger von Genf neue Etagen auf ihre Häuser bauten, um die Flüchtlinge aufnehmen zu können. Was für eine Großzügigkeit und Gastfreundschaft!

Mit den Jahren leisteten diese Flüchtlinge einen großen Beitrag, Genf zu dem bemerkenswerten Ort zu machen, der es geworden ist. Viele waren Künstler, Musiker und Mitglieder der entstehenden europäischen Klasse von Geschäftsleuten. Sie brachten neue Fertigkeiten und viel neues Wissen in die Stadt und schließlich in die ganze Schweiz.

Die Reformatoren gründeten eine Organisation, um für die neu angekommenen Flüchtlinge zu sorgen, ebenso auch für Witwen und Waisen. Aber auch die Armen wurden als verantwortlich vor Gott betrachtet, für die Verbesserung ihrer eigenen Lage zu sorgen. Jeder, der arbeiten konnte, war verpflichtet, dies zu tun, auch wenn er Hilfe empfing. Das Vorbild der Fürsorge für die Armen von Genf wurde in ganz Europa kopiert und umgesetzt, und wurde so zum Prototyp für wohltätige Organisationen und Reformbewegungen kommender Jahrhunderte.

Die wahre Mutter der Erfindung

Wissenschaftler lehren häufig, dass soziale Veränderungen immer dann geschehen, wenn große Missstände und Nöte herrschen, weil das innovative Leute (die Motoren für Veränderung sind) dazu veranlassen würde, nach neuen Lösungen zu suchen.

Wenn das stimmen würde, warum wurden dann nicht Waisenhäuser und Krankenhäuser und alle Arten von wohltätigen Organisationen in Indien oder China gegründet, wo die Nöte doch am größten sind? Not ist nicht die Mutter der Erfindung, sondern die Offenbarung der Schriften der Bibel führte zur Geburt dieser Ideen. Es ist schon immer das von der Bibel informierte Herz von Menschen, das Probleme erkennt – und dann an der Lösung für diese Nöte arbeitet.

Calvin hat natürlich auch seine Kritiker, die sagen, dass seine Bestrebungen zur Reformation der Gesellschaft nicht immer im Einklang mit der Bibel standen. Aber er legte eine solide Grundlage. Die biblischen Prinzipien, die er über soziale Reform, Erziehung und Bildung, Regierung und Wirtschaft lehrte, insbesondere auch, dass alle Berufe und Dinge des Lebens heilig sein können, führten zu Freiheit und Wohlstand. Seine Ideen verbreiteten sich nach Skandinavien, Schottland, England und Holland, und durch die Puritaner in die neue Welt (Nordamerika). Über die Jahrhunderte wurden diese Nationen, und später andere, stark durch diesen Mann beeinflusst, der danach strebte, eine Stadt auf den Fundamenten von Gottes Wort zu bauen.

Die „Verdunkelung"

Trauriger Weise gingen die Fortschritte von Genf nicht ungebrochen weiter. In den folgenden Generationen bewegte sich die Stadt – und ganz Westeuropa – weg von den biblischen Prinzipien, die zu Wohlstand und Freiheit geführt hatten. Der Nachdruck, den die Reformatoren auf die Erziehung und Bildung des Volkes legten, bahnte den Weg für eine noch viel größere Explosion von Streben nach Gelehrsamkeit und Wissenschaft. Dies jedoch entwickelte sich bald zu einer philosophischen Bewegung, die später im 18. Jahrhundert Aufklärung genannt wurde. Sie basierte auf Rationalismus – der Vorstellung, dass der Mensch kraft seines eigenen Verstandes alle Wahrheit selbst entdecken kann, die er braucht.

Anstatt nach Antworten in Gottes Wort zu suchen, wandten sich Gelehrte nunmehr humanistischen und menschlichen Quellen zu, insbesondere den Ideen des antiken Griechenlands. Die Universitäten und Seminare von Genf und dem Rest Europas füllten sich recht bald mit Professoren und Studenten, die nichts mehr von Gottes offenbarter Wahrheit in der Bibel wussten. Anstatt erleuchtet zu werden, fiel Europa in geistliche Dunkelheit zurück. Wir können uns heute nur fragen, was geschehen wäre, wenn sich die Reformation ohne diese Unterbrechung weiter entwickelt hätte. Hätten wir dann die blutigen Revolutionen und die schrecklichen Kriege des 19. Jahrhunderts erlebt? Wenn die Leiter Europas weiter in der Bibel nach Prinzipien geforscht hätte, wie sie ihr Leben und ihre Länder führen sollten, hätten wir die großen Tragödien erlebt, zu denen es im Europa des 20. Jahrhunderts kam – der erste Weltkrieg, der Faschismus unter Hitler und Mussolini, der zweite Weltkrieg und der Kommunismus unter Lenin und Stalin?

Das Licht wieder anschalten

In den Jahrhunderten, in denen sich geistliche Finsternis und Unkenntnis von Gottes Wort immer weiter vermehrten, wirkte der Herr dennoch auf gnädige Weise, um Erweckung und Korrektur zu bringen. Für eine Weile verlor Genf seine Freiheit. Zu Beginn des 19. Jahrhunderts kam der Stadt-Staat unter die Kontrolle von Napoleon. Schließlich erlangten die Bürger von Genf ihre politische Freiheit zurück und schlossen sich 1814 der Schweizer Eidgenossenschaft an. Dann kam im Jahr 1815 ein junger Schotte namens Robert Haldane als Missionar nach Genf. Er war entsetzt darüber, wie wenig das Volk von Gott und Seinem Wort wusste. Er fing an, Bibelklassen zu lehren. Viele Mitglieder der Oberschicht wurden Nachfolger Jesu. Neue Gemeinden wurden geboren, und sie begannen eine Missionarsbewegung zu den französischsprachigen Ländern Afrikas und der pazifischen Region. Die Menschen lernten erneut wichtige Wahrheiten, die von den Reformatoren gelehrt worden waren.

Obwohl die Gelehrten nie wieder das biblische Verständnis erlangten, das während der Reformation geherrscht hatte, konnte sich das Volk von Genf und der Schweiz dessen erfreuen, was Francis Schaeffer „die Frucht von der Frucht von der Frucht" der gottgefälligen Vorväter nannte. Ihr Heimatland entwickelte sich weiter als ein einmaliger Ort in Europa: klein, aber wohlhabend und im Frieden mit allen.

Erbarmen mit den Nationen haben

Die meisten Menschen wissen, dass der Hauptsitz des Internationalen Roten Kreuzes in Genf ist. Nicht viele wissen jedoch, dass das Rote Kreuz als Folge einer geistlichen Erweckung entstand. Das Rote Kreuz entstand durch einen Schweizer namens Henri Dunant. Als junger Mann gehörte Dunant einer Kirche an, die während der Haldane Erweckungsversammlungen entstanden war. Schon als Teenager fing er an, sich mit anderen jungen Männern zu treffen, um die Bibel zu studieren und Wege zu finden, um den Armen zu helfen. Später, als Dunant reiste, um Reichtum in der Welt zu erlangen, kam er auf ein grausames Schlachtfeld, wo die Armeen der Franzosen und Österreicher miteinander gekämpft hatten, an einen Ort namens Solferino. Er sah die Körper der Verwundeten und Sterbenden auf dem Schlachtfeld verstreut. Er fragte umher, warum niemand ihnen half. Sie erklärten ihm, wenn jemand versuchen würde hinauszugehen, um ihnen zu helfen, dann würde eine Seite – oder sogar beide Seiten – den Helfenden beschießen. Dies war immer so in Kriegen und Schlachten gewesen – die Verwundeten mussten sich entweder selbst aufhelfen und wegschleppen, oder liegenbleiben und sterben.

Dunant glaubte, dass dies falsch sei. Es entsprach nicht den Wegen Gottes, die er in seiner Gemeinde zuhause in Genf kennengelernt hatte. Im Jahr 1862 schrieb er eine Schrift mit dem Titel „Eine Erinnerung an Solferino“. Diese Schrift wurde als Flugblatt gedruckt und erschien in vielen Auflagen, bis Tausende von Menschen in ganz Europa es gelesen hatten. Es erweckte überall das Gewissen der Menschen. Das Ergebnis war, dass Dunant eingeladen wurde, vor Königen und Parlamenten über die Behandlung von verwundeten Soldaten zu sprechen. Der Einsatz von Dunant führte zur Gründung des Komitees der Fünf, das der Vorläufer des Internationalen Roten Kreuzes war. Im darauffolgenden Jahr war dieses Komitee der Gastgeber des ersten Treffens der Genfer Konvention im Oktober 1863, wo sechzehn Nationen einen Vertrag unterzeichneten, der die Rechte der Verwundeten definierte und der auch andere Schrecken des Krieges begrenzen half. Das Dokument wurde auf Prinzipien aus dem biblischen Buch Amos aufgebaut, das Gottes Interesse an fairer Kriegsführung und gerechter Behandlung von Gefangenen aufzeigt.

Somit dehnte sich der Einfluss der Reformation von Genf und der Schweiz – zuerst durch Calvin und andere Reformatoren – auf die ganze Welt aus, indem es Nationen im Sinne von Gottes Recht, Gerechtigkeit und Erbarmen beeinflusste.

Du kannst ein Nationen-Bauer sein

Gewiss waren Calvin, Luther, Hauge, Kuyper, Carey und Wesley gemäß fast jeder Definition Erbauer einer ganzen Nation. Auch du kannst ein Nationen-Erbauer werden, indem du Jesus gehorchst und Sein Wort auf eine der sieben Sphären anwendest, die die Gesellschaft beeinflussen. Machst du Jesus zum Herrn in deinem Beruf? Durchforschst du die Bibel, um Prinzipien und Praktiken zu finden, die für deinen Beruf von Bedeutung sind? Wenn du Pastor oder Leiter eines Dienstes bist, ermutigst und leitest du die Gemeinde an, dies zu tun? Bringst du das Königreich Gottes an den Arbeitsplatz, indem du gottgefälliges Verhalten vorlebst und deinen Einfluss mit ruhiger Stärke ausübst?

Diese Beispiele von Nationen-Erbauern könnten entmutigend auf uns wirken. Sie lassen unsere eigenen Leistungen im Vergleich gering erscheinen. Du kannst vielleicht nicht mit Bibeln durch dein Land auf Skiern fahren oder hunderttausende Meilen auf dem Pferd reiten, um zu predigen, wie es Hauge oder Wesley taten. Du kannst vielleicht nicht alle sieben Sphären der Gesellschaft wie Carey beeinflussen, oder ein Prediger/Journalist/Erzieher/Politiker wie Kuyper werden. Aber kannst du elf Menschen auswählen, deren Mentor du wirst, um sie zu deiner Lebenszeit die Wege Jesu und die Bibel zu lehren? Gewiss ist das ein Ziel, das wir alle erstreben können.

Das ist es, was Jesus tat. Er lehrte die Menschenmengen, aber die Zahl seiner ernsthaften Nachfolger lag nur bei vielleicht 500 Menschen, und fiel dann weiter auf 120, die sich im Obergemach zum Pfingstfest versammelten. Jesus investierte seine meiste Energie in das Training von Zwölf, und Er verlor einen von ihnen. Aber schauen wir uns heute an, was Seine elf Jünger bewirkten!

Jesus hätte Seine Macht als Sohn Gottes einsetzen können, um ein detailliertes Programm für die Ausbildung der Massen ins Leben zu rufen, und um Millionen von Nachfolgern zu trainieren. Aber stattdessen zeigte Er uns, dass Jüngerschaft eine intime, persönliche Sache ist. Er investierte sich in einige wenige. Er hinterließ uns ein Muster, dem wir alle nachleben können. Jeder von uns kann elf Menschen trainieren und ihnen Gottes Prinzipien vorleben. Wenn dann unsere Nationen die Frucht der Frucht unserer Frucht ernten, können wir uns eines Tages als Erbauer unserer Nation ansehen.

Teil 3

Transformierende Wahrheiten aus Gottes Buch

Kapitel 15

Der Schlüssel: Wer Gott ist

Was genau an Gottes Buch ist es, das Menschen und Nationen transformiert? Ich hatte das Vorrecht, den Vortrag von Dr. Francis Schaeffer zu dieser Frage zu hören, als er Ende der 60er Jahre unsere JmeM-Schule in der Schweiz besuchte. Dr. Schaeffer, der Gründer von L'Abri Fellowship, war ein wirklich hervorragender Denker. Er verstand, dass das Christentum nicht nur eine Religion, sondern auch eine Wahrheit ist. Die Bibel ist nicht deshalb wahr, weil wir sie glauben; sie ist die Wahrheit, ob wir diese glauben oder nicht. Was ich Dr. Schaeffers Lehre an diesem Tag entnahm, waren vier grundlegende Ideen aus der Bibel, die den großen Unterschied in Weltsicht und Lebensweise ausmachen:

- Wer Gott ist
- Wer der Mensch ist
- Die Existenz unveränderlicher, erkennbarer Wahrheit
- Die Verantwortung des Menschen, gemäß dieser Wahrheit zu leben

Ganz gleich, über welchen Bereich man nachdenkt – ob es um große Probleme wie den Missbrauch von Menschenrechten und Armut geht, darum, wie man jedem Kind zu einer Ausbildung verhilft, oder um die Frage, wie man durch gerechte Gesetze denselben Schutz für alle Menschen gewährleistet: Wenn man mit diesen vier Ideen als Ausgangspunkt beginnt, dann wird man zur Transformation gelangen.

Während er in unserer Schule lehrte sagte Dr. Schaeffer, dass diese vier Wahrheiten in der gesamten Bibel gefunden werden können. Er sagte, selbst wenn wir nur die ersten sechs Kapitel der Bibel hätten, könnten wir immer noch diese vier Ideen daraus ableiten.

Wir wollen uns diese vier Konzepte einzeln ansehen, weil es großartige Ideen sind, welche Segnungen für die Menschen des Buches freisetzen. In diesem Kapitel schauen wir uns die erste, grundlegende Wahrheit an: Wer Gott ist.

Wenn wir den Charakter und das Wesen Gottes kennen, verändert das uns und unsere Nationen. Gott hat außergewöhnliche Eigenschaften, auf die wir unser Leben und unsere Gesellschaft aufbauen können. Es ist nicht mein Ziel, in diesem Buch alle Aspekte zu beleuchten, wer Gott ist. Gott ist Liebe, und darum ist Er gerecht, freundlich, gütig, gnädig, geduldig, barmherzig und viel, viel mehr. Bei diesem weitreichenden Thema will ich mich auf nur zwei der transformierenden Wahrheiten über Gott konzentrieren.

Wer Gott ist: Einheit und Vielfalt

Die biblische Lehre der Trinität, Gott in drei Personen, ist zentral für die Transformation von Nationen. Im ersten Kapitel des ersten Buches Mose ist der Name für Gott „Elohim“. Dieses Wort ist weder singular noch plural, sondern eine zusammengesetzte Einheit, wie ein Bündel Weintrauben. Gott ist einer, aber Er ist auch drei Personen. In 1.Mose 1,26 sagt Gott: „Lasst uns Menschen machen nach unserem Bilde.“

Dieses Thema, dass Gott eins ist, aber in drei Personen, entwickelt sich durch die gesamte Bibel. Dies lehrt uns eine sehr wichtige Idee, welche Nationen transformieren wird. Es ist die Idee von Einheit und Vielfalt – die Grundlage für Freiheit im politischen Bereich, für Unternehmergeist im wirtschaftlichen Bereich und für den zugrunde liegenden Rahmen für Universitäten in der akademischen Welt. Selbst das Wort Universität reflektiert dieses Verständnis – vereint und doch verschieden: Uni-versity.

Diese Vorstellung von Einheit und Vielfalt, wie wir sie in der Trinität Gottes sehen, unterstützt und ermöglicht gesunde Beziehungen jeglicher Art. Aber es ist eine Idee, auf die der begrenzte Mensch nie selbst hätte kommen können. Gott musste sie uns in der Bibel offenbaren. Und trotzdem können wir die Trinität nicht vollständig verstehen. Das Beste, was wir tun können, besteht darin, beispielhafte Bilder zu benutzen, wie St. Patrick von Irland es tat, als er den Kelten predigte. Er zeigte ihnen ein Kleeblatt mit seinen drei Blättern – es sind drei, aber dennoch eins. (Das Kleeblatt wurde zum Symbol von Irland.) Es ist vereinigt, und doch hat es die Vielfalt eingebaut.

Beispiele für die Trinität finden wir auf der ganzen Welt. Die Erde besteht aus Land, Wasser und Himmel. Die Wissenschaft spricht von Gasen, Flüssigstoffen und Feststoffen. Wir haben Eis, Wasser und Dampf. Wir messen in Länge, Breite und Höhe. Die Zeit umfasst die Vergangenheit, Gegenwart und Zukunft. Menschen bestehen aus Körper, Seele und Geist. Wir könnten viele Seiten mit solchen Beispielen füllen. Es scheint, als habe Gott Seine eigene dreiteilige Natur der ganzen Realität als Stempel aufgedrückt.

Diese Beispiele helfen uns, aber wir können die Trinität deswegen trotzdem nicht völlig erklären – Gottes gleichzeitige Einheit und Vielfältigkeit. Es ist auch kein Problem der Logik. Das Problem ist, dass unser Verstand einfach nicht ausreicht, um einen unendlichen Gott zu erklären. C.S. Lewis sagte, dass unsere Schwierigkeit, die Trinität zu begreifen, damit vergleichbar ist, dass wir versuchen, uns einen Würfel vorzustellen, obwohl wir nur in einer zweidimensionalen Welt leben.

Weil Nationen mit einem christlichen Erbe ein Verständnis von der Trinität haben sind sie deshalb besser vorbereitet, mit der Komplexität des modernen Lebens fertig zu werden. Sie können zum Beispiel sowohl Freiheit wie auch Ordnung in Ausgewogenheit leben. Sie sind gesegnet mit dem Konzept der Einheit in der Vielfalt. Selbst diejenigen, die nicht an Gott oder die Bibel glauben, ziehen den Nutzen daraus, in einer Gesellschaft zu leben, die auf dieser Idee gegründet ist. In Europa zum Beispiel, sind viele vom aktiven Glauben an den dreieinigen Gott abgewichen. Doch sie genießen immer noch die Vorteile des Glaubens früherer Generationen. Vorteile wie eine demokratische Regierung mit Gewaltenteilung, persönliche Freiheit, ethnischen Pluralismus und die Produktivität ihrer Wirtschaft. Sie können sich weiterhin an diesen Segnungen erfreuen, weil Gläubige diese Werte in die Grundlagen ihrer Nation schon vor Jahrhunderten eingebaut haben. Das ist der Grund, warum Westeuropa völlig anders ist als andere Regionen der Erde, in denen diese Grundlagen fehlen. Es ist jedoch wichtig, sich bewusst zu machen, dass diese Grundlagen sich langsam auflösen, je weiter und weiter sich die Menschen von diesen biblischen Werten entfernen. Sie verlieren irgendwann jeden Nutzen, einschließlich der Vorteile, die durch das Verständnis von Einheit und Vielfalt zu ihnen gekommen sind.

Vor einigen Jahren sprach ich in einer Moschee in Zentralasien zu muslimischen Leitern. Ich war Freund des Oberhauptes der Moschee geworden, der mich eingeladen hatte, seinen Kollegen davon zu erzählen, was ich über Jesus glaube. Danach hatten diese gläubigen Muslime die gewöhnlichen Einwände. Einer von ihnen sagte: „Du glaubst also an drei Götter!"

„Nein", antwortete ich, „es gibt nur einen Gott, aber Er ist unendlich. Jede Erklärung, die ich geben könnte, wird begrenzt sein. Ich kann euch Gottes Einheit und Vielheit jedoch anhand meiner Beziehungen zeigen. Ich bin ein Sohn. Ich bin auch ein Vater und ein Ehemann. Bin ich deshalb eine Person oder drei?" Dann tat ich mein Bestes, die geheimnisvolle Beziehung zwischen Gott Vater, Gott Sohn und Gott Heiliger Geist zu erklären.

Es überraschte mich nicht, dass diese Männer in der Moschee vor der Vorstellung von Gott in drei Personen zurückschreckten. Nur der Gott der Bibel ist gleichzeitig eins und vielfältig.

Als Menschen können wir Einheit auf der endlichen Ebene erleben, wie in einer liebenden Ehe. Und selbst dann ist es schwer zu beschreiben, wie zwei Menschen eins werden. Doch bedenken Sie die unendliche Einheit der drei Personen Gottes. Wir können sie nicht vollständig definieren, was jedoch nicht bedeutet, dass sie nicht wahr wäre. Denken Sie nur einmal an den Aspekt ihrer Einheit und Allwissenheit. Gott Vater, Gott Sohn und Gott Heiliger Geist sind jeder von ihnen unendlich in ihrem Wissen. Sie wissen alle Dinge. Nichts ist zwischen ihnen oder vor ihnen verborgen. Stellen Sie sich das Potenzial für Einheit vor, das darin liegt! Ebenso haben alle drei auch unbegrenzte Macht – Allmacht. Dabei sie sind jedoch denselben Absichten hingegeben und arbeiten zusammen, ihre Ziele zu erreichen. Sie fügen sich einander in gegenseitigem Respekt und vollkommener Liebe. Und alle drei können überall gegenwärtig sein – Allgegenwart. Auf diese und jede andere Weise bewegt sich Gott in völliger Einheit, gleichzeitig jedoch mit einem Reichtum an Vielfalt, den wir uns gar nicht vorstellen können. Bei Gott sind die Einheit und die Vielfalt vollkommen. Diese Mischung gestattet größtmögliche Kreativität.

Wir werden wie der Gott, den wir anbeten

Wenn Sie den Nahen Osten, Asien oder einen anderen Teil der Welt verstehen wollen, dann müssen sie den Glauben der Völker über ihren Gott verstehen. Wir alle werden wie der Gott, den wir anbeten – ein wenig mehr jeden Tag, jedes Jahr und jedes Jahrhundert.

Nehmen wir zum Beispiel die meisten Menschen im Nahen Osten oder Nordafrika. Sie erwarten, von oben nach unten regiert zu werden, und in einer Gesellschaft mit religiöser Gesetzlichkeit und mit Regeln zu leben, die von der Regierung mit Strenge durchgesetzt werden. Korruption der Leiter ist eine ganz normale Sache. Keine Vielfalt von Gedanken oder Handlungsweisen ist gestattet. Wenn man ihren Gott anbetet – das vollkommene Bild von Einheit ohne Vielfalt – dann wird man den Nahen Osten und Nordafrika reproduzieren. Dies wird sogar die Umwelt beeinflussen. Während einer meiner Besuche in Israel bewunderte ich den Eifer und Fleiß der Bevölkerung, neue Bäume zu pflanzen, damit die Wüste wieder aufblüht. Ein Ausländer, der dort in Israel lebte, erzählte mir von der vergangenen Zeit, als die Türken noch Palästina beherrschten. Die

Türken erhoben Steuern von den Einwohnern, indem sie jeden einzelnen Baum zählten, so dass die Leute ihre Bäume abhackten, was zum Entstehen der Wüste führte. Die trockene Strenge und Rauheit des Landes spiegelte nach kurzer Zeit die Weltanschauung dieses Volkes wider.

Wenn Sie in einem Land mit großen Problemen von Armut und Ungerechtigkeit leben wollen, in dem die meisten Menschen unfrei sind, dann sollten Sie Hindugötter anbeten. Dort erlebt man die Tyrannei von Vielheit ohne Einheit. Die Freiheit der Elite in Indien wird durch das strenge Kastensystem garantiert und erhalten, welches Millionen zu einem furchtbaren Leben ohne Chancen verdammt. Dort gibt es keine Basis für Einheit – ihre Weltanschauung wird durch keinen Glauben an einen moralischen Gott, der alle Menschen zu Seinem Ebenbild geschaffen hat, kontrolliert. Schreckliche Leiden bestehen ungehindert fort, weil religiöse Lehrer sagen, dass die unglücklichen Massen einfach eine Strafe für böse Werke erleiden, die sie in einem früheren Leben begangen haben. Die oberste Kaste der Brahmanen machen nur 5 % der Bevölkerung aus, haben jedoch 70 % aller führenden Jobs in der Regierung und 78 % aller richterlichen Positionen inne. Missionare in Indien haben mir berichtet, dass der meiste Wohlstand Indiens von nur fünf Familien kontrolliert wird.

Diese traurigen Weltbilder sollten in uns ein Verlangen bewirken, dass wir und unsere Kinder den wahren Gott des Universums anbeten, den Gott, der in der Bibel offenbart wird. Nur der Gott der Bibel ist unserer Anbetung würdig. Nur wenn wir Ihn anbeten werden wir freie, gesegnete und wohlhabende Länder haben, in denen es der Mehrheit der Bevölkerung gutgeht.

Kapitel 16

Der Glaube über Gott spielt eine Rolle

Jede Nation, die das Konzept von Einheit und Vielfalt nicht anerkennt, wie es in der Trinität offenbart ist, wird nicht dasselbe Maß an Freiheit und Kreativität haben wie Nationen, die diese Wirklichkeit bejahen. Solche Nationen erleben nicht die Explosion des Wissens und des Wohlstandes, welche freigesetzt wird, wenn Menschen ihr Potenzial erfüllen. Leiter müssen Einheit und Vielfalt verstehen. Es braucht viele Arten von Menschen, die verschiedene Arten von Arbeiten ausführen, indem sie ihre besten Ideen und Leistungen beisteuern, um die produktivste und erfolgreichste Gesellschaft zu schaffen. Wenn Leiter die kreativen Verschiedenheiten in Menschen nicht achten, dann wird ihre Nation stark begrenzt in dem, was sie erreichen kann.

Die Leiter einer Nation versuchen vielleicht sogar, alle Menschen in eine Form zu pressen, damit diese auf die gleiche Weise denken und handeln, wie es in den Diktaturen der Sowjetunion und Nazi-Deutschlands geschah oder in modernen totalitären Staaten wie Kuba und Nordkorea immer noch geschieht. Die Geschichte hat immer wieder gezeigt, dass solche Nationen stagnieren und schließlich zusammenbrechen. Es muss Vielfalt für ein gesundes und produktives Ganzes geben, ganz gleich ob in der Natur, der Regierung, der Familie, dem persönlichen Handel oder jedem anderen Bereich des Lebens.

Nabil, ein ägyptischer Freund von mir, hörte drei Araber reden, als sie Flugzeugen in Kuwait beim Start zusahen. Einer von ihnen sagte: „Wie kommt es, dass wir diese Jets fliegen können, aber nicht in der Lage sind, einen einzigen dieser Jets zu produzieren?“

Eine gute Frage. Warum kommt diese wundervolle Technologie nicht aus den Ländern des Nahen Ostens? Diese Nationen haben genauso viele intelligente, begabte Leute pro Kopf wie jedes andere Land der Welt. Doch ihre Weltanschauung hat ihre Einwohner durch vorgeschriebenes Denken, Gesetzlichkeit und eine starre Hierarchie behindert – alles Eigenschaften, die eine Nation daran hindern, zur Weltspitze aufzusteigen. Ihre Weltsicht bremst den Fortschritt der Kultur des Nahen Ostens und hält Menschen davon ab, innovative Ideen zu entwickeln.

Die Türme anderer zum Einsturz bringen

Radikale Terroristen (wie diejenigen von al-Qaida oder den Taliban) streben nach der Rückkehr dessen, was sie als „reine" Form ihrer Religion erachten: Eine Form, die es ihnen erlaubt, Menschen zu kontrollieren. Schauen wir ihre Angriffe auf das World Trade Center und das Pentagon am 11. September 2001 an. Sie waren wie Kleinkinder, die selbst keine Türme bauen können. So zerstörten sie das, was andere gebaut hatten.

Extremisten wie diese wollen die Welt zu einer einfacheren Zeit zurückführen, wie dem 9. Jahrhundert, als Tyrannen herrschten. Ihre Religion konnte diese Herrscher unterstützen, die absolute Macht ausübten und die Agenda für alle anderen zu bestimmten. Wenn der Herrscher gütig war, konnten sich die Menschen auf eingeschränkte Weise entwickeln. War er ein Tyrann, dann litten die Menschen auf schreckliche Weise. Aber ganz gleich wie diese Herrscher auch waren, eine wirkliche Freisetzung von Kreativität und Ideen wurde mit allen Mitteln verhindert.

Für einige Zeit, während des Mittelalters in Europa, waren muslimische Städte Zentren für Bildung und künstlerische Leistungen. Doch aufgrund der Strenge und Härte ihrer Weltanschauung stagnierten sie bald und verloren ihre Leiterschaft. Die modernen Entwicklungen gingen an ihnen vorbei und tun es heute noch.

Vielfalt ohne Einheit führt zum Chaos

Vielfalt ohne Einheit führt zu vielerlei Problemen. Ohne Einheit versinken wir in Anarchie. Ich war in Ländern, wo Vielfalt Amok lief und wo alle Ordnung zusammenbrach. Es ist furchterregend. Ich erinnere mich an ein Land in Zentralafrika, in welchem Soldaten die Menschen mit Gewehren bedrohten und ausraubten. In einem anderen Land, das ich besuchte, wurden verschiedene Teile der Stadt durch einander bekriegende Gruppen kontrolliert. Es herrschte ein völliges Chaos, in dem niemand sicher war. Diese Länder hatten Vielfalt, jedoch keine Einheit. Es braucht eine gesunde Mischung aus Einheit und Vielfalt, damit Länder produktiv und frei sein können.

Die Kirche im Osten

Selbst Zivilisationen, die zwar ein christliches Erbe der Kirche aber gleichzeitig einen Mangel an Verständnis von Einheit und Vielfalt der Trinität haben, begrenzen ihr Potenzial. Nehmen wir zum Beispiel Russland. Russland bewegte sich von der strengen Herrschaft der Zaren zu der noch strengeren Herrschaft der Kommunisten. Die Nation entwickelte sich unter den Zaren nur auf sehr begrenzte Weise. Und nach nur 70 Jahren des Kommunismus waren der nationale Reichtum und die Kräfte verbraucht. Die unterdrückende, hierarchische Leiterschaft ruinierte die Kreativität und Initiative des russischen Volkes. Und sie kämpfen bis heute für ihre Gesundung.

Es ist sehr wichtig, aus der Vergangenheit zu lernen. Dabei geht es nicht nur um tote, trockene historische Fakten. Was Menschen über Gott glauben beeinflusst sowohl ihr persönliches Leben als auch das ihrer Nationen – es bestimmt letztlich darüber, ob sie ihre Bestimmung erfüllen können oder nicht. Wenn wir die Kreativität des Ostens freisetzen wollen müssen wir verstehen, was dort in der Vergangenheit geschehen ist, insbesondere im Bereich der Ideen.

Vor 1.500 Jahren begann in der Christenheit eine Spaltung über die Frage der „Hierarchie“ in der Trinität. Diese und andere Fragen führten schließlich im 11. Jahrhundert zur großen Kirchenspaltung zwischen den Kirchen des Ostens und des Westens. Die Kirche des Ostens sagte, dass Gott Sohn und Gott der Heilige Geist Gott Vater untergeordnet sind. Die Kirche des Westens auf der anderen Seite bestand darauf, dass jedes Mitglied der Trinität gleich ist. Der Vater, der Sohn und der Heilige Geist ordnen sich einander beständig in Liebe unter. Diese Sicht des Westens ermöglichte es den Gläubigen zu erkennen, dass die Gottheit unendliche Einheit und Vielfalt in absoluter Gleichheit beinhaltet.

Kreative Freiheit und Harmonie

Ich kenne gute Brüder und Schwestern im Herrn, die den Retter in orthodoxen Kirchen des Ostens lieben und anbeten. Viele Heilige der östlichen Kirchen haben ihr Leben in demütiger Hingabe geführt und unglaubliche Treue gegenüber Christus bewiesen, indem sie unter vielerlei Tyrannen im Glauben fest geblieben sind. Doch meiner Ansicht nach hat die hierarchische Sicht der östlichen Kirchen zu ernsthaften Problemen für die Nationen des Ostens geführt. Diese Nationen hatten kein Modell für kreative Freiheit und Harmonie – die Einheit und Vielfalt in Gott, dem Vater, in Gott, dem Sohn und in Gott, dem Heiligen Geist.

Weil sie nicht die gegenseitige Unterordnung in der Trinität sehen konnten, fehlt Gläubigen der östlichen Kirchen dieses Modell, um Nationen mit freien und vielfältigen, aber dennoch geeinten Menschen zu entwickeln. Sie hatten keine eigene Reformation mit einer östlichen Version von „Priesterschaft aller Gläubigen“, die einen sozialen, politischen und wirtschaftlichen Nutzen freisetzen konnte. Stattdessen behinderte ihre Sichtweise einer Hierarchie in der Trinität ihre Entwicklung. Anstatt Menschen freizusetzen, ihre Gaben zu gebrauchen, vervielfältigten sie diese hierarchische Sicht von Gott auf allen Ebenen ihrer Gesellschaft, vom Leben in der Familie bis zur Regierung. Die Nationen des Ostens bewegten sich von der Tyrannei durch absolutistische Zaren zur unterdrückenden

Diktatur des Marxismus, was zu einer politischen und wirtschaftlichen Implosion am Ende des 20. Jahrhunderts führte.

Diese Art von Denken ist jedoch nicht auf den Osten begrenzt. Ich muss zugeben, dass die Versuchung einer hierarchischen Denkweise auch im Westen vorhanden ist. Viele Menschen im Westen haben diese harte Form der autoritären Leiterschaft bejaht, was jedes Mal die individuelle Freiheit und Kreativität verkümmern lässt. Ich habe Pastoren und Leiter von Organisationen gesehen, die wie kleine Könige über ihre untergeordneten Mitglieder herrschen, deren Gaben nie entwickelt und freigesetzt werden. Wir alle müssen uns an die Prinzipien gegenseitiger Unterordnung und dienender Leiterschaft erinnern und sie praktizieren.

Die orthodoxe Sicht der Trinität hat jedoch die Kirchen des Ostens für diese Gefahr viel verwundbarer gemacht. Gott will die individuellen Gaben und Talente von Millionen Osteuropäern und Russen freisetzen. Diejenigen, die berufen sind, diesen Völkern zu dienen, können ihnen helfen, ihre Nationen und ihre Wirtschaft neu aufzubauen, indem sie über die Einheit und Vielfalt, welche in der Trinität als unser Vorbild zu sehen ist, sowie über dienende Leiterschaft und eine gegenseitige Unterordnung lehren.

Sie untergraben, wofür sie kamen

Der Westen konnte sich auf der Grundlage eines dreieinigen Gottes als dem besten Ausdruck von Einheit in Vielfalt entwickeln. Dies führte zu der Freiheit und dem Wohlstand, derer wir uns heute erfreuen. Der Rest der Welt will kommen und dies mit uns genießen. Ich kann es ihnen nicht verdenken. Wenn ich ein Hindu wäre, dann würde ich meine Kinder gern in den Westen senden, damit sie ein besseres Leben haben können. Wir heißen sie im Westen willkommen, auch, weil wir den Wert von Vielfalt in Einheit verstehen. Wenn jedoch Hindus, Buddhisten oder Muslime anfangen, ihre Tempel und Moscheen zu bauen und ihre Lehren im Westen zu verbreiten – wozu sie in einer freien Gesellschaft das Recht haben – dann untergraben sie genau die Dinge, für die sie kamen, um sie bei uns zu finden.

Gott selbst hat ein Beispiel für uns gegeben, indem Er uns Einheit und Vielfalt, Unterordnung und Dienen in Seinem Wesen auf dramatische Form durch das Leben Jesu vor Augen führte. Wir sollen Seinem Beispiel folgen. Wenn wir unser eigenes Potenzial entfalten und andere freisetzen, dasselbe zu tun, während wir uns Christus und einander unterordnen, dann werden wir eine Freisetzung von Kreativität in nie dagewesenem Maße erleben. Eine Beschreibung dieser Realität finden wir in 1. Korinther 12, wo der Apostel Paulus die verschiedenen Gaben und Glieder in dem einen Leib Christi beschreibt, welche gemeinsam in Einheit das Wachstum des Leibes bewirken. Dies ist kraftvolle Kreativität in einer Atmosphäre der Liebe, wo einer den anderen ehrt und in seinen Gaben wertschätzt. Nur dann werden wir Antworten für chronische Probleme empfangen und Entwicklungen sehen, die wir uns bis dahin nicht vorstellen konnten. Nationen werden transformiert werden.

Wer Gott ist: Unendlich und persönlich

In den ersten Kapiteln von 1. Mose lernen wir auch, dass Gott unendlich aber persönlich ist. Und diese Tatsache – dass Gott sowohl unendlich als auch persönlich ist – ist die einzigartige Eigenschaft des Gottes der Bibel.

Genauso schwer, wie es für uns ist, das Konzept der Trinität zu begreifen, ist für uns zu verstehen, was es bedeutet, dass Gott unendlich ist. Gott hatte keinen Anfang, und Er wird kein Ende haben. Wir können das nicht verstehen. Ebenso können wir mit unserem Verstand nicht erfassen, dass Er allmächtig und allwissend ist, oder was es bedeutet, dass alle Dinge in Seiner Gegenwart existieren. Wir können einiges davon in den ersten Kapiteln des 1. Mosebuches sehen, wie zum Beispiel, dass Er alles Existierende erschuf, indem er einfach sprach. Das erstaunt uns.

Wenn wir Gott jedoch auf persönliche Weise mit uns Menschen umgehen sehen, sind wir berührt und unser Herz wird erwärmt. Dr. Schaeffer sagte: „Selbst wenn wir nur die ersten Kapitel der Bibel hätten könnten wir darin bereits Gottes persönliche Natur sehen. Gott hat einen Verstand, einen Willen und Gefühle. Er dachte darüber nach, was Er tun wollte, und entschied sich dann, es zu tun. Er hatte emotionale Reaktionen – zuerst Freude und Befriedigung über alles, was Er geschaffen hatte, später Traurigkeit, als die Menschen rebellierten. Wir werden mehr davon im nächsten Kapitel sehen, wenn wir uns anschauen, wie Gott Mann und Frau in Seinem Bild erschuf. Im 1. Buch Mose sehen wir die erste Offenbarung Gottes in Bezug sich selbst: dass Er sowohl unendlich als auch persönlich ist – eine grundlegende Wahrheit, die große Auswirkungen darauf hat, wie wir leben.

Nur der Gott der Bibel

Keine andere Religion kann so anspruchsvolle Aussagen über Gott machen wie die Bibel es tut.

Anfang der 70er Jahre traf ich mich mit einer Gruppe von Theologiestudenten im Trinity College der Cambridge-Universität. Einige ihrer Professoren drängten sich ebenfalls mit in einen Hinterraum ihrer Kapelle. Meine Zuhörer an diesem Tag waren angenehm und scharfsinnig, obwohl ich wusste, dass viele dieser Theologiestudenten keinen persönlichen Glauben an Gott oder die Bibel hatten. Ich entschied mich, zu ihnen darüber zu sprechen, wie man beweist, dass es einen Gott gibt.

Ich sagte: „Nur diejenigen, die den Gott der Bibel anbeten, haben einen Gott, der sowohl unendlich als auch persönlich ist.“ Dann wartete ich kurz. Einige unter den Zuhörern waren Experten in vergleichender Religion. Sollte ich mit Fragen bombardiert werden, dann nach dieser kühnen Aussage. Aber niemand sagte irgend etwas. Da gab nur stille Zustimmung. Der Gott der Bibel steht allein und einmalig unter allen Gottheiten, welche von Menschen angebetet werden.

Bedenken wir dies einmal. Muslime beten fünfmal am Tag. Sie sagen, ihr Gott sei groß. Sie sagen, ihr Gott sei unendlich. Aber sie sagen nicht, dass ihr Gott herabkam und zu ihnen sprach. Das wäre Blasphemie, weil dies für sie zu persönlich ist. Während meiner Besuche in jedem muslimischen Land der Welt habe ich gute, hingegebene Muslime getroffen. Doch ich bin nie einem Muslim begegnet, der von seiner persönlichen Beziehung zu Allah sprach.

Auch der Hinduismus hat keinen Gott, welcher unendlich und persönlich wäre. Hindus haben Brahma, einen Gott ohne Grenzen, der jedoch unpersönlich ist. Sie können ihn nicht kennenlernen. Darüber hinaus haben sie eine Vielzahl weiterer endlicher Götter. Einige sagen, dass es 36 Millionen Götter in Indien gibt; andere Quellen sagen, dass es 330 Millionen persönlicher Götter seien. Doch Hindus haben keinen einzigen unendlichen, persönlichen Gott, wie der Gott der Bibel es ist. Sie sind wie die Griechen, zu denen Paulus auf dem Mars-Hügel sprach – ein religiöses Volk mit vielen Göttern. Der unbekannte Gott der antiken Griechen und der modernen Hindus ist der persönliche, unbegrenzte Gott der Bibel.

Welche Religion wir auch nehmen – Buddhismus, Taoismus, Shintoismus, Animismus oder New Age – es ist immer dasselbe. Ihr Gott ist entweder unendlich und unpersönlich, endlich und persönlich, oder endlich und unpersönlich. Für einige gibt es gar keinen Gott, sondern nur Prinzipien des Universums und des Seins.

Warum spielt das eine Rolle? Weil Menschen dem Gott ähnlich werden, den sie anbeten. Nur der Gott der Bibel ist unserer Anbetung würdig. Wenn wir Ihn anbeten können wir eine freie und erfolgreiche Gesellschaft aufbauen, die auf unserer Liebe zu Gott und zueinander gegründet ist. Weil der Gott der Bibel unbegrenzt ist, können wir Ihm für Kreativität, Entwicklung und Offenbarung jenseits aller menschlichen Grenzen vertrauen. Und weil der Gott der Bibel persönlich ist, können wir Bedeutung, Beziehungen und Liebe in unserem Leben haben. Gottes Wort sagt, dass wir lieben, weil Er uns zuerst geliebt hat.

Was wir über Gott glauben, färbt und beeinflusst alles, was wir tun – in der Wirtschaft, in der Regierung, in den Medien, in den Künsten, in unseren Familien, in unseren Kirchen und in der Weise, wie wir unsere Jugend erziehen. Diese Grundlage wird unsere Bestimmung als Einzelne und als Nationen entscheiden. Weil wir im Ebenbild Gottes geschaffen wurden und Sein Wort als unsere Richtschnur haben können wir so leben, wie wir leben sollen. Wir erfahren so die größte individuelle Befriedigung und helfen mit, die gesündesten und produktivsten Gesellschaften aufzubauen.

Es gäbe noch viel mehr darüber zu sagen, wer der Gott ist, der uns in der Bibel offenbart wird. Doch dieses Buch ist keine umfassende Abhandlung über das Wesen und den Charakter Gottes. Es ist hier nicht möglich, alles aufzulisten, wie Gott gemäß der Offenbarung der Bibel ist, und alle Segnungen zu nennen, die wir durch dieses grundlegende Verständnis erlangen. In diesem Buch möchte ich dich auf den Geschmack bringen. Ich will dich hungrig machen, das Wort Gottes selbst zu erforschen und nach seinen Schätzen zu graben.

Dr. Schaeffer lehrte uns drei weitere biblische Wahrheiten, durch die Nationen transformiert werden. Diese Ideen für die Veränderung von Nationen schauen wir uns in den nächsten Kapiteln an.

Kapitel 17

Schlüsselwahrheiten über uns

Nationen mit einem biblischen Erbe haben eine bessere Lebensweise. Nationen ohne die Bibel mühen sich ab und zerstören sich selbst. Wir haben festgestellt, dass Gottes Wort wahr ist, ob wir es glauben oder nicht. Wenn wir die Wahrheiten der Bibel anwenden, dann leben wir gemäß der Realität und in Übereinstimmung mit ihr. Wenn wir Gottes Wort nicht haben oder es ablehnen, dann leben wir unrealistisch – ohne die Weisheit des Schöpfers und Erhalters des Universums.

Wir haben uns bereits die erste grundlegende Wahrheit angeschaut: Wer Gott ist. Jetzt wollen wir drei weitere Prinzipien untersuchen, die Dr. Schaeffer uns lehrte.

Geschaffen im Ebenbild Gottes

Die ersten Kapitel des 1. Mosebuches zeigen uns, wie Gott entscheidet, den Menschen in Seinem Ebenbild zu schaffen. Gott ist persönlich und Er schuf persönliche Geschöpfe – jeder Mann und jede Frau ist als einmaliges Individuum geschaffen worden. Ebenso wie Er haben wir die Fähigkeit zu denken, zu fühlen und zu wählen.

Weil jeder von uns ein persönliches Wesen ist kann jeder von uns eine persönliche Beziehung mit unserem Schöpfer haben. Sieben Milliarden individuelle Menschen können jeder für sich eine persönliche Beziehung mit Ihm zur selben Zeit haben, weil Gott sowohl persönlich als auch unbegrenzt ist. Was für ein phantastisches Vorrecht! Diejenigen, die Ihn kennenlernen, indem Sie Seinen Sohn Jesus Christus annehmen, werden die ganze Ewigkeit über begeistert sein und wachsen, weil sie mehr und mehr über Ihn lernen, Ihn mehr lieben und Seine Liebe empfangen.

Es mag uns selbstverständlich erscheinen, dass wir persönliche, individuelle Wesen sind, doch diese Vorstellung ist einigen Völkern fremd. Östliche Religionen wie der Buddhismus lehren, dass es keine individuellen Menschen gibt. Stattdessen sind wir alle ein Teil von einander, Teil einer großen und unpersönlichen Lebenskraft.

Nach dem asiatischen Tsunami im Jahr 2004 versuchten verschiedene religiöse Leiter, den Menschen zu helfen, diese Tragödie zu verstehen. In einer Zeitung wurde von einem buddhistischen Mönch berichtet, der versuchte, diejenigen zu trösten, die Familienangehörige verloren hatten. Der Mönch erinnerte sie daran, dass das ganze Leben eine Illusion sei. Sie sollten sich von daher nicht gestatten, zu sehr an ihren Familienmitgliedern zu hängen.

Das ist nicht die Lehre der Bibel. Gemäß Gottes Wort sind wir alle einmalig und haben einen unermesslichen Wert, weil wir im Ebenbild Gottes geschaffen wurden. Jesus stand am Grab seines Freundes Lazarus und weinte. Warum weinte Er, wenn er ihn doch gleich wieder von den Toten aufwecken würde? Vielleicht weinte Jesus über all jene Menschen, die zuvor auf tragische Weise gestorben waren, und über die weitere Abfolge von Leid aufgrund einer sündigen Welt. Jedes Individuum zählt. Jede Person hat unschätzbaren Wert. Das ist die Grundlage für Menschenrechte. Weil wir Persönlichkeiten sind können wir miteinander bedeutungsvolle Beziehungen pflegen. Und weil Gott uns liebt haben wir die Kapazität, auch andere zu lieben.

Höher geschaffen als die Tiere

Wenn wir den Bericht über die Schöpfung in 1. Mose 1 lesen sehen wir eine eindeutige Veränderung von Vers 25 zu Vers 26. Zuerst erschuf Gott die Natur – das Land, die Meere, die Pflanzen und die Tiere. Dann kommt Gott in Vers 26 auf eine völlig neue Idee, eine ganz andere Art von Schöpfung. Er sagt: „Lasst uns den Menschen machen in unserem Bilde." Dann führt Er Sein Vorhaben aus und erschafft sie männlich und weiblich. Danach gibt Er ihnen die Aufgabe, über die ganze Natur und alle Tiere zu herrschen.

Das ist unsere Identität: Eine besondere Schöpfung Gottes. Wir haben viele ähnliche biologische Funktionen wie die Tiere, doch das Wort Gottes sagt ganz klar, dass wir von ihnen verschieden und andersartig sind. Wir sind in Gottes Ebenbild geschaffen. Wenn Menschen dieses biblische Verständnis nicht haben, geraten Prioritäten durcheinander und es entsteht großer Schaden.

Ein Tempel für Ratten

Vor einigen Jahren sprach ich mit dem Geschäftsführer einer Fortune-500-Unternehmens, der gerade aus Indien zurückgekehrt war. Er wollte etwas für die Menschen dort tun, doch er sagte: „Ich weiß nicht, wie wir ihnen jemals helfen können." Was brachte ihn zu einer solchen Aussage? Aufgrund der Weltanschauung der Hindus.

Als ich zum ersten Mal Kalkutta in Indien besuchte war ich erstaunt zu erfahren, dass die Menschen dort keine Ratten töten. Anstatt sie zu töten fingen Mitarbeiter der Tierkontrolle die Ratten ein und ließen sie einige Meilen weiter wieder auf der Straße frei. Ihr Weltbild erhebt diesen Schmarotzer auf dieselbe Ebene wie die Menschen, obwohl die Ratten viele Krankheiten verbreiten und die Ernten auffressen, welche lebenswichtig sind, um die hungernden Menschen zu ernähren, was die Leiden der Menschen weiter vermehrt.

Manchmal sind für die Hindus die Ratten sogar wichtiger als die Menschen. Der Karni Mata Tempel in Deshnok ist der Anbetung von Ratten geweiht. Die Menschen stellen Zucker und Kokosnüsse in Schalen für sie auf den Boden. Kann es ein schlimmeres Beispiel für falsche Prioritäten geben als Delikatessen den Ratten hinzustellen, während Millionen Menschen in Indien jede Nacht hungrig zu Bett gehen?

Hindus sehen auch die Kuh als heilig an und nennen sie „unsere Mutter". Eine Freundin aus Indien erzählte mir, dass ihr in der theoretischen Prüfung für den Führerschein die Frage gestellt wurde: „Wenn du in einer gefährlichen Situation vor der Wahl stehst, einen Menschen oder eine Kuh anzufahren, welchen von beiden würdest du anfahren?“ Leute, die antworten, dass sie die Kuh anfahren würden, können in dieser Stadt keinen Führerschein bekommen.

Strenggläubige Hindus haben aufgrund ihres Glaubens an Reinkarnation Angst, ein Tier zu töten. Sie sehen Tiere als Geschöpfe auf derselben Ebene des vernetzten Lebens wie sich selbst – als das Leben von „Seelen“, die einst Menschen waren, aber jetzt als Ratten oder Kühe wiedergeboren wurden. Wenn sie diese Tiere töten, dann töten sie vielleicht einen ihrer verstorbenen Verwandten, der jetzt in Tierform lebt. Gleichzeitig jedoch wird nichts gegen das menschliche Leiden unternommen, weil sie nicht den unvergleichlichen Wert jedes Individuums kennen, das im Ebenbild Gottes erschaffen wurde.

Grausame Vernachlässigung erwächst aus dem falschen Verständnis des Ursprungs und der Bestimmung von Männern und Frauen. Einige Hindulehrer kritisierten sogar die Arbeit von Mutter Teresa. Sie sagten, dass diese gegen den Willen Gottes arbeitete, weil sie Menschen nicht gestatte zu leiden. Sie glauben, dass das Leiden der Menschen durch Böses verursacht wird, was sie in ihrem vorherigen Leben getan haben. Jetzt müssen sie für ihre Sünden sühnen. Aus ihrer Sicht verlängerte Mutter Teresas Güte nur die Leiden einer Person in zukünftigen Reinkarnationen.

Eine biblische Weltsicht würde das riesige Potenzial des indischen Volkes freisetzen! Es spielt eine große Rolle, was Menschen glauben. Aufgrund von Glauben kommen Recht, Wohlstand und Kreativität oder gehen verloren.

Geschaffen im Ebenbild Gottes, aber begrenzt

Obwohl wir in Gottes Ebenbild geschaffen wurden sind wir keine Götter. Wir werden immer begrenzt sein, weil wir Geschöpfe sind. Wir werden selbst im Himmel begrenzt sein, weil jeder von uns einen Anfang hatte. Auch werden wir nie alle Dinge wissen, die

Gott weiß, denn Gottes Wort sagt: „Wie der Himmel höher ist als die Erde, so sind meine Wege höher als eure Wege und meine Gedanken höher als eure Gedanken." Wir werden die gesamte Ewigkeit damit verbringen, neue Dinge zu lernen.

Der Mensch ist fehlerhaft, kann jedoch erlöst werden

Im 1. Buch Mose sehen wir auch, dass die ersten Menschen vollkommen geschaffen wurden und sowohl Freundschaft mit Gott als auch miteinander genossen. Der Herr verbrachte täglich Gemeinschaft mit ihnen, indem Er mit ihnen wandelte und redete, ganz nah und persönlich. Trotz alledem sündigten Adam und Eva, indem sie die Frucht des einen Baumes aßen, von dem Gott gesagt hatte, dass sie nicht davon essen sollten. Doch selbst dann gab Gott sie nicht auf. Er erklärte ihnen, was sie getan hatten und was die Folgen davon sein würden. Noch bevor diese tragische Geschichte in 1. Mose 3 abgeschlossen war, versprach Gott einen Retter, der sie und ihre Nachkommen retten und erlösen würde.

Diese Errettung, auf die wir in 1. Mose 3 einen flüchtigen Blick werfen können, wird im ganzen Alten Testament immer offensichtlicher, bis sie schließlich in Jesus ihre Erfüllung findet, der auf die Erde kommt, ohne Sünde lebt, am Kreuz stirbt und wieder aufersteht – alles, um uns wieder neu zu machen – rein, unsere Sünden vergeben, und bereit, Gottes Werk zu tun.

Geschaffen für Werke, die Bedeutung haben

Gott erschuf uns, damit wir Freude und Erfüllung in unserer Arbeit erfahren. Dies ist ein weiterer Aspekt, wie Gott uns in Seinem Ebenbild geschaffen hat. Der Schöpfer-Gott schuf uns, damit wir auf unserer Ebene ebenfalls schöpferisch tätig sein können. Unsere Kreativität ist begrenzt, während Er unbegrenzt ist. Er gibt uns jedoch die echte Freiheit, Dinge zu erschaffen. Wir können neue Ideen entwickeln und Dinge schaffen, die es nie zuvor gegeben hat.

Dies war bereits im Garten Eden der Fall, bevor Adam gesündigt hatte. Gott gab ihm die kreative Aufgabe, den Tieren Namen zu geben. Was für eine lustige Aufgabe war das! Stellen Sie sich einmal vor: Sie sind der erste Mensch, der einen Elefant sieht. Wie würden Sie ihn nennen?

Gott will immer noch, dass wir kreativ sind. Wenn wir durch den Glauben an Christus Seine Kinder werden, verheißt Er uns, dass der Heilige Geist uns in allen Dingen leiten wird. Wir sollten das Werk des Heiligen Geistes durch uns nicht nur auf den religiösen Bereich begrenzen. Er will uns befähigen, kreativ zu sein, so wie Er es ist, damit wir Innovation in jeden Bereich des Lebens bringen.

Er hat Pläne für uns, die weit über unsere Vorstellung hinausgehen. Gott will Sein Reich durch uns auf der Erde bauen. Natürlich will Er uns gebrauchen, um Menschen in Versöhnung mit sich selbst zu bringen. Aber Er will auch, dass wir neue Produkte und Prozesse entwickeln, durch die viele Menschen gesegnet werden. Er will, dass Sein Volk Heilmittel für Krankheiten entdeckt und alle Arten von Kunst erschafft, die den menschlichen Geist erheben. Er will sogar, dass Sein Volk neue Wege entdeckt, um Wohlstand zu schaffen, damit neue Jobs entstehen und das Leben für alle verbessert wird. Jede gute und vollkommene Gabe kommt von Gott, und es gibt keine Grenzen in Bezug auf das, was Menschen in Kooperation mit ihrem Schöpfer tun können.

Kapitel 18

Wahrheit existiert, und wir können sie erkennen

Die Existenz von absoluter Wahrheit ist das dritte Prinzip, um Nationen zu verändern, das wir bereits in den ersten Kapiteln von 1. Mose finden. Die grundlegendste Wahrheit sehen wir bereits im ersten Vers: Am Anfang (schuf) Gott. Jede andere absolute Wahrheit stammt von dieser einen: Gott ist. Und am Anfang schuf Gott. Er schuf nicht nur Dinge, sondern auch Gesetze, Prinzipien und Wahrheiten. Es gibt solch eine Sache wie Wahrheit, weil Gott sie schuf.

Die „wahren" Fakten

In der klassischen TV-Polizisten-Sendung „Dragnet" sagte Polizeiinspektor Joe Friday immer trocken: „Geben Sie mir die Fakten. Nur die Fakten." Um seinen Fall zu lösen, brauchte der Inspektor keine Meinungen, unwichtigen Details oder emotionale Ausmalungen. Er wollte einfach die Fakten – was genau war geschehen und wie. Mit anderen Worten: Er brauchte die grundlegende Wahrheit.

Wir haben dasselbe Bedürfnis in unserem Leben. Wir alle müssen die Wahrheit wissen.

Dabei sind wir umgeben von unzähligen Versionen von „Wahrheit", von denen einige auf sehr zwingende Weise präsentiert werden. Oftmals hören wir Sätze wie: „Das weiß doch jeder, dass man es so machen muss" oder „So funktioniert eben das Leben." Wir sehen Bilder über das erfolgreiche Leben und Vorbilder, wie wir unser

Leben führen sollten. Experten und Leiter sagen uns, wie wir unsere Probleme lösen sollen, und was unsere Nation tun sollte – und dabei widersprechen sie gewöhnlich einander. Tatsächlich ändern sich ihre Botschaften und Meinungen ständig.

Wir müssen jedoch wissen, was wirklich wahr ist, die Wahrheit, auf die wir unser Leben aufbauen können. Dr. Schaeffer sagte, dass es solche Wahrheit gibt – Wahrheit, die absolut und allezeit wahr ist – und die wir wissen können. Absolute Wahrheit ist ein fester Orientierungspunkt und wird in der ganzen Bibel vorausgesetzt.

Woher wissen wir, was wahr ist? Aufgrund dessen, wer Gott ist. Er ist wahrhaftig, und Er offenbart uns Wahrheit. Er tut dies auf mehrere Weisen: Durch die Natur, durch das moralische Gesetz, das in unsere Herzen geschrieben ist, durch die Bibel, und durch Seine höchste Offenbarung – Jesus.

Wir kennen die Wahrheit, weil Gott sie uns in Seiner Schöpfung, in der Natur, offenbart hat.

Paulus sagte uns dies im ersten Kapitel des Römerbriefs. Wenn wir uns die Natur anschauen, dann lernen wir viel über den Schöpfer. Wir sehen, dass Er Schönheit liebt und Ordnung, und dass Er unvorstellbar groß und machtvoll ist. Wir entdecken, dass Er großzügig ist und Verschiedenheit liebt. Wir können sogar Gottes Erbarmen sehen, Seine selbstlose Liebe und Treue, die auch im Erhalten von Tieren reflektiert wird. Zum Beispiel war ich sehr berührt, als ich die französische Dokumentation „Der Marsch der Pinguine“ sah. Der Film zeigt die aufopfernde Fürsorge eines Vater Pinguins für seine Kinder in der Antarktis. Der Vater-Pinguin hungert fast zu Tode, während er seine Nachfahren monatelang vor Schneestürmen schützt, in heulenden Winden mit bis zu 160 Kilometern pro Stunde, und in Temperaturen von bis zu minus 60 Grad Celsius. Wenn wir solch ein Beispiel in der Natur sehen, dann lernen wir ein wenig darüber, wie Gott ist, der den Pinguin geschaffen hat.

Wir kennen die Wahrheit, weil Gott das moralische Gesetz in unsere Herzen geschrieben hat und uns ein Gewissen gab, das uns überführt, was richtig und falsch ist.

Niemand musste Adam und Eva sagen, dass sie etwas Falsches getan hatten, als sie von dem verbotenen Baum aßen. Zum ersten Mal fühlten sie Scham und Schuld. Als Gott kam, um mit ihnen Gemeinschaft zu haben, da versteckten sie sich.

Paulus sagte in Römer 2,14-15, dass selbst diejenigen, die nie Gottes Wort gehört haben, trotzdem Gottes Gesetz in ihren Herzen geschrieben haben. Ihr Gewissen bezeugt ihnen, ob sie etwas richtig oder falsch machen.

Ich habe Menschen in jedem Land der Erde besucht. Ich habe festgestellt, dass Ideen von Liebe, Verantwortung, richtig und falsch, Gewissen und moralischem Gesetz in jeder Kultur existieren. Jede Sprache hat Worte für richtig und falsch, selbst vor jedem Kontakt mit unserer Zivilisation oder der Bibel.

Wir kennen die Wahrheit, weil Gott sich dem Menschen selbst in der ganzen Geschichte offenbart hat, und schließlich durch Seinen Sohn Jesus Christus.

Die Bibel ist ein Zeugnis dieser Offenbarungen. Paulus sagte, dass alle Schrift der Bibel von Gott inspiriert ist. Es ist der äußere Orientierungspunkt, den wir alle brauchen, um uns den rechten Weg zu zeigen. Die Bibel ist von Gottes Geist eingehaucht, um uns zu lehren, zu ermahnen, zu korrigieren und in Gerechtigkeit zu erziehen. Der Herr hat verheißen, dass Himmel und Erde vergehen werden, aber nicht Sein Wort.

Die Bibel ist nicht ungenau oder unsicher, wenn es um absolute Wahrheit geht. Sie gibt uns allgemein gültige Standards. Dennoch ist nicht alles, was in Gottes Wort geschrieben steht, ein Prinzip von absoluter Wahrheit. Zum Beispiel berichtet die Bibel die lügnerischen Worte, die Satan in seinem boshaften Stolz sprach. Unser absoluter Orientierungspunkt ist Gott selbst, der die Schriften der Bibel inspiriert hat. Die Bibel ist wahr, weil ihr Autor absolut wahrhaftig ist. Er ist selbst die Definition all dessen, was wahr oder real ist.

Jesus sagte in Johannes 14,6: „Ich bin der Weg, die Wahrheit und das Leben.“ Er ist die Wahrheit. Denken Sie an Jesus, wie Er vor Pontius Pilatus stand. Er sagt Pilatus, dass Er in die Welt gekommen sei, um den Menschen zu zeigen, was Wahrheit ist. Wer immer Wahrheit erkennen will, wird auf Ihn hören. Was für eine traurige Ironie folgt in der Geschichte. Pilatus sieht Jesus an, die Verkörperung von Wahrheit, und fragt: „Was ist Wahrheit?“ Wir haben keinen Bericht in der Geschichte, dass Pilatus je die Wahrheit gefunden hat.

Wahrheit für das Leben

Gottes Wort offenbart nicht nur die Fakten über Gott, sondern auch die Wahrheit, die wir über uns selbst wissen müssen: „Denn das Wort Gottes ist lebendig und wirksam und schärfer als jedes zweischneidige Schwert und durchdringend bis zur Scheidung von Seele und Geist, sowohl der Gelenke als auch des Markes, und ein Richter der Gedanken und Gesinnungen des Herzens“ (Hebräer 4,12).

Sein Wort zeigt uns den Weg auf, wie wir leben sollen. Wenn wir über Gottes Wort meditieren, dann wird es uns wohlgehen und wir werden Erfolg haben.

Dies erinnert mich an einen mexikanischen Jungen. Vor vielen Jahren war er in der Gemeinde meiner Eltern. Sein Name war Frank Yubeta. Frank kam aus sehr ärmlichen Verhältnissen. Es war die Zeit inmitten der Weltwirtschaftskrise und meine Eltern versuchten mit viel Mühe, eine Gemeinde in Somerton, Arizona, zu gründen – einer winzigen Stadt an der mexikanischen Grenze. Als Teenager half Frank meinen Eltern, eine Kirche aus Ziegelsteinen zu bauen, die sie selbst brannten.

Später zogen Frank und seine Frau Viola an die Westküste. Obwohl sie nur sehr wenig besaßen, fing Frank an, Häuser aus wiederverwertetem Holz zu bauen. Gegen Ende ihres Lebens hatten sie eine erfolgreiche Installationsfirma in Oxnard, Kalifornien, aufgebaut, wodurch sie viele Missionare und Organisationen unterstützten. Ihr Sohn, Frank Junior, nannte den Grund für den Erfolg seiner

Eltern: Sie lasen immer wieder neu das Buch der Sprüche und wandten die Prinzipien auf die Führung ihrer Firma an.

Die Yubetas entdeckten, dass Wahrheit absolut ist. Man kann sein Leben darauf aufbauen. Wahrheit verändert sich nicht. Sie ist immer gleich – eine Konstante. Sie ist dieselbe Wahrheit für jedes Mitglied der Gesellschaft, ob reich oder arm, Politiker oder gewöhnlicher Bürger, Firmenchef oder Pförtner. Und wir können die Wahrheit erkennen.

Es ist sehr wichtig für uns, dass wir das in dieser Zeit wissen, wo die Postmoderne versucht, uns die gegenteilige Idee zu vermitteln – das es keine absoluten Wahrheiten gibt. Diese Sichtweise entstand im Westen durch Philosophen des 19. Jahrhunderts. Aber östliche Religionen glauben dies bereits seit Jahrtausenden. Die meisten asiatischen Religionen lehren, dass Wahrheit sich verändert, und dass man sie nicht erkennen kann. Die Mahayana Buddhisten in Nepal haben ein Sprichwort: Wenn du schläfst und träumst, dass du ein Schmetterling bist, und dann aufwachst, woher willst du dann wissen, ob du nicht ein schlafender Schmetterling bist, der träumt, er sei ein Mensch?

Diese Denkweise ist auch in den Westen eingedrungen. In Universitäten lehren heute Professoren, dass Wahrheit relativ ist. Diese Philosophie nimmt an Beliebtheit zu. Hören sich folgende Aussagen bekannt an? Dies mag für dich wahr sein, aber es ist nicht wahr für mich. Es gibt keine absolute Wahrheit. Alles ist relativ. Wir haben alle eine Wahrheit, aber es ist eine subjektive Wahrheit.

Wenn das so ist, warum sollte dann überhaupt jemand lehren? Warum sollten wir versuchen zu lernen? Warum brauchen wir eine Universität?

Zu Beginn des 21. Jahrhunderts wurde die US-Wirtschaft durch Skandale des Energiekonzerns Enron und andere große Firmen erschüttert. Viele tausende Menschen verloren alles, was sie besaßen. Leute im Ruhestand mussten in die Arbeitswelt zurückkehren, weil ihre Pensionsansprüche sich in Luft aufgelöst hatten. Was führte zum Untergang von Enron und WorldCom? Es waren „kreative“

Buchhaltungsmethoden, die den Anschein hinterließen, als würden diese Firmen viel mehr Geld erwirtschaften, als es tatsächlich der Fall war, was die Preise ihrer Aktien aufblähte.

Die Nachrichten schockierten die Öffentlichkeit. Die Medien reagierten, als wäre das Unglaubliche geschehen. Wir hätten es kommen sehen sollen. Eine jüngste Umfrage der Barna-Gruppe in Ventura, Kalifornien, fand heraus, dass Amerikaner nicht länger glauben, dass es so etwas wie absolute moralische Standards gäbe. Mit einer Zweidrittel-Mehrheit (64 Prozent gegenüber 22 Prozent) sagten Erwachsene, dass Wahrheit immer relativ für einen Menschen und seine Situation ist. Diese Art des Denkens wird unsere Gesellschaft auf vielerlei Weise untergraben, einschließlich unserer Finanzinstitutionen. Letzten Endes, wenn man nicht an unveränderliche Prinzipien von richtig und falsch glaubt, was wird dann unsere Wirtschaftsprüfer und Buchhalter veranlassen, ehrlich zu sein?

Wissenschaft ist abhängig von absoluter Wahrheit

Auch wenn manche Fachbereiche der westlichen Universitäten relative Wahrheit lehren, müssen sich die Professoren der Naturwissenschaften an absoluten Wahrheiten orientieren. Die wissenschaftliche Methode besagt, dass man Wahrheit entdecken kann, indem man ein Problem erkennt und formuliert, eine Hypothese entwickelt, alle verfügbaren Daten sammelt, Experimente durchführt, Schlussfolgerungen zieht, und dann die Ergebnisse veröffentlicht. Diese Methode basiert auf der Voraussetzung, dass Wahrheit sich nicht verändert, und dass wir sie erkennen können.

Die großen technologischen Fortschritte der westlichen Welt wären nicht möglich gewesen, ohne ein Denken, das auf das biblische Prinzip absoluter Wahrheit gegründet ist. Um ein einfaches Beispiel zu geben: Wenn man zum Mond fliegen will, macht es einen großen Unterschied, in welche Richtung man seine Rakete richtet – nach oben oder nach unten. Eine Hängebrücke, die sich über die Bucht von San Franzisco erstreckt, kann Jahr für Jahr das Gewicht von hunderttausenden Autos, Lastwagen und Zügen tragen, weil sie aufgrund absoluter Wahrheiten gebaut wurde, die man erlernen kann. Bedenke dies einmal. Würdest du gerne in ein Flugzeug einsteigen, wenn sich die Gesetze der Physik jeden Tag ändern würden?

Die böse Trinität

Relativität von Wahrheit funktioniert nicht in der Wissenschaft, und sie funktioniert auch nicht in Fragen der Moral. Es mag etwas länger dauern, bis wir die Ergebnisse sehen, aber es spielt eine Rolle, ob wir gemäß der Wahrheit leben oder gemäß Lügen. Gegenwärtig gehört der Lebensstandard in westlichen Nationen immer noch zu den besten in der Welt, weil die Leiter und Führungskräfte, selbst wenn sie keine Nachfolger Christi sind, teilweise immer noch auf der Grundlage von biblischen Prinzipien arbeiten. Das Echo von Gottes Stimme hallt immer noch in unserer Verfassung, unseren Gesetzen, Sprachen und Kulturen nach. Darüber hinaus kontrollieren im Westen die Gläubigen mehr als 50 % des Reichtums. Aber nach nur einigen Generationen von unkontrollierter Gier, Korruption und Ungerechtigkeit, können westliche Nationen in Armut versinken.

Wir müssen nur die vielen Nationen ansehen, die heute in Armut gehalten werden, durch die böse Trinität von Gier, Korruption und Ungerechtigkeit. Vor einigen Jahren besuchte ich die Nation Kongo, damals noch Zaire genannt. Der Diktator Mobutu beherrschte und plünderte Kongo aus. Er hatte enormen persönlichen Wohlstand durch Korruption angehäuft. Mobutu hatte genug Gelder auf seinen Schweizer Bankkonten angesammelt, um die Schulden vieler Nationen in Afrika abzuzahlen, und wäre immer noch einer der reichsten Männer des Kontinents gewesen. Während ich den Kongo besuchte, geschah der Zusammenbruch der Banken. Ich versuchte, mein Geld zu wechseln, aber ein Banker sagte mir, dass er mir nicht helfen könne – sie hätten kein Geld in der Bank. Und doch hat Kongo große Vorkommen an Gold, Silber, Diamanten, Kupfer, Öl und anderen wertvollen Rohstoffen. Trotz seiner unglaublichen Bodenschätze ist es eines der ärmsten Länder der Erde. Es ist eine tragische Geschichte: Kolonialmächte plünderten Kongo viele Jahre; dann übernahmen gierige Diktatoren und Kriegsherren das Land und raubten es weiter aus.

Wir können es alles verlieren

Jetzt sehen wir diese Art von Korruption sich auch im Westen ausbreiten. Wir haben aktuelle Beispiele davon in westlichen Regierungen, in den Vereinten Nationen und in der Geschäftswelt gesehen. Die Vertreter globaler Konzerne werden in den neuen Märkten zunehmend unter Druck gesetzt, mit den lokalen Methoden von Bestechung und Schmiergeldern zu kooperieren. Es wird ihnen gesagt, das sei in bestimmten Teilen der Welt „der Preis, um Geschäfte zu machen".

Eine internationale Lobbyisten-Gruppe namens Transparency International arbeitet im Kampf gegen Korruption mit Regierungen und Firmen weltweit. Die Gruppe veröffentlicht einen Korruptions-Erkennungs-Index, um internationale Aufmerksamkeit auf diese Übel zu lenken. Als gläubige Christen können wir den Bemühungen dieser Organisation nur applaudieren, die die Verbreitung von Korruption zu verhindern sucht.

Aber die Herausgabe eines Index und das Einberufen von Pressekonferenzen werden niemals ausreichen. Ohne Standards von Wahrheit – wer kann bestimmen, was korrupt ist und was nicht? Wir müssen uns am Standard der Bibel festmachen. Aufgrund der Bibel können wir absolute Wahrheit erkennen. Im Wort Gottes können wir Wahrheit entdecken, die uns freimacht.

Kapitel 19

Wir sind verantwortlich, gemäß der Wahrheit zu leben

Auch das vierte Prinzip zur Veränderung von Nationen finden wir in den ersten Kapiteln von 1. Mose: Wir sind vor Gott verantwortlich, gemäß der Wahrheit zu leben. Gott gab Adam und Eva nicht nur die Verantwortung, den Garten zu hüten und zu bewirtschaften, sondern auch das Verbot, von einem bestimmten Baum zu essen. Wir alle wissen von der Tragödie, die geschah, als sie diese Wahrheit missachteten und verantwortungslos handelten, indem sie den Lügen der Schlange Gehör schenkten.

Auch heute noch gibt Gott uns Wahrheit, und wir haben die Verantwortung, ihr zu gehorchen. Weil wir Wahrheit erkennen können, haben wir auch die Verantwortung, gemäß dieser Wahrheit zu leben und nach mehr Wahrheit zu streben.

Wir können dieser Realität nicht entkommen, selbst wenn wir versuchen, die Existenz Gottes zu leugnen. Ein Freund von mir, Friedrich Schock, ein pensionierter Industrieller in Deutschland, war auch in der Politik seines Landes aktiv. Er erzählte mir von einem Treffen in Berlin in den Tagen vor dem Zusammenbruch der Sowjetunion. In diesem Treffen hörte Herr Schock den sowjetischen Minister für Kultur und Religion sagen, dass keine Nation ohne Moral im Volk regiert werden kann. Und der sowjetische Minister sagte, dass es keine Moral ohne Religion geben könne. Dann fügte er hinzu, dass er selbst Atheist wäre und nicht verstehen könne, warum das so sei.

Der sowjetische Minister sprach ungeachtet seines Unglaubens die Wahrheit aus. Moral hat ihre Quelle in einem gerechten Gott, der selbst Güte ist, und der entschieden ist, das Gute zu tun. Gott schuf uns als moralische Wesen, die richtig von falsch unterscheiden können, und welche verantwortlich sind, zwischen diesen beiden zu wählen. Wenn wir das Gute wählen, dann wählen wir die Wahrheit und leben auf die Weise, für die Gott uns geschaffen hat. Dies bringt Segnungen in unsere Nationen.

Die Gründer der Vereinigten Staaten von Amerika wussten, dass ihr neues Regierungssystem nur mit verantwortungsvollen, moralischen Bürgern funktionieren konnte. Einer der Gründungsväter, Samuel Adams, sagte: „Eine allgemeine Auflösung der Prinzipien und moralischen Verhaltensweisen wird die Freiheiten von Amerika viel gewisser zu Fall bringen als die gesamte Kraft äußerer Feinde. Während die Menschen tugendhaft sind, können sie nicht unterworfen werden; aber wenn sie ihre Tugend verlieren, dann werden sie bereit sein, ihre Freiheiten dem ersten äußeren oder inneren Eindringling zu unterwerfen."

Ungeachtet dessen, was wir vielleicht schon oft gehört haben, war die große Mehrheit der Gründungsväter der Vereinigten Staaten durch Bibel und Glauben geprägt. Eine Prüfung von 15.000 Schriften der Gründungsväter ergab, dass 94 Prozent ihrer Zitate direkt oder indirekt aus der Bibel stammten.

Schwindende Grundlagen

Haben Amerikaner an den Idealen ihrer Gründungsväter festgehalten? Hat das Land meiner Geburt verantwortungsvoll gelebt und die Segnungen, die es erbte, weise genutzt? Leider nicht – weit davon entfernt! Mein Herz trauert, wenn ich darüber nachdenke, wie weit Amerika sich von seinen biblischen Grundlagen entfernt hat.

Daniel Webster, ein großartiger US-Senator und Staatssekretär für drei US-amerikanische Präsidenten im 19. Jahrhundert, sagte: „Lasst uns niemals den religiösen Charakter unseres Ursprungs vergessen. Die Überzeugung unserer Väter war gegründet auf ihrer ehrfürchtigen Verehrung der christlichen Religion." Sie waren bestrebt, diese Prinzipien in den Elementen ihrer Gesellschaft zu integrieren und somit diesen Einfluss in allen ihren Institutionen zu verbreiten – den bürgerlichen, den politischen und literarischen.

Amerika hat viel Wahrheit empfangen und ist entsprechend verantwortlich, gemäß dieser Wahrheit zu leben. Wer weiß, welche Katastrophen Amerika bevorstehen, wenn wir weiterhin dieses große Erbe verlassen.

Verantwortung = Reaktion gemäß der Fähigkeit

Verantwortliche Entscheidungen und ein verantwortliches Verhalten werden als Gerechtigkeit bezeichnet. Vorantwortungslosigkeit ist Sünde. Die Bücher der Bibel lehren uns durch all ihre Seiten, dass, wann immer Menschen Gott gehorchten, sie viele Segnungen empfingen. Wann immer sie nicht gehorchten, empfingen sie Flüche – Armut, Krankheit und Kriege.

Wenn wir Worte wie Segen oder Fluch hören stellen wir uns vielleicht vor, wie Gott jedes Mal interveniert, um diese Dinge zu bewirken. Stattdessen glaube ich, dass das Gesetz von Saat und Ernte dafür verantwortlich ist. Bestimmte Taten bewirken bestimmte Folgen und führen zu bestimmten Ergebnissen, und zwar automatisch, selbst auf organische, biologische Weise.

Stellen Sie sich Verantwortung vor als „Reaktion gemäß der Fähigkeit einer Person, der Wahrheit zu gehorchen." Demonstranten rufen oft nach mehr Rechten und mehr Autorität. Aber haben Sie je eine Gruppe von Demonstranten nach mehr Verantwortung rufen hören? Gewöhnlich wollen wir gute Früchte ohne gute Wurzeln.

Stellen Sie sich eine Nation als einen Baum vor. Sie ist verwurzelt im Boden ihrer Weltsicht – der allgemeinen Sicht der Wirklichkeit. Was eine Nation für wahr hält, formt ihre Wurzeln. Aus diesen Wurzeln wächst der Stamm – die Werte der Nation. Die Äste des Baumes sind ihre Gesetze, Richtlinien und Tugenden. Die Blätter stellen verschiedene Ausdrucksformen der Kultur dar. Dieser Baum produziert Früchte – entweder Freiheit und Wohlstand oder Gebundenheit und Armut. Die Samen in den Früchten beginnen den Prozess von vorn; sie werden verstreut und füllen die Erde.

Können wir die Anzahl der Samen in einer Frucht zählen? Ja. Aber wir können nicht die potenzielle Frucht in einem Samen zählen. Die Frucht des Baumes – die Multiplikation von Segnungen oder Flüchen – kommt von den Wurzeln und dem Stamm – dem Glaubenssystem und den Werten eines Landes. Ein Glaubenssystem, an dem eine ausreichend große Menge der Bevölkerung eines Landes festhält, kann entweder die Vorteile der Wahrheit hervorbringen, oder Ruin durch Lügen.

In den letzten Jahren haben wir erlebt, wie immer mehr Länder den Versuch unternahmen, zur Demokratie zu werden. Doch damit Demokratie funktionieren kann, muss das Land verantwortungsvolle Bürger haben. Man kann nicht die Früchte der Demokratie genießen ohne die Wurzeln und den Stamm biblischer Wahrheit und Moral. Damit eine Demokratie am besten funktionieren kann, muss ein Land eine ausreichend große Anzahl von Bürgern haben, die sich auf das Wort Gottes als ihr Handbuch sowohl für die Regierung als auch für jeden Bereich der Gesellschaft stützen.

Die Minderheit regiert

In Demokratien sprechen wir von der Herrschaft der Mehrheit. Doch die Bibel tut das nicht. Sie spricht von der Kraft eines gerechten Überrestes oder einer Minderheit. Gottes Wort zeigt, was eine hingegebene Minderheit von wenigen tun kann, um den Kurs eines ganzen Landes zu verändern. Ein Beispiel war Gideon. Er und einige wenige Männer besiegten eine viel machtvollere, aber gottlose Mehrheit. Sie brachten Israel zurück zu neuem Gehorsam und Glauben an Gott.

Dasselbe sehen wir in der ganzen Geschichte bewahrheitet: Oft herrscht die Minderheit. Wir sahen in Kapitel 14, wie in Genf eine Minderheit von Gläubigen in der Bibel von Gottes Erbarmen las und sich durch die Zufluchtsstädte im Alten Testament inspirieren ließ,

„Flüchtlingen“ zu helfen. Eine gerechte Minderheit wandte dieses biblische Prinzip in Genf an, indem sie zusätzliche Etagen auf ihre Wohnhäuser baute, um Flüchtlinge aufnehmen zu können. Sie schufen ein Erbe von Erbarmen gegenüber Flüchtlingen, das heute noch in der Schweiz vorzufinden ist.

Es ist wichtig, dass wir uns dies ins Gedächtnis rufen, weil wir uns sonst bereits besiegt fühlen, bevor wir überhaupt begonnen haben. Vielleicht hast du dir schon öfters gedacht: Ich versuche ernsthaft das Richtige zu tun, aber ich bin nur eine einzelne Person. So viele andere führen ein unchristliches Leben! Wie kann mein Leben da einen Unterschied bewirken?

Erinnere dich daran, wie Jesus uns sagte, dass wir das Salz der Erde sind. Denke darüber einen Moment lang nach! Salz ist eine ganz einfache Substanz, ein sehr gewöhnliches Element. Wenn man es einem Essen hinzufügt ist es unsichtbar. Doch ein sehr, sehr kleiner Anteil davon macht bereits den Unterschied – es fügt Geschmack hinzu und bewahrt Nahrung davor zu verderben.

Wir müssen nicht groß und mächtig sein. Wir müssen auch nicht jeden Abend im Fernsehen als der Weltexperte in unserem Bereich zu sehen sein. Alles, was wir tun müssen, ist, unseren Salzgehalt zu bewahren. Wir müssen nur das sein, wozu Gott uns gemacht hat, und unseren Teil erfüllen. Wenn wir dies nicht tun, verlieren wir unsere Fähigkeit zu salzen, wie Jesus es in Matthäus 5 sagt, und werden auf diese Weise wertlos und unbrauchbar für den Bau von Gottes Reich. Wir müssen uns daran erinnern, wer das ganze Projekt leitet: Der mächtige Schöpfer des Universums. Er ist es, der das vollständige Bild im Sinn hat. Er weiß genau, was getan werden muss und wie es am Ende aussehen soll. Er ist es, der uns geschaffen hat, und Er ist auch derjenige, der die Kraft hat, Seinen Plan zu erfüllen. Er ist es, der dich und deinen Gehorsam gebrauchen wird, um auf die genau richtige Weise zu helfen und Heilung in eine gebrochene Welt zu bringen.

Kapitel 20

Warum Nationen reich oder arm sind

Was führt eine Nation in den Niedergang? Einfach das Verlassen von Gottes Wort – insbesondere der grundlegenden Wahrheiten, die wir in den ersten Kapiteln von 1. Mose finden. Wenn eine Nation diese Prinzipien aufgibt, dann beginnt sie ihre Selbstzerstörung. Es gibt keine Ausnahmen. Weder politische Macht noch wirtschaftlicher Wohlstand sind dauerhaft.

Schauen wir uns nochmals die grundlegenden Wahrheiten aus Gottes Wort an – aber dieses Mal gepaart mit den Folgen, die dann eintreten, wenn wir das Wort Gottes aufgeben:

- Wer Gott ist: Wir tauschen die Wahrheit, wer Gott ist, gegen eine Lüge ein.
- Wer wir sind: Wir schwächen unser Verständnis, wer wir sind, geschaffen in Seinem Bild, männlich und weiblich, von gleichem Wert.
- Unveränderliche, erkennbare Wahrheit: Wir verlieren die Vorstellung, dass Wahrheit real ist, und dass wir sie erlernen können.
- Die Verantwortung des Menschen, gemäß der Wahrheit zu leben: Wir leugnen, dass wir verantwortlich sind für unsere Taten, sowohl als Individuen wie als Gesellschaft.

Wenn eine Nation diese Grundlagen verliert, dann kann es auf die Ebene eines unentwickelten Landes herabsinken. Und dies kann innerhalb von drei oder vier Generationen geschehen.

Was macht den Unterschied?

Stelle dir einmal mit mir eine Szene vor, die ich oft beobachtet habe. Wir könnten dies vor jeder westlichen Botschaft in einem entwickelten Land sehen. Die heiße Sonne lässt die Menschen schwitzen, die draußen in einer langen Schlange warten. Sie tragen ihre beste Kleidung, fast als ob sie zu einer Hochzeit oder in die Kirche gehen. Gelegentlich öffnet sich die Tür einen Spalt und eine kühle Brise der klimatisierten Räume dringt hinaus, sobald sie wieder jemanden hereinlassen. Die anderen bleiben draußen stehen, verlagern ihr Gewicht und wischen sich den Schweiß von der Stirn. Mütter versuchen, ihre unruhigen Kinder zur Ruhe zu bewegen. Die meisten waren bereits hier bevor die Sonne aufgegangen ist. Gegen Mittag wird die Schlange noch länger und zieht sich um die äußeren Mauern. Aber keiner gibt auf. Die Leute warten geduldig darauf, ein Visum zu erhalten, in der Hoffnung, in ein besseres Land zu ziehen. Diejenigen, die heute nicht hereinkommen, werden morgen einfach wiederkommen, und am nächsten Tag und am nächsten. Kein Opfer ist zu groß.

Menschen, die eine bessere Zukunft für sich selbst und für ihre Kinder haben wollen, stehen in der Schlange aller Botschaften aller westlichen Länder an. Aber niemand steht in einer langen Schlange vor der Botschaft von Kuba, dem Sudan oder Indien. Warum nicht? Warum versuchen Millionen Menschen nicht, permanente Staatsbürger dieser Nationen zu werden? Was macht den Unterschied aus? Warum sind einige sehr reich und andere sehr arm, so dass ihre Bevölkerung das Land verlassen will, in Hoffnung auf ein besseres Leben außerhalb?

Behinderung menschlichen Potenzials

In mehr als 50 Jahren, in denen ich ständig in die Nationen der Welt gereist bin, habe ich drei Dinge beobachtet, die dazu führen, dass ein Land arm wird, und seine Bevölkerung ihr menschliches

Potenzial nicht ausleben kann. Diese drei Dinge, die wir in Kapitel 18 die „böse Trinität" genannt haben – sind ungezügelte Gier, Korruption und Ungerechtigkeit. Alle drei sind das genaue Gegenteil von Gottes Charakter und von der Weise, wie Er uns geschaffen und wie Er vorgesehen hat, dass wir leben sollen. Da gibt es keine Verantwortung, gemäß der Wahrheit zu leben.

Ich habe die Auswirkung dieser drei Übel in einem armen Land nach dem anderen gesehen. Damit sage ich nicht, dass jeder Mensch in diesen Ländern gierig, korrupt und ungerecht ist. Aber es sind die vorherrschenden Eigenschaften. Wenn eine kritische Masse des Volkes in einflussreichen Positionen zügellose Gier entfaltet, dann folgt daraus Korruption – das Geben und Annehmen von Bestechungsgeldern, Wucher und Erpressung – die wiederum zu großen Ungerechtigkeiten führen, die daraus unvermeidlich erwachsen.

Was meine ich mit einer „kritischen Masse"? Es ist kein festgelegter Prozentsatz, aber vielleicht zwischen 25 bis 35 Prozent. Es ist noch nicht einmal eine Mehrheit. Man erkennt, dass eine kritische Masse erreicht wurde, wenn wir die kulturelle Atmosphäre einer Gesellschaft sich verändern sehen. Es wurde ein Wendepunkt erreicht, an dem eine Sache kippt.

Vor einigen Jahren fuhr ich mit einem Taxi in den Philippinen, und der Taxifahrer klagte mir sein Leid, wie korrupt Präsident Marcos sei. Ich fragte ihn: „Woher wissen Sie, dass er korrupt ist?"

„Er hat sogar Leute dafür bezahlt, ihn zu wählen", antwortete der Mann.

„Woher wissen Sie das?", fragte ich ihn.

„Nun, er bezahlte mich, und ich habe ihn gewählt."

Der Taxifahrer konnte nicht erkennen, dass Marcos nicht der einzige war, der korrupt war. Unehrliche Regierungsbeamte können nur Erfolg haben, wenn sie auf unehrliche und gierige Menschen treffen, die mit ihnen kooperieren.

In jedem Land gibt es Menschen, die ein Leben der Gier, Korruption und Ungerechtigkeit führen. Aber wenn diese Menschen der vorherrschende Einfluss werden, dann zerstören sie ihr Land.

Ebenso muss nicht jeder Mensch Gott folgen, damit eine Nation aufzusteigen beginnt. Wir haben uns Wege angeschaut, wie Nationen sich selbst zerstören. Aber dieselben Prinzipien wirken auch in die umgekehrte Richtung. Jede Nation, die Gier durch einen Geist der Großzügigkeit und des Gebens in Schach hält, jedes Land, das Gerechtigkeit und Recht in der Regierung entwickelt, kann Wachstum der Wirtschaft und mehr Unabhängigkeit erleben.

„Warum sind wir so arm?“

„Warum sind wir so arm?“, wurde ich in einem Treffen mit dem Kabinett und den Topleitern einer Nation in Westafrika gefragt. Im September 1996 erhielt ich einen Telefonanruf und wurde gefragt, ob ich kommen und mich mit Präsident Mathieu Kerekou von Benin treffen könnte.

Präsident Kerekou war ein früherer Diktator von Benin. In der Vergangenheit war er Kommunist und Atheist gewesen. Er war ein guter Freund von Kim Il Sung aus Nordkorea. Er reiste sogar nach Nordkorea, dem strengsten kommunistischen Land der Welt, um sein Land nach denselben Prinzipien auszurichten.

Im Jahr 1990 sah Präsident Kerekou jedoch, dass der Kommunismus in der ganzen Welt am Zusammenbrechen war. Er entschied sich, dass Demokratie besser als Kommunismus sei, und verkündete daher seinem Volk: „Ihr könnt euren nächsten Leiter wählen.“ Er setzte freie Wahlen fest, und sein Volk wählte ihn aus dem Amt.“

Vier Jahre später wurde Mathieu Kerekou Christ und lebte seine ursprüngliche Begeisterung nun in seinem neuen Glauben aus. Wo er vorher ein radikaler Atheist und Kommunist gewesen war, war er nun ein hingegebener Nachfolger von Jesus geworden. Sofort fing er an, Zeugnis zu geben und dem Volk seines Landes vom Herrn zu erzählen. Im Jahr 1996 wählten sie ihn als Präsident.

Präsident Kerekou hatte meine Bücher gelesen. Er hatte wohl den Eindruck, dass er mir vertrauen kann. Jetzt lud er mich ein, damit ich ihn darin unterweise, wie er ein Leiter gemäß den Prinzipien von Gottes Wort sein kann. Die meisten Menschen in seinem Land waren entweder Muslime oder Anwender von Voodoo, aber er glaubte daran, dass sich dies ändern könnte.

Nachdem ich mich mit Präsident Kerekou privat getroffen hatte bat er mich, zu seinem Kabinett zu sprechen, den Ministern und ihren Stellvertretern, etwa dreißig Personen. Nachdem ich zu dieser Gruppe gesprochen hatte, stellten die Leiter von Benin ihre Fragen. Ein Mitglied des Kabinetts fragte: „Warum sind wir so arm? Wir gehören zu den fünfzehn ärmsten Ländern der Erde." Dann versuchte er seine eigene Frage zu beantworten: „Benin hat nur fünf natürliche Bodenschätze." Und dann zählte er sie auf.

Ich sagte: „Ihr seid nicht arm, weil ihr einen Mangel an natürlichen Bodenschätzen habt. Denkt an die Schweiz! Die Leute dort haben nur sehr wenige natürliche Bodenschätze, aber sie sind reich." Ich erklärte ihnen, dass der Wohlstand der Schweiz daher kommt, dass die Menschen überall in der Welt Schweizer Produkte haben wollen. Ob sie Schokolade herstellen oder eine Uhr – jeder weiß, dass die Schweiz es vortrefflich herstellen wird. Man kann keine Vortrefflichkeit ohne Integrität haben. Die Schweizer haben Integrität. Sie achten auch sehr auf Gerechtigkeit und Großzügigkeit. Jedes Dorf unterstützt irgendein wohltätiges Projekt, besonders für Flüchtlinge.

„Sie brauchen eine kritische Masse von Menschen, die Integrität und Charakter haben", sagte ich dem Präsidenten und seinem Kabinett. „Benin wird Wohlstand erwirtschaften, wenn es genug Menschen mit dieser Art von Charakter hat."

Ich schaute mich im Raum um. Ich konnte sehen, dass sie mir wirklich zuhörten. Als ich sie wieder verließ, hatte ich den Eindruck, dass ich ihnen die Wahrheit mitgeteilt hatte – etwas, dass ihr Land verändern kann. Echte Veränderung wird in Benin geschehen, wie sie in anderen Ländern auch geschieht – wenn sie sich von Dingen wie Voodoo abwenden, und mehr und mehr ihrer Menschen transformiert werden durch Hingabe und Unterordnung unter das Wort Gottes. Es braucht mehr als eine Generation. Keine Nation wird über Nacht gebaut. Charakter zu entwickeln braucht Zeit – in einzelnen Menschen wie ganzen Nationen.

Integrität ist so wichtig für die Wirtschaft eines Landes. Wir vertrauen Menschen nicht, die lügen und betrügen, und geben ihnen daher keine wichtigen Jobs als Ingenieure für Flugzeugbau oder als Architekten von Hochhäusern und Brücken. Integrität ist auch ein unentbehrlicher Schlüssel im Umgang mit Finanzen und Investitionen, im Bankenwesen und im Handel aller Art. Wenn jemand betrügt, dann wird er es mit großen und mit kleinen Dingen tun. Niemand will, dass unehrliche Leute Brücken bauen, weil diese Brücken nicht standhalten werden. Ebenso wollen Sie nicht, dass unehrliche Menschen ihre Rentenfonds betreuen.

Die haben und die nicht haben

Es ist reicht für eine Nation nicht aus, einige ehrliche Leute zu haben. Eine Nation muss eine kritische Masse davon haben. Es muss einen gewissen Prozentsatz von Menschen in einer Bevölkerung geben, die ehrlich und sorgfältig sind, wenn diese Nation eine gesunde Wirtschaft haben will. Denken wir an die Nationen, wo großartige Ingenieursleistungen vollbracht werden. Denken wir an die Orte, wo Menschen ihre Ersparnisse investieren. Schauen wir uns die Länder an, wo Autos, Flugzeuge oder andere Produkte von großer Präzision hergestellt werden. Diese Nationen werden immer einen gesunden Prozentsatz von Bürgern mit hoher Integrität haben.

Menschen, nicht materielle Dinge, sind die wahren Schätze und Ressourcen einer Nation. Bedenke einmal dies: Wie viel ist eine Hand voll Sand wert? Zwei Cent? Einen Cent? Nicht einmal das. Aber es ist möglich, aus einer Hand voll Sand einen Mikrochip zu machen. Jemand wurde Milliardär und schuf Jobs für Millionen von Menschen, indem er diese Idee in die Tat umsetzte.

Menschen, die ihre Gott-gegebenen Gaben in einer freien Gesellschaft umsetzen, produzieren Wohlstand. Es ist keine Frage der Ressourcen oder Bodenschätze. Einige der ärmsten Länder der Welt haben unglaubliche Bodenschätze und natürliche Ressourcen, wie zum Beispiel Sierra Leone, Kongo und Mozambique. Einige der reichsten Länder der Welt, wie die Schweiz, Singapur und Japan haben nur wenige Bodenschätze. Was macht den Unterschied? Warum sind einige Länder reich geworden, während andere arm geblieben sind?

Gott segne Amerika … und jede andere Nation der Erde!

Hat Gott einige Nationen mehr gesegnet als andere? Nein, ich glaube, dass Gott unparteiisch und gerecht ist. Der meistzitierte Vers der Bibel aus Johannes 3,16 sagt, dass Gott die Welt so geliebt hat, dass Er Seinen Sohn gab. Gott hat allen Völkern Gaben gegeben. Wie wir diese Gaben entwickeln und nutzen bestimmt unseren Erfolg – als Individuen und als Nationen.

Gottes größte Gabe war Sein Sohn Jesus, den Er uns gab, um uns von unseren Sünden zu retten. Er hat uns eine weitere Gabe gegeben, die für alle Völker von Bedeutung ist – die Bibel. Wie kann man ein Buch beschreiben, das grundlegendes Verständnis für jedes menschliche Problem, Schritte zu umfassender Gesundheit und Lebensglück, und Bausteine für Größe für jeden Teil der Gesellschaft beinhaltet? Dieses Buch ist unbezahlbar. Es ist ein wahrer nationaler Schatz.

Das Buch ist der größte Segen, den ein Individuum haben kann, neben dem Empfangen der Erlösung durch Jesus Christus. Dieses Buch enthält nicht nur Anweisungen, wie wir in den Himmel gelangen, obwohl das wundervoll und sehr wichtig ist. Es teilt uns auch Methoden für Individuen und Nationen mit, um jedes Problem auf der Erde zu lösen. Die Bibel zu haben und seine Wahrheiten auf jeden Bereich der Gesellschaft anzuwenden, macht ein Land wohlhabend und frei.

Du denkst vielleicht bereits an Ausnahmen zu dieser Regel. Wie steht es mit Japan? Wenn das Anwenden der Prinzipien der Bibel der Grund ist, warum ein Land wohlhabend wird, warum ist dann Japan – eine Nation mit nur wenigen Christen – so erfolgreich und wohlhabend? Wir werden uns Japan und ähnliche Fälle in Teil 4 anschauen. Dabei müssen wir uns bewusst sein, dass es nicht nur der Besitz der

Bibel ist, sondern das Studieren und Anwenden, das Segen bringt. Jeder Schatz muss genutzt werden. Jesus zeigte uns im Gleichnis von den Talenten, dass Er erwartet, dass wir unseren Schatz investieren und nicht einfach nur ungenutzt anhäufen.

Vielleicht hast du schon einmal von einem gehört, der arm zu sein schien, auf bescheidene Weise aß, in einem heruntergekommenen Haus lebte und in alten Kleidern umher lief. Nach seinem Tod waren alle überrascht, als sie bei dem Geizhals unter seiner Matratze versteckte Bündel von Geldscheinen fanden, die er nie genutzt hatte. Wir können dies mit der Bibel tun. Es ist ein Schatz, den wir herausholen und in Umlauf bringen müssen. Wir müssen ihn aktiv nutzen und in unser Leben und in die Menschen unserer Umgebung investieren. Nur wenn wir den Reichtum der Bibel nutzen, können wir die Kraft entfalten, um uns und unsere Nationen zu transformieren.

Teil 4

Gibt es Ausnahmen von der Regel?

Kapitel 21

Japan: Teilweiser Gehorsam, teilweiser Segen

In diesem ganzen Buch haben wir uns mit einer grundlegenden These beschäftigt: Wann immer eine kritische Masse von Menschen die Wahrheiten anwendet, die in Gottes Buch zu finden sind, dann wird ihr Leben und das ihrer Nation transformiert.

Jetzt wollen wir uns einige Beispiele anschauen, die dieser These zu widersprechen scheinen. Wie sieht es mit den Fortschritten aus, die die Ägypter, die Chinesen, die Araber und andere führende Kulturen der Vergangenheit gemacht haben? Völker, die das Buch nicht hatten, erbauten die Pyramiden, nutzten Techniken der Einbalsamierung, die wir bis heute nicht ganz verstehen können, erfanden Schießpulver und Papier, entdeckten das Konzept der Null in der Mathematik, und erreichten andere erstaunliche Dinge in ihrer Geschichte.

Wissen steht immer bereit, entdeckt zu werden, wann immer Menschen ihre von Gott gegebenen Talente anwenden, um danach zu suchen. Wovon wir jedoch hier sprechen, ist das Ausmaß, in dem Wissen und Wohlstand allgemeine Verbreitung finden. Während diese Kulturen in der Lage waren, auch ohne Das Buch Wahrheiten zu entdecken, die Gott ins Seine Schöpfung geschrieben hat – wie zum Beispiel mathematische Formeln und Methoden, Pyramiden zu bauen – transformierte dieses Wissen jedoch nicht ihre Gesellschaften. Die meisten Menschen blieben arm und ungebildet. Die Explosion von Reichtum und Wissen kam erst, nachdem die Bibel in die Hände von mehr Menschen gelangte.

Was ist mit Japan?

Wie steht es mit einer modernen Erfolgsgeschichte wie Japan – einer Nation, wo es weniger als sechs Prozent Nachfolger Christi gibt? Japan ist wohlhabend und produktiv, aber seine Kultur ist nicht auf die Bibel gegründet. Wie kann dies sein? Ist diese Ausnahme eine Widerlegung unseres Denkens? Japan hat eine der stärksten Wirtschaften der Welt. Sie dominieren die Elektronikindustrie und stellen sehr gute Uhren wie Seiko her, produzieren verlässliche und beliebte Autos wie Toyota und Honda. Die Brücke von Kobe ist ein Triumph des Ingenieurwesens, eine der kompliziertesten gebauten Brücken der ganzen Welt.

Warum konnten die Japaner solche Erfolge erlangen? Weil ihre Kultur eine biblische Wahrheit verkörpert – Ehrlichkeit in Bezug auf materiellen Besitz und Geschäftspraktiken. Ein Teil dieser Ehrlichkeit stammt von ihrem alten kulturellen Erbe. Andere wichtige Einflüsse kamen durch gottgefällige Menschen hinter den Kulissen, die Japans Geschichte geprägt haben.

In den frühen 70er Jahren stand ich in dem Hauptbahnhof von Osaka in der riesigen Vorhalle der Untergrundbahn, wo es viele Läden gab. Ich war dort mit Jonathan, dem Sohn eines Missionars, der dort in Japan aufgewachsen war. Große Scharen von Japanern drängten an uns vorbei, von den über einer Million Menschen, die täglich durch diese Station laufen.

Ich blickte nach unten. Zu meinem Erstaunen hatte mein junger Freund sein Portmonee offen auf seinen Koffer am Boden gelegt. Er widmete dem Portmonee keinerlei Aufmerksamkeit, so dass ich selbst meinen Blick darauf richtete, falls jemand danach greifen wollte.

„Loren, komme einmal hier herüber. Ich will dir etwas zeigen“, sagte Jonathan, und ging von unserem Platz weg zu den Läden.

Ich protestierte. „Jonathan! Was ist mit deinem Geld und dem Koffer?“

„Ach, das ist okay“, sagte er, „dies ist Japan.“

Trotz meiner Einwände ließen wir seinen Koffer mit dem Portmonee darauf einfach stehen und gingen zu einem Laden gegenüber. Die andrängenden Menschenmengen verhinderten unsere Blicke auf seinen Koffer von dort aus völlig. Nach ungefähr zehn Minuten kamen wir zurück. Seine Sachen waren unberührt.

Später berichtete ich einem Missionar in Tokyo über diese Erfahrung. Er sagte: „Du hättest einen Bündel Geld den ganzen Tag auf dem Koffer liegen lassen können, und es wäre nicht weggenommen worden. Außer ein Ausländer wäre vorbeigekommen." Natürlich hat sich Japan in den letzten Jahrzehnten durch Drogensucht und andere soziale Probleme verändert. Aber die meisten Menschen sind immer noch sehr ehrlich, was den Besitz anderer betrifft.

Teilweiser Gehorsam, teilweiser Segen

Als ich diese Geschichte japanischen Pastoren erzählte, da sagte einer von ihnen: „Warte mal! Wir sind nicht so ehrlich. Wir belügen einander die ganze Zeit. Wir tun diese Dinge nur, damit wir unser Gesicht nicht verlieren." (Kennzeichen einer Schamkultur).

„Ja", sagte ich, „und obwohl ihr Nummer zwei weltweit mit eurer Wirtschaft seid, habt ihr eine der höchsten Selbstmordraten, große Alkoholprobleme und viele kaputte Familien. Ihr seid in eurer Wirtschaft gesegnet, aber nicht in euren Beziehungen."

Der japanische Pastor offenbarte eine wichtige Tatsache. Wenn wir Gottes Buch teilweise gehorchen, dann haben wir einen teilweisen Segen. Die Japaner wurden wirtschaftlich gesegnet, aufgrund ihrer Ehrlichkeit mit materiellen Dingen. Aber sie werden von großen sozialen Problemen geplagt, wegen ihrer Unehrlichkeit in privaten und familiären Belangen.

Versteckter Sauerteig in Japan

Da ist ein weiterer Faktor in Japans wirtschaftlichem Erfolg – der wenig bekannte Einfluss einer Person, die eine große Auswirkung auf das Land hatte.

Jesus gebrauchte das Gleichnis vom Sauerteig für die Beschreibung Seines Reiches, einem Reich, das in Seinem Volk ist, das aber die ganze Gesellschaft beeinflusst. Als ich ein kleiner Junge war, schaute ich meiner Mutter zu, wie sie hausgemachte Teigrollen machte. Sie zeigte mir den kleinen Klumpen von Hefe (Sauerteig) und erklärte mir, wie wenig davon im Teig verborgen werden muss, um die gesamte Mischung zu verändern.

Wer kann sagen, zu welchem genauen Zeitpunkt der Sauerteig das Gesamte durchdringt und es verändert? Kein Wunder, dass Jesus dieses Beispiel gebrauchte, um das Reich Gottes zu erklären, und uns zu zeigen, wie wenige Leute auf stille aber machtvolle Weise eine Nation beeinflussen können.

William Merrell Vories

Dies ist ein passender Vergleich für das, was mit Japan im 20. Jahrhundert geschah. Ein Mann, der vom Rest der Welt verborgen war, war einer der wichtigsten Sauerteig-Mittler für das Land. Ich erfuhr selbst erst kürzlich von ihm, obwohl ich viele Male in Japan gewesen bin.

Vor einigen Jahren waren meine Frau Darlene und ich im Haus von Freunden in der Schweiz, während sie verreist waren. Als ich vor ihrem Bücherregal stand, da wurde mein Blick von einem alten Buch mit dem Titel „Adventurers for God“ (Abenteurer für Gott) angezogen. Das klingt interessant, dachte ich, und nahm es aus dem Regal. Ich öffnete es zufällig in einem Kapitel über Japan, in dem es um die Geschichte von William Merrel Vories ging. Ich fing an das Buch zu lesen, das von Clarence Hall, dem Chefredakteur von Readers Digest nach Ende des 2. Weltkriegs geschrieben worden war.

Hall berichtete, wie Vories im Jahr 1905 in Japan ankam. Obwohl Vories ein Architekt war, ging er mit dem Anliegen nach Japan, Menschen für Christus zu gewinnen. Er war kein Missionar im klassischen Sinne, aber er beschloss, das Leben von Jesus den Japanern vorzuleben. Vories zog in einen der entlegensten Teile im

Inneren Japans, weil er einen „Ort finden wollte, der zu unauffällig für andere Missionare sein würde."

Vories nahm einen Job an, Englisch zu lehren in Omi-Hachiman (heute Shiga Präfektur genannt). In seinen freien Stunden hielt er Bibelstunden ab. Als er Neubekehrte unter den jungen Männern gewann, wurden sie von ihren Familien verstoßen. Bald lebten viele von ihnen bei dem Missionar in seinem kleinen Haus. Nach kurzer Zeit brauchte Vories mehr Räume, so dass er Finanzen auftrieb, um ein größeres Gebäude zu bauen, mit Zimmern für die Studenten und Räumen für Bibelstudium und Freizeitgestaltung.

Sehr bald bekam Vories Probleme. Er gewann so viele junge Menschen für Christus, dass es die buddhistischen Priester verärgerte. Die Priester heuerten Raufbolde an, um die neuen Gläubigen mit Baseballschlägern anzugreifen, und sie schrieben eine Reihe von Artikeln in der Zeitung der Provinz, worin sie Schlimmes über Vories und das Christentum verbreiteten. Schließlich brachten sie die Schule dazu, Vories als Englischlehrer zu entlassen.

Nach nur zwei Jahren Arbeit, war Vories nun in einem fernen Land ohne finanzielle Unterstützung und mit einer Gemeinschaft von jungen Männern, die von ihm Wegweisung erwarteten.

Ein radikales Experiment

Während Vories eines Nachts im Gebet rang und Gott fragte, was er tun solle, da dachte er plötzlich an seine Ausbildung als Architekt. Wie wäre es, wenn er eine Firma gründen würde? Eine Architekturfirma an solch einem entlegenen Ort zu gründen verstieß gegen jedes kaufmännische Verständnis. Aber er tat es trotzdem und fing sogleich an, seinen jungen Bekehrten das Handwerk beizubringen.

Nach kurzer Zeit leiteten Vories und sein Team von Architekten-Brüdern die einflussreichste Firma für modernes Gebäudedesign in ganz Japan.

Vories entdeckte, wie er Gebäude bauen konnte, die den häufigen Erdbeben in Japan standhalten würden. Bereits in den 50er

Jahren hatte die Firma über 2.800 größere Gebäude konstruiert und gebaut, die sich im ganzen Land befanden. Es war jedoch die radikale Weise, wie sie ihren Glauben an Christus in ihrem persönlichen Leben und im Geschäftsleben vorlebten, was einen tiefen Eindruck auf das Land hinterließ.

Die Männer formten ein „Geschäft mit einer Mission", das sie schließlich die Omi Bruderschaft nannten. Obwohl sie sehr viel Geld als Architekten verdienten, nahmen sie nur einen geringen Teil, um ihre Lebenskosten zu bestreiten. Vories und die anderen in der Bruderschaft lebten mit durchschnittlich nur 62 Dollar im Monat, ungeachtet der Rolle oder Position des Einzelnen.

Die Männer investierten das übrige Kapital in vielfältige evangelistische und humanitäre Projekte – in die Gründung von Gemeinden, in Missionare und Sonntagsschulen. Die Omi-Brüder bezahlten die theologische Ausbildung von vielen Pastoren und unterstützten sie danach die ersten Jahre in ihrem Dienst. Die Bruderschaft gründete auch ein Tuberkulose-Sanatorium und viele Schulen. An den Wochenenden und Abenden verließen sie ihre Skizzentische und predigten und lehrten in den Dörfern. Ihre Sonntagsschulen und Bibelklassen wuchsen zu weiteren Gemeinden heran. Die Bruderschaft versandte auch Postkarten mit der Botschaft des Evangeliums an fast alle Adressen in Japan.

Menthol, die „Jesus Medizin"

Nach einigen Jahren weitete sich die Arbeit der Omi Bruderschaft aus und sie gründeten Abteilungen für Erziehung und Bildung, für Wirtschaft, christlichen Glauben und zur Förderung von Menschen. Vories gelang es auch, die Produktionsrechte für Mentholöl in Japan zu erhalten. Nachdem er eine vorbildliche Fabrik errichtet hatte, stellte er hunderte Arbeiter an. Sehr bald vertrieben sie acht Millionen Packungen Menthol pro Jahr in Japan. Die Omi-Brüder bedruckten jede Flasche mit einem Etikett, worauf sie Leute einluden, mehr über Christus durch einen Bibelfernkurs zu erfahren. Dadurch kamen tausende Japaner zum lebendigen Glauben an Christus. Im ländlichen Japan fingen die Menschen an, Menthol die „Jesus-Medizin“ zu nennen.

Durch alle Unternehmungen der Bruderschaft wollte Vories „eine praktische Demonstration von christlicher Wirtschaft in der heutigen Welt“ geben.

Schließung der Firma, um Buße zu tun

Der vielleicht größte Beitrag der Bruderschaft war es, Japan einen neuen Weg zu lehren, wie man eine Firma führen sollte. Bis dahin wurden Korruption und Bestechung als der normale Weg angesehen, wie man Geschäfte macht. Vories stand für den klaren Grundsatz ein, dass „christliche Prinzipien für jeden Job angewandt werden, vom Zeichenbrett bis zur vollendeten Struktur.“ Dies schloss das Geben oder Annehmen von Bestechungsgeldern aus. Der Bruderschaft ein Bestechungsgeld anzubieten, bedeutete, sie als Architekten zu verlieren – oder auf Firmen bezogen, dass sie die Chance einbüßten, an einem Gebäude mitarbeiten zu dürfen.

Die Omi-Brüder schufen auch humane Arbeitsbedingungen für Arbeiter. Sie setzten eine 48-Stunden-Woche fest und erlaubten keine Arbeit am Sonntag. Sie traten dafür ein, sich gut um die Belange ihrer Mitarbeiter zu kümmern und keine überhöhten Gehälter für leitende Mitarbeiter zu gestatten. Sie konzentrierten sich darauf, dem Land dadurch zu dienen, dass sie notwendige Güter von guter Qualität zu vernünftigen Preisen produzierten. Als Folge davon wurde nie ein Streik in einer ihrer Fabriken organisiert oder irgendeine Arbeitsniederlegung.

Kein Wunder, dass Industrielle aus ganz Japan kamen, um Vories moderne Fabriken zu bestaunen und seine Managementprinzipien zu studieren. Wenn ihn diese Industriellen nach seinen Prinzipien für den Erfolg befragten, nutzte Vories die Gelegenheit, um sie die biblischen Prinzipien von Ökonomie, Leiterschaft und Unternehmen zu lehren.

Die Bruderschaft forderte auch persönliche Integrität in ihren Reihen. Als 1918 vier junge Mitglieder bei einer moralischen Verfehlung ertappt wurden, leitete Vories sie in öffentliche Buße, indem er ihre Büros schloss und für drei Tage die gesamte Arbeit in ihrer Firma ruhen ließ. Er sagte: „Nur eine Organisation, die bereit ist, sich selbst zu töten, um der Einhaltung ihrer Prinzipien willen, ist qualifiziert und würdig zu leben."

Im Jahr 1919 heiratete Vories die Tochter eines Adligen. Einige fürchteten, dass diese elegante Tochter eines Aristokraten namens Maki, ihn zu Kompromissen mit seinem Leben der Disziplin und Hingabe verleiten könnte. Stattdessen zog sie mit ihm in ein einfaches Häuschen und nutzte ihre Energie zusammen mit ihm, um ein modernes System von Schulen zu entwickeln, sowie Spielplätze, Kindertagesstätten, Abendschulen und Fortbildungsprogramme für ihre Mitarbeiter.

Im Jahr 1940 lobte eine führende Zeitung Tokyos Vories nicht nur als „den führenden Bürger von Omi-Hachiman, sondern als einen der führenden Bürger Japans." Schließlich wurde Vories im Januar 1941 ein japanischer Staatsbürger. Nur elf Monate später griffen die Japaner Pearl Harbor an und brachten ihn in die größte Verzweiflung.

Kapitel 22

Japans gründliche Veränderung

Während des Krieges kamen die Fabriken der Omi-Bruderschaft fast zum Stillstand, ihre Schulen wurden besetzt, und ihre religiöse Arbeit wurde stark eingeschränkt. Jüngere Mitglieder wurden in die Armee eingezogen und sehr viele wurden im Krieg getötet. Das Militär beschlagnahmte die meisten ihrer Fabriken. Nur der Bedarf der japanischen Armee nach Menthol verhinderte den völligen Zusammenbruch der Bruderschaft.

Dann verbreiteten Militärleiter das Gerücht, dass Vories ein amerikanischer Spion sei. Doch der Kaiser Hirohito sandte seinen Bruder nach Omi-Hachiman, um Vories zu unterstützen und den Angriff auf den Architekten, der gleichzeitig Missionar war, abzuwenden.

Während der letzten sieben Monate des Krieges suchten Vories und seine Frau Zuflucht in den Bergen. Sie mussten auf den Hügeln nach essbaren Blättern und Kräutern suchen, um nicht zu verhungern. Aber ihre Enteignung wurde schnell wieder rückgängig gemacht, als die Alliierten Japan besiegten und die Besetzung des Landes durch die US-Truppen begann. Jetzt war Vories in einer einmaligen Lage, da er einerseits gebürtiger Amerikaner, andererseits jedoch als Geschäftsmann völlig mit den japanischen Gepflogenheiten vertraut war und hohes Ansehen im ganzen Land genoss. Er wurde ein Verbindungsglied zwischen der neuen Regierung und der amerikanischen Besatzungsmacht, so dass er viel Zeit im kaiserlichen Palast und im Hauptquartier der Alliierten verbrachte.

Hilfe für einen früheren Feind

Während der Periode des Wiederaufbaus verbreitete Vories erneut den Sauerteig des Evangeliums und der biblischen Prinzipien. General Douglas MacArthur, der oberste Kommandeur der alliierten Streitkräfte, hatte sich den Wiederaufbau des früheren Feindeslandes zum Ziel gemacht und setzte daher eine ganze Reihe von nützlichen Reformen um. MacArthur erließ den berühmten Aufruf, dass 10.000 Missionare kommen sollten, um die Japaner zu lehren, auf eine neue Weise zu leben – doch nur einige Hundert antworteten auf den Ruf.

Andere Alliierte setzten General MacArthur unter Druck, das japanische Volk und alle seine Leiter zu bestrafen. Die Russen drohten damit, zu kommen und ihren Anteil des Landes zu besetzen, um sicherzustellen, dass gerechte Strafen erlassen würden. Aber MacArthur setzte sich durch. Der General schrieb an den US-Finanzminister Henry Morgenthau, dass er „in das Land ihres besiegten Feindes den Trost, die Hoffnung und den Glauben der christlichen Moral bringen wolle".

General MacArthur setzte sich ehrgeizige Ziele, um die Nation zu reformieren. Er entfernte alle Einschränkungen für politische, öffentliche und religiöse Aktivitäten. Auch brachte er die schlimmsten Kriegsverbrecher Japans vor Gericht, damit sie ein gerechtes Urteil empfingen. Er ließ jedoch alle übrigen politischen Gefangenen frei. Zudem organisierte er Hilfsprogramme, um den Bauern zu helfen, die zum Kampf im Krieg und zu extrem hohen Steuern gezwungen worden waren. Er befahl den US-Truppen, keine Nahrung zu essen, die das notleidende Volk benötigte, und bat die US-Regierung, mehr Lebensmittel zu senden.

Künftige Industrielle auf dem Klassenfoto

Angesichts dieser guten Taten fing das japanische Volk an, Zuversicht zu gewinnen, dass die USA ihrem Land wirklich helfen würden. General MacArthur ließ Japans neue Verfassung nach dem Muster der Vereinigten Staaten entwickeln. Frauen erhielten das Wahlrecht, und Japans erstes demokratisch gewähltes Parlament machte die Frauen vor dem Gesetz den Männern gleich. Bald entstanden Universitäten für Frauen, und die ersten Frauen wurden in öffentliche Ämter gewählt. MacArthur organisierte auch das Bildungssystem neu. Er brachte außerdem sorgfältig ausgesuchte Geschäftsleute ins Land, um den Japanern dabei zu helfen, die Grundlagen für eine neue Wirtschaft zu legen. Jahre später sah ich ein interessantes Foto in einem Forbes Magazin, das während dieser Zeit aufgenommen wurde. Junge Japaner posierten darauf mit ihren amerikanischen Lehrern. Ich las die Namen der Studenten und erkannte darunter mehrere, die heute als globale Markennamen in der Welt bekannt sind.

Die Japaner verbrachten die Jahre nach dem zweiten Weltkrieg mit einer wichtigen Zeit des Reflektierens und der Selbstbetrachtung. Sie hatten den Krieg aus religiösen und nationalistischen Gründen geführt. Die Japaner glaubten, dass ihr Kaiser ein Gott ist, und ihre Rasse allen anderen überlegen sei. Als ihre niederschmetternde Niederlage diesen Glauben widerlegte waren sie offen für neue Ideen.

Jemand, der ihnen auf diesem neuen Weg half, war ein Mann, der ihr Vertrauen über Jahrzehnte gewonnen hatte – Vories. In Adventures for God sagt Clarence Hall: „Unter MacArthurs wohlwollenden Reformen, die stark vom christlichen Glauben getragen wurden, erlebte Vories, dass die Japaner sehr offen waren, mehr über das Christentum zu lernen."

Die Japaner luden Vories ein, in Universitäten zu lehren, evangelistische Versammlungen zu halten und sich mit Leitern der Regierung zu treffen, um über „die geistlichen Aspekte von Demokratie" auszutauschen. Der Palast des Kaisers lud ihn sogar mehrere Male ein, um mit dem Kaiser über „christliche Demokratie" zu sprechen.

Doch es gab noch eine weitere wichtige Veränderung. Die neue Verfassung sorgte für Gleichheit unter dem japanischen Volk. Durch Vories' Einsatz umfasste diese neue Gleichheit auch die Eta oder „unreine" Klasse, die seit Jahrhunderten von allen Rechten ausgeschlossen war, vergleichbar der Kaste der „Unberührbaren" in

Indien. Dies war nur ein weiterer Weg, wie Gott nach all dem Bösen der Kriegsjahre Segen in dieses Land brachte. Er schuf einen Neubeginn für Japan, indem Er einen Missionar, einen General und ein suchendes Volk gebrauchte.

Als die Amerikaner den Japanern halfen, ihr Land – einschließlich ihrer Verfassung – neu aufzubauen, gaben sie Aspekte der US-Kultur weiter, welche auf der Bibel basieren. Doch die japanische Ehrlichkeit, was materiellen Besitz betrifft – ein grundlegendes Prinzip ihrer Kultur – ging sogar über das hinaus, was die Amerikaner sie lehren konnten. Dieser kulturelle Wert, in Verbindung mit der Wirkung des guten Sauerteigs durch William Vories und die Omi-Brüder, half dabei, den wirtschaftlichen Aufstieg Japans zu ermöglichen.

Jeder ist verantwortlich, der Wahrheit Gottes zu gehorchen – jede Person und jede Nation. Im Alten Testament in 5. Mose 28 lesen wir: Wenn wir den Prinzipien des Buches gehorchen werden wir gesegnet; wenn wir nicht gehorchen ziehen wir uns den Fluch zu. Wenn wir tun, was Gott sagte, werden wir hier auf der Erde gesegnet sein, selbst wenn wir keine Bibel haben oder Jesus – den größten Segen von allen – nicht kennen. Gottes Prinzipien sind wirkungsvoll, selbst wenn sie von Ungläubigen befolgt werden, wie es in Japan der Fall war. Wenn wir auf der anderen Seite den Prinzipien von Gottes Wort nicht folgen, dann werden wir Versagen und Niederlagen erleben. Dies ist wahr für jede Nation der Erde, ganz gleich wie großartig ihr kulturelles Erbe ist.

Kapitel 23

Afrika – Große Herausforderungen, große Hoffnung

Ich habe in jedem Land Afrikas gedient, indem ich den Kontinent seit 1961 jedes Jahr besuchte. Dabei liebe ich es, in großen Gemeinden von afrikanischen Gläubigen zu sein und an ihrem begeisterten Lobpreis und Feiern teilzuhaben. Im Dezember 2002 hatte ich das Vorrecht, auf einem offenen Paradeplatz zu stehen und zu mehr als einer Million Nigerianern gleichzeitig zu sprechen. Mein Freund Reinhard Bonnke spricht oft zu Menschenmengen von bis zu zwei Millionen in Afrika, und erlebt, wie Hunderttausende gerettet werden und dramatische Heilungswunder geschehen.

Ich staune über die kraftvolle Evangelisation und das Gemeindewachstum der Afrikaner. Im Jahr 1900 waren weniger als 10 Prozent der Afrikaner Christen. Bis zum Jahr 2000 stieg diese Zahl auf mehr als 45 Prozent an, die sich als Teil einer christlichen Kirche sehen. Diese Zahl liegt mittlerweile für einige Regionen Afrikas südlich der Sahara bei fast 70 Prozent.

Afrikanische Christen verbreiten ihren Glauben auch über ihre regionalen und nationalen Grenzen hinaus. Viele Afrikaner sind als Missionare nach Europa gegangen, um dort den nachlassenden Glauben neu zu erwecken. Im Jahr 2000 waren es geschätzte 13.000 Missionare aus Afrika, die in anderen Kulturkreisen dienten. Trotz alledem bricht Afrika mir das Herz.

Heimgesucht von Tragödien

Auf dem ganzen Kontinent leiden die Völker Afrikas unter großen persönlichen und wirtschaftlichen Problemen. Viele Länder haben mit extremer Armut, Hungersnot, Dürre, Korruption, Bürgerkriegen und Krankheiten zu kämpfen.

AIDS hat eine ganze Generation als Opfer gefordert, was die Hungersnöte und die Armut weiter verstärkte. In einigen Ländern liegt die AIDS-Rate bei 40 Prozent – mehr als siebenmal höher als der weltweite Durchschnitt. Mit nur 10 Prozent der Weltbevölkerung leben in Afrika zwei Drittel aller AIDS-Kranken der Welt. Fast 26 Millionen Afrikaner haben AIDS.

Wir können von diesen Zahlen überfordert werden – sie sind mehr, als wir verkraften können. Hilfsorganisationen berichten von ganzen Dörfern, in denen nur noch Kinder wohnen, und wo junge Mädchen und Jungen den Boden bearbeiten, um Nahrung für ihre noch jüngeren Schwestern und Brüder zu erwirtschaften. Zwölf Millionen afrikanische Kinder haben einen oder beide Elternteile durch AIDS verloren. Stell dir eine Stadt vor, die so groß ist wie New York und in der nur Waisenkinder wohnen!

Wir können uns dies kaum vorstellen, doch das Leid ist noch viel größer. Afrikaner haben sechs Millionen ihrer Nachbarn in Bürgerkriegen getötet: in Sierra Leone, Angola, Liberia, Kongo und im Sudan. In Ruanda wurden im Jahr 1994 eine Million der eigenen Bevölkerung innerhalb von 100 grausamen Tagen getötet.

Doch die Bürgerkriege und AIDS-Epidemien sind nur zwei von vielen Katastrophen, die Afrika bedrohen. Es gibt viele weitere. Wir sind betrübt darüber, und Gott ist es ebenfalls.

Stammestreue, Animismus und Kolonialismus

Wo hat die Kirche versagt? Wie können solche Tragödien auf einem Kontinent mit so vielen Gläubigen geschehen? Zuerst müssen wir uns fragen, wie viele der statistisch aufgeführten Millionen von Gläubigen wirklich treue Christen sind. Animismus, insbesondere die Anbetung der Vorfahren und das Festhalten an Fetischen, hält immer noch viele derer, die in eine Gemeinde gehen, gefangen. Diese heidnischen Wege werden durch eine noch stärkere afrikanische Loyalität gefestigt – Treue zu den Stämmen. Die Stammestreue (Tribalismus) ist auch die Wurzel der Bürgerkriege, durch die bereits so viele getötet wurden.

Es ist nichts wesenhaft Schlechtes an Volksstämmen. Apostelgeschichte 17,26 sagt, dass Gott jede Nation gemacht hat. Das griechische Wort für „Nation" ist hier ethne, was mehr unserem Wort für Volksstamm entspricht. In der Bibel segnete Gott Völker immer dann, wenn sie mit Seinem Wort in Übereinstimmung kamen und den Einfluss ihrer animistischen oder Naturreligionen aufgaben. Heute müssen sich die Volksstämme Afrikas von falschem Glauben an Götzen lösen, der sie seit vielen Jahrhunderten gebunden hält. Jedes Mal, wenn die Treue zu alten Stammesriten mit dem Gehorsam gegenüber Gottes Wort in Konflikt steht, muss die Treue zu Gott den ersten Platz einnehmen. Das wird Afrika in die Freiheit führen.

Wir haben eine Mitschuld

Ich glaube, dass ein Teil der Schuld für Afrikas Not die Kirche des Westens trifft. Wir waren treuer darin, Jesu Befehl aus Markus 16,15 zu gehorchen, die gute Nachricht der Errettung jedem Menschen zu predigen, als Seinem Befehl aus Matthäus 28,19-20, alle Nationen zu Jüngern zu machen und sie zu lehren. Generationen von treuen Missionaren haben die Afrikaner zu Christus geführt. Doch haben wir sie auch die Prinzipien des Wortes Gottes gelehrt, wie sie ihr Familienleben gestalten, erfolgreich Firmen aufbauen und ihre Länder regieren können?

Der Kolonialismus verunreinigte die Missionsarbeit in Afrika für mehr als einhundert Jahre. Dieselben Nationen, die Missionare sandten, schickten auch ausbeuterische Kolonialherren. Der Westen legte vor vielen Jahren die Grundlage für die herzzerbrechenden

Bürgerkriege, die wir heute erleben. Europäische Kolonialmächte trennten manche Volksgruppen und Stämme, und legten wiederum andere zusammen, indem sie nationale Grenzen neu zogen, so wie es europäischen Interessen passte. Manches Mal setzten Ausländer mit einem begrenzten Verständnis der lokalen und kulturellen Kräfte kleinere Minderheiten-Stämme über größere Stämme.

Der vielleicht größte Schaden, den wir bewirkten, war unsere Bevormundung der Afrikaner. Zu lange beließen Missionare ihre Bekehrten in einem geistlichen Kindheitsstadium und trainierten sie nicht für Leiterschaft. In Ostafrika erzählte mir ein junger Mann: „Die Missionare lehrten uns, wie man liest, aber die Kommunisten gaben uns etwas zu lesen.“ Ich erinnere mich an eine Geschichte, die ich im Jahr 1961 hörte, als die Kolonialherrschaft an den letzten Orten zu Ende ging. Eine Gruppe von Afrikanern saß im Kongo an einem Fluss und wartete geduldig darauf, dass die „Freiheit“ kommen würde. Sie dachten, diese wäre eine Sache, etwas, das auf einem der Boote des Flusses ankommen würde.

Wo würde Afrika heute stehen, wenn es einen afrikanischen John Calvin oder Hans Nielsen Hauge im 19. Jahrhundert gegeben hätte, der die Bibel durchforscht hätte, um das Volk zu lehren, wie man ein gottgefälliges Land baut?

Eine Bibel, eine Rasse

Wir sehen die Auswirkung dieser Bevormundung der Vergangenheit in vielen Bereichen, und sie reicht sehr tief. Nachdem ich in einer Versammlung in Nigeria im Jahr 1961 darüber gepredigt hatte, dass die Jugend Nigerias als Missionare hinausgehen sollte, tadelte mich ein alter, erfahrener Missionar aus dem Westen: „Weißt du nicht, dass Gott nicht will, dass die Afrikaner Missionare werden? Wir sind die Missionare. Sie sind die Einheimischen.“ Ich war von seiner Reaktion erstaunt und sagte ihm: „Ihre Bibeln enthalten dieselbe Botschaft wie meine Bibel.“ Solcher Rassismus existiert noch heute. Hier ist die andere Seite der Medaille. Kürzlich sah ich im Fernsehen eine Diskussionsrunde. Führende geistliche Leiter der USA tauschten sich über einen Sexskandal aus, der großes Medieninteresse erregt hatte. Ein Leiter in der Runde, ein evangelikaler Pastor, gab zu bedenken, dass unsere Idee von sexueller Unmoral kulturell geprägt sei, und dass die Standards von Unmoral für afrikanische Amerikaner ganz andere seien als für Weiße. Das würde bedeuten, dass die Zehn Gebote für schwarze Menschen nicht auf dieselbe Weise anwendbar sind, wie für weiße Menschen.

Diese zwei Beispiele – aus Nigeria und den USA – reflektieren einen tief sitzenden Rassismus. Meine Antwort darauf ist, dass es nur eine Rasse gibt: die menschliche Rasse. Wir stammen alle von Adam und Eva ab. Und wir haben eine Bibel für diese eine Rasse von Menschen. Die Wahrheiten des Buches sind auf jeden anwendbar. Wir alle sind im Ebenbild Gottes geschaffen. Wir alle können die Wahrheit kennen. Und wir sind alle dafür verantwortlich, in jedem Bereich unseres Lebens und unserer Gesellschaft gemäß der Wahrheit zu leben.

Charakter entwickelt sich von einer Entscheidung zur anderen. Persönliche Errettung kann augenblicklich geschehen, doch Charakter muss mit der Zeit entwickelt werden. Wir müssen jede Nation und jedes Volk die Prinzipien des Wortes Gottes lehren. Hans Nielsen Hauge sagte seinen Nachfolgern: „Dies ist Gottes Buch, und es gilt für jeden Bereich des Lebens." Hauge glaubte es und setzte es um. Die Geschichte Norwegens steht als ein Monument, wie schnell das Buch eine Nation verändern kann.

Ich habe große Hoffnung für Afrika und glaube, dass wir diesen Kontinent geheilt und transformiert sehen werden. Dafür sehe ich viele Zeichen der Ermutigung.

Afrikanische Helden

In den letzten Jahren ist mir etwas Neues aufgefallen – Afrikaner (sowohl in Afrika selbst als auch in anderen Ländern der Welt) erlangen plötzlich Berühmtheit. Hier einige Beispiele.

Bis zum Jahr 2007 war ein Afrikaner der Generalsekretär der Vereinten Nationen, Kofi Annan. Eine der mächtigsten Personen der Welt war die US-Außenministerin Condoleezza Rice, eine Afro-Amerikanerin. Ihr Vorgänger, General Colin Powell ist ebenfalls Afro-Amerikaner. Und seit Januar 2009 ist mit Barak Obama sogar der erste Schwarze Präsident der Vereinigten Staaten geworden. Die am höchsten bezahlte Person in der Unterhaltungsbranche in den USA ist eine Schwarze – Milliardärin und Philanthropin Oprah Winfrey, die ein Multi-Millionen-Dollar Verlags- und Medien-Unternehmen leitet. Und was wäre die Welt des Sports ohne Afrikaner aus allen Teilen der Welt? Im Basketball, Baseball, Fußball, Tennis und Boxsport dominieren Schwarze die Olympiade sowie den professionellen Sport in vielen Sportarten. Von Pele bis Michael Jordan, von Tiger Woods bis zu den Williams Schwestern sind viele der besten Athleten der Welt afrikanischer Abstammung.

Afrikanische Nachkommen sind erfolgreich in der Unterhaltung, im Fernsehen und in Filmrollen. Talentierte Komiker wie Bill Cosby und viele andere haben Millionen zum Lachen gebracht. Halle Berry, Denzel Washington, Jamie Foxx und Morgan Freeman sind nur einige, die einen Oskar für hervorragende schauspielerische Leistungen gewonnen haben.

Söhne und Töchter aus Afrika haben die Musikwelt bereichert, indem sie neue Formen der Musik im Jazz, Gospel, Blues, Rock, Reggae, Hip-Hop und Rap entwickelt haben. Die Melodien und Rhythmen dieser Musikstile haben sich in Amerika und auf der ganzen Welt ausgebreitet. In ihnen allen kann ich den besonderen Beat wahrnehmen, mit dem ich viele Nächte in Afrika eingeschlafen bin.

Dies sind nur einige wenige Beispiele, doch ich glaube, dass dahinter ein Trend steht. Gott zeigt uns, dass Er große Dinge mit den Afrikanern vorhat – denen in Afrika und denen in anderen Teilen der Welt. Während ich jedes Land Afrikas bereiste habe ich einen Eindruck von Gottes Traum für diese Menschen erhalten. Er hat den Kontinent auf so überschwängliche Weise mit so viel Schönheit und vielen Schätzen gesegnet.

Was sind Gottes Pläne für Afrika?

Begleite mich auf eine Reise im Geist nach Afrika. Die größte Wüste der Welt, die Sahara, verschlägt einem den Atem mit ihren riesigen Dünen, die golden in der Sonne leuchten. In einen Zoo zu gehen erscheint sehr langweilig und zahm, nachdem man die Kalahari besuchte oder nachdem man die Staubwolken gesehen und den Donner tausender Zebras gehört hat, die durch die Serengeti galoppieren. Komm, um auf einem Berg in Kenia zu stehen und in der Ferne einen blauen See mit einem Ring in rosa zu sehen – der Farbe unzähliger Flamingos, die am Ufer entlang waten. Oder fahre in der weiten Ebene umher und sieh Elefanten und Giraffen entlang schlendern, die innehalten, um Blätter von Bäumen abzubeißen. Die Haut kribbelt beim Brüllen des Löwen, der auf Brautschau ist, oder des sich kräuselnden Wassers von dahingleitenden Krokodilen.

Beim Besuch der riesigen smaragdgrünen Dschungel in Westafrika oder dem weiten Rifftal im Osten, denkt man, man wäre im Garten Eden gelandet.

Unser großer, künstlerischer Gott hat diese und viele andere Wunder Afrikas geschaffen. Was sind Seine Pläne für diesen Kontinent und die Völker, die auf ihm leben? Er hat dort mehr Gold, mehr Diamanten, mehr Plutonium und Kupfer als an jedem anderen Ort der Erde verborgen. Afrika hat genug landwirtschaftlich nutzbares Land, um einen Großteil der Menschheit zu versorgen. Der Kontinent hat mehr Potenzial für Transformation von Wasserkraft in Strom als der Rest der Welt zusammen, ebenso wie riesige Vorkommen an Kohle und Öl.

Wenn diese Ressourcen durch die Afrikaner weise zum Wohle Afrikas genutzt werden, dann kann dieser Kontinent zu neuer Gesundheit und neuem Wohlstand erblühen. Leider wurden die afrikanischen Völker seit viel zu langer Zeit versklavt, vergewaltigt, missbraucht, aufgrund von Vorurteilen verachtet, gehasst oder einfach ignoriert. Ihre großen Schätze wurden häufig gesammelt und von anderen genutzt – sogar gestohlen – ohne dass die Afrikaner selbst einen Nutzen davon hatten. Stattdessen plünderten Ausländer ihre Bodenschätze, und bereicherten sich Diktatoren und Militärführer an ihnen. Sie richteten Blutbäder an, verursachten Hungersnöte und führten sogar die modernen Formen der Sklaverei von Schwarzen durch Schwarze wieder ein.

Doch Gott hat sie nicht vergessen. Während des 20. Jahrhunderts wuchs die Zahl der gläubigen Christen in Afrika von 8 auf 351 Millionen. Heute senden afrikanische Gemeinden ihre Missionare und geistlichen Leiter in alle Kontinente aus. Der nigerianische Pastor Sunday Adelaja leitet die größte Gemeinde Europas. Ich predigte in seiner Gemeinde in Kiev in der Ukraine vor tausenden seiner Mitglieder in der Hauptgemeinde, die viele zehntausende Mitglieder in Zweiggemeinden im ganzen Land umfasst.

Im Jahr 1998 versammelte Dr. E. A. Adeboye in Nigeria die größte Anzahl von Gläubigen in der Geschichte der Christenheit – geschätzte sieben Millionen Menschen für eine Gebetsversammlung von 6 Uhr abends bis 6 Uhr morgens für drei aufeinander folgende Nächte. Pastor Adeboye sagte mir, dass seine Gemeinde tausende von Gemeinden in 59 Nationen gegründet hat.

Der Afro-Amerikaner Dr. T. D. Jakes leitet eine der größten Gemeinden Nordamerikas, das Potters House in Dallas, Texas, mit 35.000 Mitgliedern.

Vor einiger Zeit besuchte ich den engen Lagerraum in Sansibar, wo arabische Händler einst unzählige tausende afrikanischer Sklaven an andere Araber, Europäer und Amerikaner verkauften. Ich sah unter einem Baum das Podest für die Auktionen, auf dem sie gedemütigt und geschlagen stehen mussten und wo sie wie Tiere verkauft wurden. Ich konnte nur staunen über den schnellen Aufstieg zur Größe, den die Afrikaner geschafft haben.

Ich habe so viel Hoffnung für Afrika. Ein Mann, der mir Hoffnung gibt, ist George Kinoti, ein Professor der Zoologie an der Nairobi Universität. Herr Kinoti ist wie ein afrikanischer Hauge oder ein William Carey. Er arbeitet an der Transformation der Nation Kenia. Wenn andere wie er in den Nationen Afrikas aufstehen, um die Millionen Neubekehrter zu Jüngern Jesu zu machen, wer kann sagen, was alles noch geschehen wird? Ich glaube, dass Afrika zu einem Kontinent großen Lichtes sowie ein Beispiel der erlösenden Kraft Gottes und Seines Wortes für die ganze Welt werden kann. Wenn eine ausreichende Anzahl von Afrikanern nicht nur die Bibel liest oder zitiert, sondern ihren Inhalt auf ihr Leben anwendet, dann wird Afrika sich radikal und von Grund auf verändern.

Kapitel 24

Lateinamerika: Verspätete Hoffnung

Ich liebe Lateinamerika bereits seit langer Zeit. Einige meiner frühesten Kindheitserinnerungen sind die sonnigen Kleinstädte an der mexikanischen Grenze von Arizona und Kalifornien, wo ich meine ersten Freundschaften mit Mexikanern schloss. Als Teenager in Kalifornien hörte ich gern spanische Radiosender und übte dabei eine für mich neue Sprache. Meine erste Missionsreise im Alter von siebzehn Jahren führte mich nach Mexiko, und als Erwachsener besuchte ich später jede Nation Lateinamerikas.

Wie betrachten wir Lateinamerika in Hinblick auf die Bibel? Auf den ersten Blick scheint es eine Region zu sein, die seit Jahrhunderten dem Christentum anhängt. Gott hat diesen Teil der Welt mit jeder Art von natürlichen Bodenschätzen gesegnet. Doch für den größten Teil der Geschichte wurde Lateinamerika von korrupten, instabilen Regierungen geplagt. Große Kämpfe um Reichtum und Herrschaft spalteten die meisten Völker, mit einer Handvoll Reichen an der Spitze, einer Masse von Armen ganz unten, und fast keiner Mittelschicht dazwischen.

Wie konnte es geschehen, dass die Nationen Lateinamerikas die Kirche so lange in ihrer Mitte haben konnten und dennoch fast keine der Segnungen genossen, die wir zuvor beschrieben haben? Vor allem zwei Faktoren haben die Wirkung der Bibel in Lateinamerika geschwächt: Der Geist des Nahen Ostens und das Problem des Synkretismus – der Vermischung von Christentum und Heidentum.

Der Geist des Nahen Ostens in Lateinamerika

Der Geist und die Weltanschauung des Nahen Ostens hat die Kultur durchdrungen. Wir müssen uns daran erinnern, dass die Mauren, ein muslimisches Volk, für viele Jahrhunderte fast die gesamte iberische Halbinsel beherrschten, die später zu Spanien und Portugal wurde. Sie kamen im 8. Jahrhundert mit dem Schwert, um ihre Religion zu verbreiten. Die Mauren wurden erst Ende des 15. Jahrhunderts vertrieben, als Königin Isabella und König Ferdinand den letzten Rest Spaniens im Jahre 1492 eroberten. Als die Spanier zum ersten Mal in der „Neuen Welt" mit ihren Schiffen landeten, war die von Christen dominierte Regierung Spaniens noch sehr jung.

Mehrere Kennzeichen belegen den starken Einfluss des Nahen Ostens auf Spanien und Portugal. Man kann diesen Einfluss noch heute in der spanischen Sprache erkennen, zum Beispiel die spanischen und arabischen Worte für „Hemd": camisa und kamis. Beide Sprachen haben auch fast dasselbe Wort für „Hosen", nämlich pantalones und bantalon. Der spanische Ausruf „Ojala!" kommt von „inshallah", was so viel bedeutet wie: „Was immer Allah will".

Wenn wir uns die Verbindungen zwischen Worten dieser beiden Sprachen anschauen, können wir die Verknüpfung zwischen Ideen und Weltanschauung entdecken. Auf diese Weise kann man erkennen, dass Spanien und Portugal den Geist des Nahen Ostens übernahmen. Sie haben denselben Fatalismus und Schicksalsglauben. Der Glaube „Was immer Allah will" stimmt mit dem spanischen „que sera sera" überein, „was sein wird, wird sein". Diese Formulierungen offenbaren den Glauben, dass unsere Entscheidungen keine Rolle spielen – die Zukunft ist bereits vorherbestimmt.

Eine weitere Ähnlichkeit des Weltbildes hat mit der „Machismo"-Idee der Männlichkeit in der Latino-Kultur zu tun, welche sehr dem Konzept des Islam im Nahen Osten ähnelt. Frauen haben keinen Wert in sich selbst; sie haben nur einen Wert aufgrund dessen, was sie den Männern beisteuern. Und beide Kulturen haben einen doppelten Standard, was das akzeptable Verhalten der beiden Geschlechter betrifft. Gemäß dem religiösen Gesetz kann ein muslimischer Mann vier Frauen haben. In der Latino-Kultur ist es in Ordnung, wenn ein Mann noch mehrere Geliebte neben seinen Frauen unterhält.

Grausamer als ihre Herren

Eine weitere Ähnlichkeit sehen wir in der Geschichte der Bekehrungen durch das Schwert. Muslime sind bekannt dafür, dass sie ihre Religion durch die härtesten Mittel verbreiteten. Sie gebrauchten ihr Schwert, um die Menschen der iberischen Halbinsel zu bekehren. Einige Historiker sagen, dass Muslime die Bekehrung durch das Schwert von Christen lernten, was auf die Zeit von Konstantin zurückgehe. Aus welchem Grund auch immer wurde diese Brutalität akzeptiert und über viele Generationen weitergereicht, was zu viel Blutvergießen im Namen Gottes führte. Als die Menschen der iberischen Halbinsel die Mauren besiegten zogen sie ihrerseits aus und eroberten neue Länder, indem sie dasselbe Verhalten wiederholten. Sie unterdrückten die fremden Völker sogar noch stärker und waren weniger tolerant als es die Mauren in Iberia gewesen waren.

Königin Isabella verlangte, dass die „Conquistadoren", welche mit ihrem Schwert Länder eroberten, von Missionaren begleitet wurden. Ihre Entschuldigung für die Eroberungen war, dass sie den Heiden das Evangelium brachten. Doch die Eroberer vergewaltigten die Frauen und raubten das Gold. In einem Bericht lesen wir, dass die Eroberer die Indianer brutal aufschlitzten, wie Metzger das Fleisch für den Markt zerteilen. Die Spanier nutzten häufig Hunde, um gegen diese „nackten Menschen" zu kämpfen und sie in Stücke zu reißen. Stellen wir uns einmal vor, wie es gewesen sein muss, das Evangelium in solch einer Umgebung zu hören. Unter dem spanischen Gesetz konnten Katholiken nicht versklavt werden. So wurde den Einheimischen die Wahl gelassen, indem sie durch einen Übersetzer gefragt wurden: „Willst du ein Christ sein?"

Sagte er „Nein!" so war die Antwort: „Nehmt ihn mit als Sklave in die Silbermine."

Dann fragten sie den nächsten: „Willst du ein Christ sein?"

„O ja! Ich wollte schon immer ein Christ sein!"

Dann ließen sie den „Bekehrten" niederknien und übergaben ihn dem Missionar zur Taufe.

Das war die Weise, wie viele einheimische Menschen „evangelisiert" wurden. Thomas S. Giles schreibt in seinem Artikel „Wie reagierten die einheimischen Amerikaner auf das Christentum?" über einen spanischen Beamten in Zentralamerika, der im Jahr 1514 von Dorf zu Dorf ging: „Bevor sie in ein Dorf kamen, riefen sie laut aus: ‚Ihr Häuptlinge und Indianer, es gibt einen Gott, einen Papst und einen König von Kastilien, der Herr über dieses Land ist. Kommt und versprecht ihm sogleich euren Gehorsam und unterwerft euch ihm, oder wir werden Krieg mit euch führen und euch töten oder versklaven.'"

Das Fehlen der Bibel

Die Einheimischen haben sich auf diese Weise vielleicht „bekehrt", was in Lateinamerika jedoch fehlte, war jegliche reformatorische Bewegung. Dies behinderte über Jahrhunderte ihre Entwicklung. Die größte Bremse und das größte Hindernis für Segen und Freiheit in Lateinamerika war das Fehlen von Gottes Wort. Anders als die Reformatoren in Europa ermutigten die frühen Missionare der Neuen Welt die Volksgruppen nicht, selbst die Bibel zu lesen. Sie folgten den Beschlüssen des Konzils von Trient (vier Tagungen von 1545-1563), wodurch die Bibel offiziell aus den Händen des Volkes genommen wurde, indem man sagte, dass alle Menschen der Kirche und ihren Repräsentanten vertrauen sollten, „die wahre Bedeutung und Auslegung der heiligen Schriften" zu verkünden.

Natürlich gab es auch viele gute Missionare, die alles taten, um den Einheimischen zu dienen, wie der Spielfilm „Die Mission" zeigt. Franziskaner, Dominikaner und Männer wie Bartolome de Las Casas führten ein aufopferndes Leben in Liebe für die einheimischen Völker. Doch die weit verbreitete Grausamkeit der frühen

Eroberer säte den Samen für ein Erbe des Hasses in ganz Lateinamerika. Las Casas berichtet von einem einheimischen Häuptling in Cuba namens Hatuey, den der Gouverneur bei lebendigem Leib verbrennen ließ. Bevor sie ihn umbrachten fragten sie Häuptling Hatuey, ob er das Christentum annehmen wolle. Dieser fragte: „Werde ich den weißen Mann im Himmel wiedersehen?“ Als sie seine Frage bejahten, antwortete der Häuptling: „Dann will ich kein Christ sein, denn ich will nicht noch einmal an einen Ort, an dem ich solch grausamen Menschen begegne!“

Vermischung von Christentum und Heidentum

Wenn man solch traurige Berichte liest kann es einen nicht verwundern, wenn diese unterworfenen Völker nach Wegen suchten, um ihren alten Glauben zu bewahren. Dies ist das zweite große Hindernis für die gesunde Entwicklung Lateinamerikas: Synkretismus – die Vermischung des Evangeliums mit heidnischen Praktiken. Viele Lateinamerikaner praktizieren die Wahrheiten Jesu in keinster Weise. Was sie praktizieren ist ein Christo-Heidentum: eine Mischung aus Teilen der Bibel und Anteilen ihrer Vergangenheit.

Antike Götter werden zusammen mit christlichen Heiligen angebetet, was oft zu einem Mischwesen aus einem alten Gott und einer bekannten Person der Kirche führt. Viele Schamanen und Geistheiler beanspruchen eine gleiche oder höhere Autorität als Geistliche der Kirche. Das Neujahrsfest in Rio de Janeiro ist ein lebendiges Beispiel dafür. Tausende Christen versammeln sich am Strand, um Geistern Opfer in Form von Früchten, Nahrung, teurem Parfüm, Likör und Geld darzubringen, die sie auf winzigen Booten auf dem Wasser aussetzen.

Immer wieder habe ich von Geistlichen gehört, die ihre Füße in beiden Welten haben, indem sie versuchen, Christentum mit Macumba oder anderen spiritistischen Praktiken zu vereinen. Bei vielen Brasilianern ist es Brauch, am Abend an einem Ritual teilzunehmen, bei dem sie dämonische Geister einladen, von ihnen Besitz zu nehmen – und dann am nächsten Morgen zur Messe zu gehen.

Ich weiß, dass diese Praktiken viele Priester und Nonnen bekümmern. Die Bibel verbietet all diese Praktiken streng. Es sind Werke der Finsternis. Wahrheit macht Menschen frei, aber Täuschung führte sie in Bindungen. Sie führt auch zu Verarmung, Unwissenheit und Furcht.

Trotz allem, was seit Jahrhunderten den Fortschritt behindert, ist die gute Nachricht, dass sich Lateinamerika heute auf schnelle und dramatische Weise verändert. Gebundenheit wird in diesen Ländern durch eine Freiheit des Geistes Gottes ersetzt.

Kapitel 25

Der Wind des Geistes in Lateinamerika

In den letzten Jahrzehnten fand ein dramatisches Wachstum von biblischem Glauben in den Nationen Lateinamerikas statt. Wenn man sich die phänomenalen Zahlen ansieht, dann sind diese fast nicht zu glauben. Doch ich habe selbst über die Jahre das Wachstum in einem Land nach dem anderen in dieser Region verfolgen können. Nehmen wir zum Beispiel Brasilien. Anfang des 20. Jahrhunderts kamen Gunnar Vingren und Daniel Berg in Belem an, einer Stadt an der Mündung des Amazonas. Diese beiden jungen Schweden waren stark durch die Azuza-Street-Erweckung beeinflusst worden. Als sie begannen, den Armen der Stadt zu predigen, von denen die meisten Analphabeten waren, reagierten Tausende auf das Evangelium. An nur einem Tag, am 19. November 1910, standen Vingren und Berg bei 40 Grad Celsius und 95 Prozent Luftfeuchtigkeit in der heißen Sonne und tauften mehr als 50.000 Neubekehrte. Man stelle sich das einmal vor! Das sind mehr als 16 Mal mehr als am Pfingsttag getauft wurden!

Daraus entstand eine Bewegung, die bis heute auf mehr als 17 Millionen Mitglieder allein in einer Denomination, den Assemblies of God von Brasilien, angewachsen ist, sowie viele weitere Millionen in anderen Pfingstkirchen und charismatischen Gemeinden.

Oder denken wir an Chile. Als ich 1961 das erste Mal dort war besuchte ich die methodistische Pfingstkirche von Santiago de Chile. Sie berichteten mir, dass es die größte Pfingstgemeinde der Welt sei, die damals bereits 160.000 Mitglieder hatte. Ich stand in ihrem großen Saal und staunte über den Anblick von 600 Gitarren, die an der Wand standen und auf den nächsten Gottesdienst warteten.

In ganz Lateinamerika nehmen die Zahlen der Pfingstler und Charismatiker weiter explosiv zu, so dass es von ihnen 1990 bereits 151 Millionen und im Jahr 2000 circa 181 Millionen gab.

Ein Buch, das er nie gesehen hatte

Wie ist dieses spektakuläre Wachstum zu erklären? Hauptsächlich kam es dadurch zustande, dass Leiter sich dem Wort Gottes zuwandten und anfingen, es ihre Leute zu lehren. Vor kurzem war ich zum Beispiel in Mexiko City, um in einer großen Gemeinde zu sprechen, die von Pastor Vega gegründet wurde. Nachdem ich 800 seiner Leiter gelehrt hatte, ging ich in ihren großen Saal für den Sonntagmorgengottesdienst. Als ich mit Pastor Vega hinter der Bühne wartete, bat ich ihn, mir seine Geschichte zu erzählen.

„Es ist ganz einfach", sagte er. „Ich war ein Laie und ein Leiter in meiner Gemeinde. Ich war schon immer ein eifriger Leser und las manchmal mehrere Bücher pro Woche."

Dann gab ihm jemand eine Bibel. „Ich hatte nie zuvor eine Bibel in meinem Leben gesehen", sagte er. Er fing an, sie zu lesen. Nachdem er sie durchgelesen hatte, merkte er, dass er sie nicht verstanden hatte, also fing er noch einmal von vorne an, sie langsam zu lesen. „Dann begannen mir die Dinge klar zu werden."

Er kam mit einigen Freunden zusammen. Acht von ihnen fingen an, die Bibel zu lesen. Sie studierten sie und begannen, das Gelesene in ihrem Leben anzuwenden.

„Wir taten es weiter", sagte Pastor Vega. „Heute sind wir 11.000 Mitglieder in unserer Gemeinde."

Das Wachstum von Pastor Vegas Gemeinde sowie von tausenden anderer breitet sich auf anderen Kontinenten aus, da diese Gemeinden Missionare aussenden. Auf einer Konferenz in Lateinamerika, welche *Cooperacion Missionera Iberoamericana* (COMIBAM) genannt wird und 1987 in Sao Paulo in Brasilien stattfand, sagten die Leiter: „Wir sind nicht länger ein Missionsfeld, sondern wir sind jetzt ein Kontinent, der Missionare aussendet." Als sie diese Aussage machten, gab es bereits 1.635 Missionare aus Lateinamerika, die in fremden Kulturen weltweit dienten. Heute liegt diese Zahl bei 8.000 Missionaren, die in 150 Nationen arbeiten.

An die schwierigsten Orten gehen

Durch unser eigenes Missionswerk sind mehrere Tausend junge Menschen aus Lateinamerika als JmeM-Kurzzeit-Missionare ins Ausland gegangen. Dazu gehen sie selbst an die schwierigsten Orte und sind bereit, unter gefährlichen und primitiven Umständen zu leben. Sie sind kühn und abenteuerlustig und lieben Jesus von ganzem Herzen.

Hat all dieses Wachstum und geistliche Leben eine Auswirkung auf die sozialen Verhältnisse ihrer Länder? Ja, auf jeden Fall. Seit einiger Zeit ist es offensichtlich, dass Lateinamerika sich verändert. David Martin, ein ehemaliger Soziologie-Professor der London School of Economics im Ruhestand, hat über das explosive Wachstum der Evangelikalen in Lateinamerika geschrieben, insbesondere unter Charismatikern und Pfingstlern. Er berichtet von der Transformation, welche dieses Wachstum begleitet. Es ist noch keine vollständige Transformation, doch eine neue Gesellschaft ist dabei, sich zu entwickeln.

Verwandlung vor unseren Augen

David Martin zeigt, wie die Botschaft des Evangeliums die Menschen am Rande der Gesellschaft bevollmächtigt. Ebenso wie bei Hauges Bewegung unter den Bauern Norwegens lernen die Armen in Lateinamerika, wie sie sich von schädlichen Gewohnheiten abwenden, effektiv kommunizieren und lesen lernen können. Sie lernen, einander zu helfen und ihre Kräfte und Finanzen diszipliniert einzusetzen. Martin sieht eine klare Verbindung zwischen ihrem Glauben an die Bibel und ihrem sozialen und wirtschaftlichen Wachstum. Langsam entsteht eine Mittelklasse der Gesellschaft, indem sie sich selbst bilden, sich beständig verbessern und die Prinzipien des Wortes Gottes zur Anwendung bringen.

Tom Wheaton, der viele Jahre Missionar in Brasilien war und heute im Ruhestand lebt, berichtet von einem Mitglied seiner Gemeinde, welches ein gutes Beispiel für die Transformation ist, die in ganz Lateinamerika stattfindet. Dieser Mann lebt mit seiner Familie in Belo Horizonte, der drittgrößten Stadt Brasiliens. In der Vergangenheit konnten sie wirtschaftlich kaum überleben. Dem Vater fiel es schwer, einen Job auf Dauer zu behalten, so dass seine Familie oft hungern musste. Jede Woche verschwendete er das wenige, das er verdiente, bei Glücksspielen, Gelagen und mit anderen Frauen. Als jener Mann jedoch Christus kennenlernte, veränderte sich alles. Er begann damit, das Wort Gottes zu lesen und anzuwenden und wurde so zu einem zuverlässigen Arbeiter. Obwohl er immer noch nicht viel verdiente, kommt sein Einkommen jetzt den Bedürfnissen seiner Familie zugute: Nahrung, Kleidung und Schuhe für die Kinder. Die Familie zog sogar in ein etwas besseres Haus. Als der Vater lernte, wie man gemäß dem Buch lebt, wurde die ganze Familie gesegnet.

Wheaton sagt, dass er dasselbe bei vielen Männern seiner Gemeinde sah. Dies ist ein Ausschnitt dessen, was in ganz Zentral- und Südamerika geschieht. Treue und Integrität machen sich für Tausende und Abertausende von Gläubigen bezahlt, indem sie dafür arbeiten, in ein besseres Leben aufzusteigen. Und in Folge dessen schaffen diese Gläubigen auch eine bessere Gesellschaft.

Ich habe gesehen, wie sich Lateinamerika vor meinen Augen verändert hat, da ich über 50 Jahre hinweg diesen Kontinent Jahr für Jahr besuchte. In früheren Jahren sah ich instabile Regierungen. Ein prahlerischer Diktator nach dem anderen wurde gestürzt und durch einen neuen ersetzt, der sich wiederum für einige Jahre halten konnte. Korruption war die Normalität. Die Herrschenden begannen arm und wurden unbeschreiblich reich. Trotz großer Vorkommen an Öl, kostbaren Metallen und Edelsteinen war die Wirtschaft Lateinamerikas immer schwach, da wenige Privilegierte die Masse der verarmten Bevölkerung beherrschten. Dieser Zustand ist jetzt dabei, sich zu verändern.

Im Jahr 1992 geschah etwas wirklich Bemerkenswertes: Sowohl der Präsident Brasiliens, Fernando Collor de Melo, wie auch der Präsident von Venezuela, Carlos Andres Perez, wurden wegen Korruption verurteilt und aus ihren Ämtern entfernt. Wie konnte dies geschehen, wo doch ein solches Verhalten in den Ländern Lateinamerikas immer als „normal" angesehen worden war?

Das Wort Gottes wurde entdeckt und im täglichen Leben von Millionen angewandt.

Nehmen wir zum Beispiel Chile. Jeder, der heute versucht, einen Polizisten oder Beamten zu bestechen, wird verhaftet. Das bedeutet nicht, dass Korruption völlig aus Lateinamerika verschwunden ist. Doch die allgemeinen Erwartungen der Bevölkerung verändern sich. Genau wie in Südkorea gibt es jetzt ein Gesetz, das über den Regierenden des Landes steht.

Und noch etwas mir ist aufgefallen. Im Jahre 1993 waren die Diktatoren aus Lateinamerika verschwunden. Während ich dies schreibe, hat heute – außer Kuba – jede Nation einen durch freie Wahlen gewählten Präsidenten. Noch immer gibt es große Herausforderungen, denn nicht jedes Regierungsmitglied in Lateinamerika ist gerecht und fair. Wir haben einige Rückschläge erlebt, was Stabilität und Freiheit betrifft, wie zum Beispiel durch den Präsidenten von Venezuela, der kürzlich viele Missionare des Landes verwies. Wir verlieren vielleicht einige kleinere Schlachten wie diese, doch im ganzen gesehen kommt der Sieg in großen Schritten. Das Wachstum des biblischen Glaubens in Lateinamerika geht in einem Tempo weiter, das niemand stoppen kann. Die Transformation von Lateinamerika ist noch lange nicht abgeschlossen, doch sie ist in vollem Gange.

Teil 5

Gottes Buch der ganzen Welt bringen

Kapitel 26

Richte deinen Blick auf die Welt!

Als ich in den Vierziger Jahren ein kleiner Junge war hörte ich zum ersten Mal, dass wir das Evangelium jeder Nation bringen sollen. Ich dachte fortwährend darüber nach, wie wir das tun könnten. Dann hatte ich eine Idee: Wenn wir irgendwie auf den Mond gelangen könnten, um dort einige große schwarze Felsbrocken zu finden, dann könnten wir einen Bibelvers darauf schreiben, so dass die ganze Welt ihn lesen könnte!

Aber welchen Vers? Johannes 3,16 wäre zu lang dafür. Ich rechnete mir aus, dass diese Felsen wohl sehr schwer sein müssten, so dass wir nicht zu viele davon herantragen sollten. Daher fand ich schließlich einen sehr kurzen Bibelvers: „Gott ist Liebe!“ Ich war mir sicher, dass wir dies auf große schwarze Felsen auf dem Mond schreiben konnten, damit jeder auf der Erde es lesen kann.

Heute lächle ich über meine kindische Idee, Bibelverse auf den Mond zu schreiben. Selbst wenn es möglich wäre, würde nicht jeder Mensch Englisch verstehen und hunderte Millionen können überhaupt nicht lesen. Doch das Ziel, die ganze Welt mit dem Evangelium zu erreichen, hat mich nie wieder losgelassen.

Ich denke immer noch über dieselben Dinge nach. Wie können wir dafür sorgen, dass jeder die gute Nachricht hört? Wie können wir alle Nationen der Welt beeinflussen – Nationen wie Japan, und die Nationen von Afrika und Lateinamerika? Wie können wir ganze Gesellschaften transformieren – sowohl in unseren eigenen als auch in anderen Ländern?

Jesus hat alle Seine Nachfolger dazu berufen, Nationen-Bauer zu sein. Er befahl uns, in die ganze Welt zu gehen und alle Nationen zu Seinen Jüngern zu machen. Nationen-Bauer können als Missionare im traditionellen Sinne in fremde Länder gehen oder vom Herrn in bestimmte Berufe geführt werden, um dort Gottes Wort zur Anwendung zu bringen, so wie Vories es in Japan tat.

Viele Nationen-Bauer verlassen ihr Heimatland auch nicht. Stattdessen wenden sie Gottes Wahrheit auf ihren Beruf an – im Geschäftsleben, in der Politik, im Bildungswesen, in den Medien oder in einer anderen Sphäre der Gesellschaft. Andere beten und unterstützen diejenigen, die ins Ausland gehen. Und weil die Familie der Baustein jeder Gesellschaft ist, sind die vielleicht wichtigsten Nationen-Bauer Eltern, die ihre Kinder gemäß den Prinzipien der Bibel erziehen.

Wichtig ist zu erkennen, dass jeder, der sich verpflichtet hat, Jesus zu gehorchen, ein Teil dieser weltweiten Bewegung ist, Nationen zu Jüngern zu machen. Es betrifft jeden, der durch Gebet, Geben, Hingehen und Verbreitung des Evangeliums danach trachtet, dass Sein Wille auf der Erde getan wird wie im Himmel.

Dennoch benötigen wir mehr Christen, die bereit sind, als Missionare in andere Länder zu gehen. Wir brauchen Missionare, weil in vielen Nationen noch große Finsternis herrscht. Es braucht jemanden, der hingeht und das Licht Jesu in diese Länder trägt. Wir haben uns angeschaut, wie groß die Finsternis Ende des 18. Jahrhunderts in Indien war, als William Carey dort ankam. Die Finsternis war genauso groß, als John Wesley anfing, in England zu predigen, oder als Calvin nach Genf ging. Und auch heute im 21. Jahrhundert gibt es noch Regionen mit tiefer Finsternis in unserer Welt.

Gerechter Wandel – Global

Jesus kam, um alle Menschen zu retten und jede Nation verändert zu sehen. Ganz gleich aus welchem Land wir kommen: Wir müssen uns auf die ganze Welt konzentrieren. Heutzutage reden viele über Globalisierung. Aber der erste, der Globalisierung betonte und darüber sprach, war Gott selbst, als Er Abraham sagte, dass Seine

Nachkommen alle Nationen der Welt segnen würden. Jesus sagte Seinen Nachfolgern, dass sie in die ganze Welt – bis an die Enden der Erde – gehen und alle Nationen zu Jüngern machen sollten. Er erwartet von Seinem Volk, dass es gerechte, biblische Prinzipien weltweit aufrichtet und lehrt.

Seit dem Jahr 1974, als Billy Graham die Leiter des Leibes Christi in Lausanne in der Schweiz zusammenrief, hat die Gemeinde mit größerer Intensität an der Erfüllung des Missionsbefehls gearbeitet. Einige Missionsleiter haben Versuche unternommen, die Missionsaufgabe zahlenmäßig zu erfassen und sichtbar zu machen, in welchem Stadium sich die Erreichung unerreichter Volksgruppen befindet. Doch nach drei Jahrzehnten Forschung wusste immer noch keiner wirklich, wie viel von dem Werk noch zu tun ist. Die Not blieb bestehen, über die Dr. Ralph Winter vom US-Center für Weltmission sagte: „Wir müssen wissen, was da draußen geschieht, und welche Fortschritte wir machen."

4K-Omega-Zonen

David Hamilton, Assistent des Präsidenten der JmeM-Universität für die Nationen in Hawaii, hat die bisher beste Beschreibung dessen entwickelt, was noch getan werden muss. Ein Team von Leitern und Forschern mit technischem Knowhow von Global Mapping International entwickelte ein neues System, wie wir die Nöte der Welt betrachten können. Der Name des Systems ist 4K, und es unterteilt die Welt in Omega-Zonen. Das 4K-System nutzte weltweite demographische Daten von christlichen Forschern, der Encyclopedia Britannica, der World Christian Encyclopedia, den Vereinten Nationen und den Volkszählungen der einzelnen Länder. David sagt dazu: „Es wird Missionswerken und Gemeinden helfen zu erkennen, wo wir stehen, und sich auf die Regionen mit der größten Not zu konzentrieren."

Warum nennen wir es 4K? Weil es die Welt in ca. 4.000 Einheiten oder Regionen mit jeweils etwa gleichen Bevölkerungszahlen unterteilt. Jede Einheit nennt sich eine „Omega-Zone", weil wir wollen, dass jede Person in jeder Omega-Zone der Welt die Gelegenheit erhält, Jesus, der das „Alpha und Omega" ist, persönlich kennenzulernen. Und da Omega der letzte Buchstabe des griechischen Alphabets ist, hoffen wir, dass dieses neue System helfen wird, gläubige Christen weltweit für die abschließende Phase der Erfüllung des Missionsbefehls zu mobilisieren.

Der 4K-Rahmen unterteilt die Welt gemäß den bekannten geopolitischen Grenzen. Von den insgesamt 238 souveränen Nationen und abhängigen Ländern haben 103 jeweils weniger als drei Millionen Einwohner. Jedes dieser kleineren Länder, wie Jamaika, repräsentiert eine Omega-Zone. Größere Länder werden in kleinere Einheiten unterteilt, wie Staaten, Provinzen und ihre politischen Kreise, woraus viele Omega-Zonen entstehen. Indien zum Beispiel ist in 653 Omega-Zonen unterteilt.

Diese Omega-Zonen sollen die Aufmerksamkeit auf diejenigen Regionen der Welt lenken, in denen das Evangelium noch am wenigsten gegenwärtig ist – die geistlich finstersten Orte. Darum haben Regionen, wo die Leute einen leichten Zugang zum Wort Gottes haben, mehr Menschen in einer Omega-Zone – bis zu neun Millionen. Eine Zone mit mittlerem Zugang zum Evangelium, wie Kenia, hat bis zu sechs Millionen Menschen in einer Omega-Zone. Orte mit dem geringsten Zugang zum Wort Gottes, wie Iran, haben nicht mehr als drei Millionen Menschen in einer Omega-Zone. Diese Aufteilung hilft, missionarische Aktivität zu den Orten zu bringen, wo die größte Not herrscht.

Für jede Omega-Zone gibt es eine Mappe, in der Karten und viele demographische Daten enthalten sind, welche die physischen, materiellen und geistlichen Nöte aufzeigen. Man findet darin Angaben zum Bildungsstand der Bevölkerung, zur Verfügbarkeit von sauberem Wasser, zu unerreichten Volksgruppen und vielem anderen mehr. Diese Daten ermöglichen es Leitern zu beten und Strategien zu entwickeln, um Gottes Charakter in jeder Omega-Zone zu demonstrieren. Das 4K-Team hält alle Fortschritte fest und liefert ständig aktualisierte Informationen für alle Gruppen, die daran arbeiten, die Nationen zu Jüngern zu machen. Alles ist auf das eine Ziel ausgerichtet: die Menschen zu finden, die immer noch auf Gottes Wort warten.

Die Bibel in ihre Hände legen

Wir haben bereits gesehen, welche Auswirkungen es auf Nationen wie Norwegen und Südkorea hatte, dass Gläubige die Bibel zu mehr und mehr Menschen brachten. Auch wir müssen alles tun, was nötig ist, um die Bibel in jede Omega-Zone zu bringen. Laut den Angaben der Wycliffe-Bibelübersetzer haben bereits 93 Prozent der Weltbevölkerung die Bibel in ihrer Muttersprache. Dies bedeutet jedoch nicht, dass Missionare zu ihnen gegangen sind und allen 93 Prozent das Wort Gottes in ihrer jeweiligen Muttersprache gebracht haben. Die Tatsache, dass die Bibel in ihrer Sprache existiert und in einem Laden gekauft werden kann bedeutet nicht, dass das Volk sie in seinen Händen hält oder durch die Wahrheit der Bibel zu Jüngern Jesu trainiert wurde.

Eine bewegende Frage

Die Bibel in die Hände jedes Menschen der Welt zu legen ist seit vielen Jahren mein Traum, schon seit ich als kleiner Junge Gottes Wort auf den Mond schreiben wollte. Ich weiß, dass wir Gottes Buch zu jedem Menschen bringen können.

Als ich ein junger Mann war, zeigte Gott mir ein dramatisches Beispiel, wie wir Sein Wort in die Hände der Menschen geben können. Es war im Jahr 1967 als ich mit einer JmeM-Gruppe durch Mexiko nach Zentralamerika reiste. Wir hielten in einer kleinen, staubigen Kleinstadt in Mexiko, um einen Reifen zu wechseln. Während einige daran arbeiteten, verteilte der Rest des Teams das Johannesevangelium in jeden Haushalt und führte einen Predigtgottesdienst im Freien durch.

Nach unserer Versammlung kam eine Frau in einem verblichenen roten Kleid zu mir. Mein Spanisch war nicht sehr gut, aber ich verstand, was sie mir mitteilen wollte. Sie sagte: „In meiner Stadt gibt es keinen Ort, wo ich eine Bibel bekommen kann, auch nicht in den Nachbarstädten. Haben Sie eine Bibel in meiner Sprache?"

Ich fand eine spanische Bibel für sie. Sie drückte sie an ihre Brust und sagte: „Muchisimas gracias, Senor!"

Als wir weiterfuhren, verfolgte mich die Frage dieser Frau innerlich weiter. „Haben Sie eine Bibel in meiner Sprache?" Dann sah ich plötzlich ein Bild vor meinem inneren Auge – etwas, das die Bibel eine „Vision" nennt. Ich sah einen großen Lastwagen, einem Umzugslaster gleich. Auf einer Seite des Lasters war der Schriftzug aufgemalt: „Solo los deshonestos temen la verdad. Santa Biblia, gratis." Ich kannte Spanisch nicht gut genug, um in der Sprache zu denken, so dass die Vision dieses Satzes für mich völlig überraschend war. Ich übersetzte die Worte langsam für mich. Sie lauteten: „Nur die Unehrlichen fürchten die Wahrheit. Kostenlose Bibeln." Was für ein aufregender Gedanke! Die Formulierung „Nur die Unehrlichen fürchten die Wahrheit" war völlig neu für mich und hallte in meinen Gedanken nach. Gerade damals war dies von besonderer Bedeutung, da die Kommunisten ihre Ziele in ganz Lateinamerika verbreiteten.

Als die Vision weiterging sah ich, wie junge Leute hinten auf dem Lastwagen standen und die Bibeln in begierig ausgestreckte Hände verteilten, so schnell sie konnten.

Obgleich die genaue Erfüllung der Vision noch nicht Realität wurde, haben wir eine ganze Reihe von Projekten durchgeführt, um die Bibel in vielen Sprachen zu verteilen. Sofort nach diesem Erlebnis in jener Kleinstadt ging ich nach unserer Ankunft in Mexiko City zur dortigen Bibelgesellschaft und erkundigte mich, wie viele Bibeln sie mir geben könnten. Dann rief ich verschiedene Freunde an, sammelte Gelder und kaufte davon 50.000 Neue Testamente. Unsere Teams verteilten sie an den verschiedenen Universitäten der Stadt. In den nächsten Jahren konnten unsere Mitarbeiter in mehreren Staaten Mexikos, in vielen Dörfern und Städten ein Neues Testament in jeden Haushalt verteilen. Wir freuten uns darüber sehr, doch Gott hatte weit größere Herausforderungen und Abenteuer für uns vorbereitet.

Kapitel 27

Bibeln in die Welt bringen

Kurze Zeit später kam es mit wirklich atemberaubender Geschwindigkeit zu einem weiteren Bibel-Verteilprojekt, das sehr langfristige Auswirkungen haben sollte. Und es ging alles so leicht.

Wir befanden in den 70er Jahren in Europa. Es war eine Zeit großer Unruhen und Proteste gegen den Vietnamkrieg, mit viel Drogenmissbrauch, sogar in den Militärcamps unter den US-Soldaten. Unsere Teams arbeiteten mit Militärpfarrern zusammen, um vielen amerikanischen Soldaten in Deutschland zu dienen.

Eines Tages im Jahr 1972 teilten wir uns in der JmeM-Schule in Lausanne (Schweiz) in mehrere Kleingruppen auf, um Fürbitte zu tun. In meiner Kleingruppe fragten wir – wie wir es immer taten – den Herrn, wofür Er will, dass wir beten sollen. Mehrere von uns hatten denselben Eindruck, dass wir für die US-Truppen in Militärbasen von Deutschland beten sollten. Wir hätten einfach beten können: „Herr segne die Soldaten. Rette sie!“ Aber stattdessen baten wir erneut den Herrn, uns spezielle Punkte zu zeigen.

Ich hatte einen Eindruck: Betet für 100.000 Bibeln, damit ihr sie an alle Soldaten verteilen könnt. Dies erschien weit hergeholt, doch ich betete es laut und bat den Herrn, uns 100.000 Bibeln zu geben.

Ich kannte Oberst Jim Ammerman, den obersten Militärgeistlichen der 5. Armee, welche alle Truppen in Deutschland umfasste. Er und seine Frau hatten uns kürzlich in Lausanne besucht. Ich dachte, dass er ein Teil der Antwort auf unser Gebet werden könnte. Daher betete unsere Gruppe, damit Gott die Ammermans vorbereite, falls sie ein Teil dieses Planes sein sollten.

Ein weiterer Gedanke kam mir in dieser Gebetszeit: Kontaktiere Dr. Kenneth Taylor. Ich hatte bereits von ihm gehört. Er war derjenige, der The Living Bible herausgebracht hatte. Zudem war er der Gründer von Tyndale House Publishers. Ich fragte mich, wie ich ihn erreichen könnte. Wieder kam ein Gedanke: Frage Bruder Andrew. „Das ist eine gute Idee“, dachte ich. Bruder Andrew war ein Freund von mir, ein mutiger Holländer, der Bibeln in verschlossenen Ländern verteilt hatte. Also kontaktierte ich ihn.

Zuerst jedoch kamen wir in der großen Gruppe erneut zusammen, damit jede Kleingruppe mitteilen konnte, was in ihrer Gebetszeit geschehen war. Als wir dem Rest der Schule berichteten, dass wir dafür gebetet hatten, 100.000 Bibeln an amerikanische Soldaten in Deutschland zu verteilen, ging ein aufgeregtes Raunen durch den Raum. Wie sollte das zustande kommen?

Eine Bibel-Luftbrücke

Später an diesem Tag rief ich Bruder Andrew an. „Weißt du, wie ich Dr. Kenneth Taylor treffen kann?“, fragte ich ihn.

Bruder Andrew half mir, in Kontakt mit Dr. Taylor zu kommen, der sich gerade in Europa aufhielt. Ich rief ihn in Athen an. Er befand sich auf der Rückreise in die USA, war jedoch einverstanden, sich mit mir am nächsten Tag bei einem kurzen Zwischenstopp in Deutschland zu treffen.

Ich reiste nach Frankfurt und traf Dr. Taylor auf dem Flughafen. Ich erzählte ihm von unserer Gebetszeit und dem Eindruck, dass wir 100.000 Bibeln an die US-Soldaten in Deutschland verteilen sollten. Er nickte und sagte lächelnd: „Ich habe gerade noch 100.000 Bibeln übrig von einer Evangelisation mit Billy Graham. Ich gebe Ihnen diese Bibeln für die Soldaten, wenn Sie dafür sorgen, dass sie von den USA nach Deutschland transportiert werden.“

Wow! Einhunderttausend kostenlose Bibeln! Aber wie in aller Welt sollten wir das Geld auftreiben, um so viele Bibeln von Amerika nach Deutschland zu transportieren? Ich wusste, dass dies alles

Gottes Führung war, und so folgte ich Ihm weiter, einen Schritt nach dem anderen. Vor meinem geistigen Auge sah ich einen Konvoi von Lastwagen, welche die Bibeln zu den Militärbasen in Deutschland brachten. Ja, es würde klappen!

Am gleichen Abend fuhr ich zu Oberst Ammerman, der außerhalb von Frankfurt wohnte. Er und seine Frau Charlene begrüßten mich an der Tür. Netterweise luden sie mich ein, mit ihnen zu Abend zu essen und bei ihnen zu übernachten. Während Charlene ein wunderbares Essen kochte, kam ich auf das Thema zu sprechen.

„Wir haben dafür gebetet, allen Soldaten Bibeln zu geben." Ich holte Luft. „Im Geist sah ich einen Konvoi von Lastwagen, die Bibeln in die US-Militärbasen in ganz Deutschland fuhren."

Ich machte eine Pause. Der Oberst nahm meine Worte ganz ruhig auf und seine Augen funkelten. „Wundervoll! Sprich weiter."

„Dies sind vollständige Bibeln."

Der Oberst nickte. „Ja."

„Einhunderttausend Living Bibles." Dann erzählte ich ihm vom Angebot Kenneth Taylors.

Oberst Ammerman lehnte sich nach vorn. „Loren, du hast genau von Gott gehört, bis ins letzte Detail. Ich habe dafür gebetet, dass wir unseren Truppen Bibeln geben können – die ganze Bibel, in einer leicht verständlichen Übersetzung."

Aber was war mit dem Transport? Er sagte, dass er sich darum kümmern würde. Oberst Ammerman organisierte daraufhin zwei Militärflugzeuge, um die Bibeln nach Deutschland zu fliegen. Als das Projekt den Leitern von Tyndale Publishing vorgestellt wurde, erkannte einer ihrer Herausgeber, Wendell Hawley, den Namen von Jim Ammerman. Es stellte sich heraus, dass Hawley unter Ammerman als einer seiner Militärpfarrer in Vietnam gedient hatte. Tyndale bezahlte schließlich die Kosten für den Transport der Bibeln nach Deutschland. Die Lastwagen fuhren dann zu allen Basen der 5. Armee in ganz Deutschland, um ihre kostbare Fracht abzuliefern, genau wie der Herr es mir in der Vision gezeigt hatte.

Jeder Soldat, der eine Bibel wollte, erhielt eine. Und da tausende Soldaten jeden Monat nach Deutschland kamen, bevor sie nach Vietnam, Korea oder in andere Teile der Welt weiterzogen, dauerte es nicht lange, bis jede der 100.000 Bibeln in die Hände von Soldaten auf der ganzen Welt gelangt war. Oberst Ammerman machte sogar Werbung durch Bibellesungen in den Nachrichten der Armee, um die kostenlosen Bibeln anzubieten.

Jahre später nahmen Oberst Ammerman und seine Frau an der Beisetzung meines Vaters teil. Danach saß ich mit ihnen zusammen. Oberst Ammerman sagte, dass die Bibelverteilung zu einer der größten Bewegungen Gottes führte, die er je gesehen hatte. Viele Soldaten wurden gläubig als sie diese Bibeln lasen. Einige wurden Missionare. Frau Ammerman fügte hinzu, dass sie bis dahin keine führenden Offiziere des Militärs gekannt hatte, die hingegebene Nachfolger Jesu waren. „Heute gibt es viele von ihnen“, sagte sie, „und wir führen dies auf die Verteilung der Bibeln zurück.“

Nur die Ewigkeit wird die volle Auswirkung dessen offenbaren, was mit einer Handvoll junger Leute begann, die an jenem Tag in einem kleinen Raum einer JmeM-Schule in der Schweiz beteten.

Das Wort Gottes durchdringt Hawaii

Die Bibel ist in der Tat das Buch, das Nationen transformiert – jedoch nur, wenn es für die Völker der Nationen zugänglich ist, und sie es auf ihr Leben anwenden. Christen, die an das Evangelium von Jesus Christus glauben, sind dafür verantwortlich, es denen zu bringen, die es bisher nicht haben. Wir müssen das Buch darüber hinaus an Orte zurückbringen, wo es verlorengegangen ist. Menschen müssen die Chance haben, Gottes Wort zu hören und ihm zu gehorchen.

Im Jahr 1983 verkündete Präsident Ronald Reagan ‚Das Jahr der Bibel‘ in Amerika. Dr. Bill Bright von Campus für Christus leitete das nationale Programm und bat mich, den Vorsitz für Hawaii zu übernehmen – den Bundesstaat, in dem ich damals lebte.

Kurz zuvor hatte der Herr mir gesagt, dass ich im Jahr 1983 nicht außerhalb der Inseln von Hawaii reisen sollte. Seit 1954 war ich jedes Jahr für den Dienst ausgiebig gereist, sollte jedoch im Jahr 1983 in

Hawaii bleiben. Ich erkannte den Grund, als Bill Bright mich einlud, diesen aufregenden Dienst auf den Inseln zu koordinieren.

Hawaii hat einen kleineren Prozentsatz an Gläubigen als die meisten anderen US-Bundesstaaten. Eine von neun Familien gehört zu den Buddhisten. Und viele Volksgruppen, deren Muttersprache nicht Englisch ist, leben auf den Inseln. Das war eine gewaltige Herausforderung.

Wir entschieden uns, die Verteilung der Bibeln an ein geschichtliches Thema anzuknüpfen. Zu diesem Zweck druckten wir eine Gedenkausgabe des Neuen Testaments mit einem Gemälde von Steve Regas auf der Titelseite. Das Gemälde zeigte die Thaddeus, das Schiff, welches im Jahre 1820 die ersten Missionare auf die Insel Kona gebracht hatte. Im Hintergrund sah man die Makuaikaua-Kirche, die erste Gemeinde, welche in Hawaii gegründet worden war. Ein 12-seitiger Abschnitt im hinteren Teil der Bibel berichtete von der Ankunft der ersten Missionare und der Geschichte der Gemeinde Hawaiis. Diese wahre Geschichte half, die Verwirrung aufzuklären, welche durch einen Teil der Trivialliteratur entstanden war, in der die frühen Missionare in schlechtem Licht dargestellt wurden und die Wahrheit verdreht worden war.

Prediger, Priester und ein Rabbiner

Die Leiter der protestantischen und katholischen Kirche befürworteten offiziell die Verteilung dieser Neuen Testamente in jedes Haus von Hawaii. Unter der Leitung eines Rabbiners wurden an die jüdischen Familien Alte Testamente verteilt. Die Bewohner des Bundesstaates Hawaii sprechen fünfzehn verschiedene Sprachen. Darum forschten wir nach, wie viele Neue Testamente wir in jeder Sprache benötigten, um sie in jedes Haus zu verteilen.

Fast jede Denomination beteiligte sich an diesem Programm. Mehr als 6.000 Freiwillige halfen, um die Neuen Testamente in der jeweils richtigen Sprache in jedes Heim der Insel zu bringen. Wir durchdrangen den ganzen Staat mit dem Wort Gottes. Und fast jeder war dankbar, ein Neues Testament zu empfangen.

Welche Frucht ging aus diesem Jahr der Bibel hervor? Ich kann es nicht wissenschaftlich beweisen, doch mehr als zwanzig Jahre später kann ich den Unterschied in Hawaii sehen. Als wir in den 70er Jahren hierherkamen, existierte keine einzige große Gemeinde. Die größte Gemeinde befand sich in Honolulu und hatte einige hundert Besucher. Nur eine geringe Zahl von Gemeinden predigte auf unserer Insel das Evangelium, und diese Gemeinden hatten nur wenige Besucher. Zu Anfang des 19. Jahrhunderts hatte es eine große Erweckung auf den Hawaii-Inseln gegeben. Die größte Gemeinde der Welt befand sich damals auf der großen Insel von Hawaii. Doch die Feuer der Erweckung waren seit langem abgekühlt und Gleichgültigkeit gewichen.

Heute haben einige Gemeinden auf den Inseln mehrere tausend Mitglieder. Fünf Jahre nach dem Jahr der Bibel wuchs die Anzahl der Gemeinden, die das Evangelium auf Kona, wo ich lebe, predigen, auf 26 Gemeinden an.

Tausende von Kurzzeit-Missionaren und hunderte von Langzeit-Missionaren werden trainiert und von Kona nach ganz Asien und in die ganze Welt gesandt. Hawaii ist zu einem Leuchtturm mitten im Pazifik geworden. Und ich glaube, dass die Durchdringung mit der Bibel im Jahr 1983 eine Schlüsselrolle dabei spielte.

Kapitel 28

An der Front von Gottes Wirken

Zusammen mit Gottes Geist kann die Bibel jede Nation der Erde transformieren. Wir müssen diesen Glauben in die Tat umsetzen. Wussten Sie, dass wir eine Bibel in jedes Haus dieser Welt geben könnten, wenn jeder bibelgläubige Christ nur 10 Euro geben würde? Gläubige Christen haben bereits die zahlenmäßige Stärke und das Geld, um die Bibel in der passenden Sprache in jeden Haushalt der Erde zu bringen. Worauf warten wir noch?

Natürlich erfordert solch ein Programm auch kulturelle Sensibilität. Wir müssen die Methoden der Bibelverteilung an die Nöte und den Kontext des Zielpublikums anpassen, wie wir es im Jahr der Bibel in Hawaii taten. Und wir sollten die Verteilung der Bibeln vorher ankündigen, um zu erklären, was wir zu tun beabsichtigen. Wir könnten etwa sagen: „Wir wollen jedem Haushalt in unserer Region ein sehr wichtiges Geschenk machen – eine Kopie des Buches, das Nationen segnet."

Nach der Verteilung der Bibel könnten wir Programme anbieten, um die Menschen zu lehren, wie sie die Bibel lesen und verstehen können. Auch hier müssen wir diese Pläne wieder den Bedürfnissen und Möglichkeiten der Menschen anpassen. Bibellehrer können kostenlose Klassen für diejenigen anbieten, die mehr wissen wollen. Bruce Wilkinson, Autor des Buches „Das Gebet des Jabez" und Gründer von Walk through the Bible hat World Teach gegründet, die größte Organisation der Welt für das Lehren der Bibel. Ihr Ziel ist es, 120.000 Bibellehrer zu trainieren – einen für jeweils 50.000 Bewohner der Erde.

Was könnte wichtiger sein? Wir müssen der Welt kulturell geeignete Methoden geben, um das Buch zu studieren und zu verstehen. Wenn wir das tun werden wir durch diesen Prozess viele Leben transformieren und Nationen-Bauer trainieren.

Die Bibel kommt in ein Restaurant der Nachbarschaft

Gottes Volk hat die Bibel in großen Stückzahlen auf der ganzen Welt verbreitet. Ein weiterer Weg, um das Wort zu verbreiten, ist es, eine öffentliche Lesung von Gottes Wort anzubieten. Hier sind einige Beispiele:

Es ist Samstagnachmittag in einer Kneipe in Perth, Australien. Drei JmeM Studenten sitzen an ihrem Tisch und nippen an ihren Soft Drinks. Nach einem stillen Gebet, fängt eine junge Frau an, ihre Bibel laut zu lesen, in einer normalen Lautstärke, wie man sonst spricht: „Der Geist des Herrn ist auf mir, weil der Herr mich gesalbt hat, die gute Nachricht den Armen zu predigen …“

Während sie fortfährt, ist ihr Lesen in einem leisen Ton in dem Restaurant hörbar. Die Gäste und Touristen blicken von ihren Getränken oder ihrem Essen auf, zuerst erstaunt, um dann zuzuhören.

„… um die Trauernden zu trösten, und die gebrochenen Herzen zu heilen …“

„Ähm, entschuldigen Sie bitte“, sagt ein Mann am Nachbartisch. „Was tun Sie da?“

„Wir sind Studenten von einer Bibelschule. Eine Aufgabe unseres Kurses ist es, die Bibel laut zu lesen. Weil wir die Bibel lieben wollen wir sie anderen mitteilen“, erklärt sie und liest leise weiter.

Einige werden nun denken, dass manche Leute dies als Belästigung empfinden würden. Aber bei fast allen Lesungen reagierten die Zuhörer in der Öffentlichkeit positiv. Laut Debbie Hicks aus Australien geschieht dies an jedem Wochenende. Debbie hat mehr als 50 JmeM-Schulen für biblische Studien (SBS) in Schweden, Nepal, Indien, Schweiz, Barbados, Japan, Australien, England, Frankreich, Süd-Afrika, Malaysia, Ukraine und den USA gegründet. Jeden

Samstag fordert sie von ihren SBS-Studenten, dass sie einen Ort finden, wo sie die Bibel laut in der Öffentlichkeit lesen können.

Die Studenten haben die Bibel laut in Cafés, Bars, Parks und sogar in Zoos gelesen. Es wird ihnen gesagt, dass sie keinen Tonverstärker benutzen, dass sie die Worte aber auch nicht murmeln sollen. Sie lesen in Kliniken, bei den Obdachlosen, in Bussen und auf Fähren. Sie lesen die Bibel sogar laut, während sie auf Kamelen neben Touristen in der Wüste von Australien reiten.

Einige Passanten ignorieren das Vorlesen; andere wiederum können kaum glauben, dass jemand die Bibel laut in der Öffentlichkeit liest. Manchmal setzen sich Menschen hin um zuzuhören, oder sie bieten sich sogar freiwillig an, auch einen Abschnitt vorzulesen. In seltenen Fällen reagieren einige Leute negativ – meistens in Universitäten. Ich finde es interessant, dass Universitäten zu den am wenigsten toleranten Orten der Welt gehören, mit wenig Rede- und Gedankenfreiheit.

Aber meistens reagieren die Menschen positiv. Vielleicht ist es wegen der Kraft des Wortes Gottes. Wenn die Studenten mit der Lesung eines Bibeltextes fertig sind, dann fragen sie die Zuhörer: „Haben Sie irgendwelche Fragen zu dem, was ich gerade gelesen habe?" Oft haben Menschen dann Fragen, und manchmal geben sie ihre Herzen darauf dem Herrn.

Bibellese-Marathons

Ein weiterer Weg, um Gottes Wort in die Öffentlichkeit zu bringen, ist, einen Bibellese Marathon zu veranstalten. Für diese Methode ist es wichtig, eine Genehmigung für die Nutzung eines öffentlichen Ortes zu bekommen. Es ist auch sinnvoll, die Zeitung und andere Medien davon zu unterrichten. Es braucht nur 72 Stunden, um die ganze Bibel laut zu lesen, von 1. Mose bis zur Offenbarung. Oder Sie können entscheiden, die Bibel nur am Tag zu lesen während es hell ist. Es braucht auf diese Weise eine Woche, um die ganze Bibel laut zu lesen. Wenn das Lesen in einem Park geschieht, dann können die Menschen während ihrer Mittagspause kommen und dem Wort zuhören. Solche Marathons fördern das öffentliche Interesse an der Bibel.

In alten Zeiten ...

Es gibt auch Beispiele in der Bibel für öffentliche Bibellesung. In einer wichtigen Phase der jüdischen Geschichte las Esra das ganze damals vorhandene Wort Gottes in einer öffentlichen Versammlung vor. Die Geschichte wird in Nehemia, Kapitel 8 berichtet. Diese Gruppe von Israeliten war aus der babylonischen Gefangenschaft zurückgekehrt, um den Tempel und die Stadt Jerusalem wieder neu aufzubauen. Aber auch ihr persönliches Leben war durcheinander. Esra las ihnen laut das Wort Gottes vor, vom Sonnenaufgang bis zum Mittag des ersten Tages. Die öffentliche Lesung setzte er die nächsten sechs Tage fort. Das Volk tat Buße und eine geistliche Erweckung brach aus.

Auch das Neue Testament spricht von öffentlicher Vorlesung der Bibel. Paulus ermahnte Timotheus in 1. Timotheus 4,13 „das öffentliche Vorlesen der Bibel nicht zu vernachlässigen."

... und draußen vor Wal-Mart

Solche Beispiele sind nicht auf biblische Zeiten begrenzt. Kürzlich haben mehr als fünfzig Teenager in Ephrata, Pennsylvania, eine Genehmigung erhalten, um einen Bibellese-Marathon vor einem Wal-Mart-Supercenter durchzuführen. Jeweils ab 3 Uhr nachmittags bis um Mitternacht lasen die Teenager und andere Freiwillige die Bibel pausenlos über einen Lautsprecher. Niemand beschwerte sich. Stattdessen fragten mehrere Kunden das Management, ob die jungen Leute dies im nächsten Jahr wieder machen könnten.

Schmuggeln von einer Million Bibeln

Unsere Aufgabe ist es, „Das Buch" jedem Menschen zu bringen. Operation Mobilisation (OM), Scripture Union, die Bibelgesellschaften und Bruder Andrews Open Doors haben viele Dinge getan, um Bibeln zu verbreiten. In einer einzigen Nacht des Jahres 1981 schmuggelten freiwillige Mitarbeiter von Open Doors eine Million Bibeln nach China, was sie „Projekt Perle" nannten. Mit enormen persönlichen Risiken empfingen Leiter der Untergrundkirchen die Bibeln und brachten sie in jede ihrer Provinzen.

In einer Provinz nahm die Polizei Männer fest, die eintausend Bibeln vom Projekt Pearl mit sich hatten. Sie sperrten die Männer ins Gefängnis und warfen Gottes Wort in eine offene Jauchegrube. Die Männer kamen einige Tage später frei. Sie warteten bis es Nacht wurde, und kletterten darauf in die Jauchegrube, um jede einzelne der stinkenden Bibeln zu retten. Sie wuschen sie gründlich ab, besprühten sie mit Parfüm und brachten sie wartenden Gläubigen.

Das war vor 25 Jahren. Gottes Buch ist immer noch eine „Perle von hohem Preis", die jedes Risiko oder persönliches Opfer wert ist. Wir müssen neue Wege finden, um den Menschen Bibeln zu bringen, besonders in Ländern, wo Gesetze Gottes Buch verbieten. Wir müssen den Herrn um eine Welle von frischem und kreativem Denken bitten.

Neue Technologien nutzen

Es gibt eine Vielzahl von Wegen, um Gottes Wort zu verbreiten, und unser kreativer Gott schenkt ständig neue, innovative Mittel. Neue Technologien, genutzt zur Verbreitung der Bibel, können die Welt verändern. Vor einigen Jahren bemerkte ich das, als ich gerade die Geschichte von Gottes Volk studierte. Oftmals ging eine neue Technologie einer neuen Freisetzung von Gottes Botschaft voraus. Zum Beispiel:

- Die Erfindung des ersten Alphabets kam rechtzeitig, um Gottes Wort in Schriftform zu verfassen.
- Die Technologie der Druckerpresse kam genau zur richtigen Zeit, damit die Reformatoren die Bibel und biblische Lehre in die Hände des Volkes bringen konnten.
- Die Menschen entdeckten elektronische Wege der Massen-Kommunikation – Radio und Film – als die evangelikale Bewegung geboren wurde, was es Christen ermöglichte, diese Mittel weltweit zur Verbreitung des Wortes Gottes zu nutzen.
- Fernsehen und Satellitenübertragung wurden entwickelt, als die charismatische Bewegung und die Jesus-People-Erweckung begannen, was die Verbreitung von evangelistischen Fernsehprogrammen ermöglichte.

Und jetzt sind wir im Zeitalter des Internets angelangt, was unser aller Leben beeinflusst. Aber einige nutzen diese Technologien auch, um schreckliche Dinge zu verbreiten. Pornographie, Glücksspiele, rassistische Ideologien und sogar terroristische Propaganda vergiften Millionen von Menschen durch das Internet. Aber ich glaube, dass Gott die Erfindung des Internets inspirierte, damit Sein Volk es nutzen kann für die letzte große Anstrengung, die ganze Welt zu erreichen. Mit der Erfindung des Internets und den begleitenden Technologien wie Handys und Smartphones, können wir heute Dinge tun, die wir uns vorher nie vorstellen konnten. Ich kenne noch nicht alle Wege, wie Gottes Volk das Internet nutzen wird, um Gottes Wort zu verbreiten, aber ich habe schon eine ganze Reihe neuer Trends erleben können.

Während der Sommerolympiade im Jahr 2000 in Sydney und bei der Winterolympiade 2002 in Salt Lake City, verteilten JmeM'ler Bibeln auf CDs. Stellen wir uns das einmal vor – die ganze Bibel in mehr als 40 Sprachen auf einer CD!

Warum gehen wir nicht einen Schritt weiter? Wir könnten das Internet nutzen, um eine digitale Version der Bibel in jeder Sprache online zu stellen. Wie viele Techniker werden nötig sein, um die Übersetzungen der Bibel in sämtlichen Sprachen online zu bringen, damit Milliarden Menschen die Bibel in ihrer Sprache finden und lesen oder hören können? Kannst du die Möglichkeiten sehen?

Download von tausenden arabischer Bibeln

Viele Dienste nutzen heute auf innovative Weise das Internet, um unerreichte Volksgruppen im Nahen Osten, Nordafrika und der arabischen Halbinsel mit dem Evangelium zu erreichen. Trotz der Versuche einiger Regierungen, solche Webseiten zu blockieren, hat eine Organisation über 42.000 Besucher täglich in der arabischen Welt. Ein anderer Dienst berichtet vom Download von mehr als 2.000 arabischen Bibeln pro Monat. Eine Gruppe sagt, dass zwanzig Menschen im Monat online eine Entscheidung für Christus treffen. Da mehr als die Hälfte der Bevölkerung im Nahen Osten unter 25 Jahren ist, und die Jugend aktiver am Computer ist, sind viele dieser neuen arabischen Christen junge Leute.

Wir leben in solch wunderbaren Zeiten voller Gelegenheiten! Als Nachfolger Jesu haben wir die Verantwortung, Gottes Botschaft zu jeder Volksgruppe der Welt zu bringen, und sie alles zu lehren, was Er uns gelehrt hat. Treue Männer und Frauen sind dieser Aufgabe seit Jahrhunderten nachgegangen. Unzählige Leben wurden verändert, sowie ganze Gesellschaften. Denken wir nur einmal daran, was viele unserer Vorläufer geschafft haben, obwohl sie nur so wenige Werkzeuge zur Verfügung hatten. Bedenken wir einmal, was damals der Preis war, um Gottes Wort zu verbreiten, als man jedes Wort von Hand schriftlich kopieren musste – für jede einzelne Kopie einer Bibel! Und stellen wir uns vor, was es erforderte, das Evangelium in eine neue Region zu Fuß zu bringen (oder, wenn man sehr gesegnet war, auf einem Pferd oder Maultier) und dabei tausende Kilometer über unebene und gefährliche Wege und Straßen reisen musste, um dorthin zu gelangen. Während der letzten Jahrhunderte mussten immer wieder neue Sprachen gelernt werden, sogar manchmal Schriftsprachen erst erfunden werden, und unendlich viele Übersetzungen mussten erstellt werden. Diejenigen, die vor uns den Weg bereiteten, haben einen großen Preis bezahlt und bereits so viel geleistet.

Heute machen viele Werkzeuge unseren Job leichter. Einige Orte sind heute noch isoliert. Es ist schwierig oder sogar gefährlich, in bestimmte Gebiete zu reisen. Bis heute werden wir mit dem Problem fremder Sprachen konfrontiert. Aber wir können die meisten Menschen, die Gottes Wort brauchen, recht schnell und leicht mit modernen Transportmitteln erreichen. Wir können viele neue Formen von Kommunikationstechnologien nutzen. Und statt handschriftlicher Bibeln, die sehr unhandlich, teuer und selten waren, können wir heute Gottes Wort in großen Auflagen drucken und in sehr handlichen Formaten vervielfältigen. Zum größten Teil ist unsere mangelnde Bereitschaft, dem Herrn zu gehorchen und hinauszugehen, die einzig wahre Begrenzung.

Wenn wir dieser Herausforderung begegnen, dann werden unzählige Individuen neues Leben finden und ihre Gott-gegebene Bestimmung erfüllen. Wenn wir mehr und mehr Menschen erreichen dann werden wir in jeder Nation an einen Wendepunkt gelangen, da dann eine starke Minderheit anfängt, ihr Land für Gott zu beeinflussen. So werden wir die Ausbreitung von Gottes Reich in der ganzen Welt erleben. Wir können es!

Kapitel 29

Erreichung der letzten sieben Prozent

An einem Sonntagmorgen vor Weihnachten sagte ein Pastor in einem für Missionare verschlossenen Land, dass er sieben Verse aus dem 2. Kapitel des Lukasevangeliums lesen wolle.

Als er zu lesen begann, strömte etwas wie Elektrizität durch seine kleine Gemeinde. Sie hörten diese Verse zum ersten Mal in ihrer Muttersprache. Die Wycliffe-Bibelübersetzer zusammen mit einem Team vor Ort hatten gerade diesen Teil der Bibel für diese Volksgruppe abgeschlossen. Der Pastor machte eine Pause und blickte mit einem Herzen voller Freude auf. Er konnte nicht am normalen Ende der Weihnachtsgeschichte aufhören. Stattdessen sagte er: „Es schmeckt so gut. Es schmeckt so gut!", und las einfach weiter. Mitglieder des Übersetzungsteams saßen in der vordersten Reihe auf einfachen Holzbänken und fingen an zu weinen. In einem anderen Teil der Gemeinde schauten sich junge Mädchen an und umarmten einander. Als der Pastor die Lesung beendet hatte, jubelten alle „Amen!" und „Halleluja!"

Die Worte auf sich regnen lassen

Später erzählte eine Ärztin in jener Gemeinde, dass sie ihre Augen geschlossen hatte, während ihr Pastor aus der Bibel vorlas. Sie sagte: „Ich ließ das Wort auf mich regnen. Zum ersten Mal in meinem Leben fühlte ich mich vom Wort gewaschen. Ich habe das Gefühl, als hörte ich die Weihnachtsgeschichte zum ersten Mal."

Sollte nicht jeder die Gelegenheit haben, die Worte auf sich regnen zu lassen und durch das Wort gewaschen zu werden? Doch für sieben Prozent der Weltbevölkerung ist dies nicht möglich. Sie haben noch keine Bibel in ihrer Muttersprache. Laut Wycliffe warten im Jahr 2013 immer noch eine Vielzahl an Volksgruppen, in denen mehr als 1.900 Sprachen und Dialekte gesprochen werden, auf die Bibel in ihrer eigenen Sprache. Obwohl einige davon eine zweite Sprache sprechen oder lesen können, in der die Bibel verfügbar ist, ist es dennoch wichtig, dass sie das Wort Gottes in ihrer Muttersprache haben. Sie ist ihre „Herzenssprache". Es ist die Sprache, die sie am besten verstehen. Und natürlich gibt es unter diesen sieben Prozent auch viele, die keine zweite Sprache sprechen können. Sie haben bisher überhaupt keinen Zugang zur Bibel.

Gottes Wort in jeder Sprache

Vor einigen Jahren nahm ich an einem Missionsleitertreffen teil. Einer der Dienste hat Mitarbeiter mit Linguistik-Diplomen, welche an Bibelübersetzungen arbeiten. Ihr Leiter fragte mich: „Wie können wir mehr junge Menschen in diese Projekte einbinden?"

Ich teilte daraufhin unsere Erfahrung an der Universität für die Nationen in Kona, Hawaii, mit. Drei junge Männer aus einem kleinen Stamm von ungefähr 20.000 Leuten in Nagaland, im Nordosten Indiens, studierten an unserer Universität. Eines Tages sagten sie zu ihrem JmeM-Leiter, Dr. Ron Smith: „Wir haben keine Bibel in unserer Sprache – dem Khoibu-Dialekt. Können Sie uns helfen?"

Dr. Smith und diese drei Studenten sowie zwei Computerexperten nahmen sich der Herausforderung an. Sie brauchten drei Jahre dafür. Das Ergebnis war eine Khoibu-Übersetzung des Neuen Testaments. Dr. Smith schätzt, dass diese Computerexperten ihnen ungefähr zehn Jahre Arbeit ersparten. Sie weihten die vollständige Übersetzung in einem Gottesdienst in Nagaland ein und überreichten schließlich jeder Khoibu-sprachigen Familie ein Neues Testament.

Den Prozess beschleunigen

Um das Neue Testament in Khoibu zu übersetzen nutzten wir moderne Computertechnologie und die Hilfe von Studenten, um den Prozess zu beschleunigen.

Dies ist nur ein Beispiel unter vielen. Wir müssen neue Wege finden, um die Wartezeit der 1.900 Sprachgruppen zu verkürzen, welche noch auf eine Bibel in ihrer Muttersprache warten.

Wycliffe arbeitet mit Linguisten zusammen, die eine umfangreiche Ausbildung haben. Aber auch Laien können bei der Übersetzung der Bibel in andere Sprachen mitwirken. Welche Lösungen können wir entwickeln? Wie können wir hierfür mehr Mitarbeiter gewinnen? Wie können wir den Prozess der Bibelübersetzung effektiver gestalten? In den letzten Jahren haben immer mehr Christen ehrenamtlich in ganz unterschiedlichen Projekten wie Habitat for Humanity, welches Häuser für Obdachlose baut, oder in Ernährungsprojekten für Bedürftige mitgearbeitet. Was können wir tun, um die Aufgabe der Bibelübersetzung zu beschleunigen?

Deine Gemeinde kann dies tun

Es bräuchte nur 1.900 Ortsgemeinden, die jeweils eine Sprachgruppe „adoptieren“, um diesen Teil des Missionsbefehls zu erfüllen. Freiwillige aus der Gemeinde können dann Finanzen beschaffen, um zu einer der 1.900 Volksgruppen zu reisen, wo sie in der Regel einige Menschen finden können, die Englisch oder eine andere Sprache sprechen. Angehörige der Sprachgruppen – vielleicht drei oder vier Repräsentanten der Volksgruppe – können dann englische Audio-CDs der Bibel in einer guten, modernen Übersetzung anhören. Die einheimischen Sprecher können dann Vers für Vers anhören, sich über das Gehörte austauschen und eine mündliche Übersetzung in ihrer Muttersprache Satz für Satz aufnehmen. Freiwillige der adoptierenden Gemeinde können dabeisein, um den Prozess zu organisieren, um zu helfen und zu beten und sogar für Essen und

Trinken zu sorgen. Wenn sich keine gläubigen Christen für diesen Prozess finden lassen, dann kann man auch mit Ungläubigen arbeiten. Schließlich wird die Vers-für-Vers-Übersetzung der Bibel viele von ihnen am Ende für Christus gewinnen.

Wenn diese einheimischen Freiwilligen alle ihre Ideen über den Text zusammengetragen haben, dann kann eine andere Gruppe kommen, die dieselbe Sprache oder den gleichen Dialekt spricht. Mitglieder der zweiten Gruppe hören dann die Aufnahme an, die von der ersten Gruppe erstellt wurde. Dann übersetzen sie diesen Text zurück ins Englische. Dies hilft den Missionaren von der adoptierenden Gemeinde, jede unklare oder irreführende Übersetzung zu entdecken. Es ist sicher gut, diesen Prüfungsprozess ein oder zwei weitere Male zu durchlaufen, um sicherzugehen, dass die Übersetzung auch wirklich genau ist. Freiwillige der adoptierenden Gemeinde können nach einiger Zeit einander ablösen, so dass ein Team immer nur einige Wochen im Ausland ist, um das Projekt zu begleiten.

Danach können diese mündlichen Übersetzungen einer Organisation wie Wycliffe vorgelegt werden, um mit ihnen an der Herausgabe einer geschriebenen Bibelübersetzung zu arbeiten. Solche Dienste ersetzen jedoch niemals die Arbeit von erfahrenen missionarischen Linguisten. Aber es kann das ergänzen, was sie tun, und es kann den Prozess enorm beschleunigen.

Könnte deine Gemeinde so etwas machen? JmeM und Global Recordings erstellen bereits auf sehr ähnliche Weise mündliche Übersetzungen von Büchern der Bibel im Amazonasgebiet. Es ist ein mühseliger und langwieriger Prozess, aber es funktioniert. Es kann an jedem anderen Ort genauso ablaufen, so dass mündliche Bibeln für jede Sprachgruppe produziert werden. Statt vieler Jahre, in denen Übersetzer erst ein Alphabet und eine geschriebene Sprache entwickeln müssen, um danach erst eine schriftliche Bibel in eine neue Sprache zu übersetzen, kann solch eine mündliche Bibel in wenigen Monaten produziert werden. Wir selbst bevorzugen vielleicht keine mündliche Version der Bibel. Aber Zuhörer aus Kulturen, die keine Schriftsprache haben, sind sehr geübt darin, das aufzunehmen und zu behalten, was sie hören. Und viele, die nicht lesen können, sind nur in der Lage, das Wort mündlich zu empfangen. Und der wichtigste Faktor ist, dass sie Gottes Wort in ihrer Herzenssprache aufnehmen können.

Schule im Dschungel

Ein weiterer Weg, um den Prozess der Bibelübersetzung effektiv zu gestalten, ist, die Übersetzer direkt vor Ort zu schulen. Braula Ribeiro ist eine brasilianische Leiterin von JmeM und eine trainierte, erfahrene Linguistin. Sie arbeitet mit 15 Volksgruppen im Amazonas, wovon jede ihre eigene Sprache spricht. Sie lehrt einen Kurs über die Grundlagen von Linguistik und Phonetik in unserem JmeM-Zentrum im Dschungel. Jeder, der will, kann dorthin kommen und trainiert werden. Man kann natürlich auch Einführungskurse in einer Universität belegen. Aber stelle dir einmal vor, diese Kenntnisse direkt auf dem Missionsfeld zu erlernen, direkt auf die Bedürfnisse der Bibelübersetzung zugeschnitten und mit sofortiger Demonstration und Anwendung im wahren Leben! Praktikanten können auf diese Weise sofort an der Erstübersetzung einer mündlichen Bibel arbeiten. Erfahrene Übersetzer und Linguisten können später diese Aufnahmen verwenden, um eine schriftliche Version zu entwickeln.

Gesalbte Geräte

Wie können Einheimische dann diese Übersetzungen hören? Eine mündliche Übersetzung kann dann in hohen Stückzahlen auf CD‘s oder DVD‘s vervielfältigt werden. Zusätzlich hat Global Recordings viele weitere Geräte erfunden, die man auch ohne Strom abspielen kann, zum Beispiel Geräte, die mit einer Handkurbel betrieben werden.

Ken Crowell, der Geschäftsführer von Galtronics in Israel, hat MegaVoice entwickelt, ein Audiogerät, das man in der Hand halten kann – und das keine Tapes oder CDs braucht. Dieses Gerät ist nur von der Dicke und Größe mehrerer Kreditkarten. Es hat keine beweglichen Teile und ist wasserdicht und sehr stabil. Dieses wunderbare System spielt die Botschaften ab, die vorher aufgenommen wurden, und die jederzeit ergänzt oder ersetzt werden können. Das Gerät hat durch Solarenergie aufladbare Batterien, sowie einen 9 Volt Adapter zum Aufladen im Auto. Es kann für individuelles Studium oder in einer Kleingruppe eingesetzt werden. Eines der MegaVoice-Geräte, der Ambassador, enthält die ganze Bibel im Hörformat.

Die Geschichte erzählen

Die Ermöglichung der mündlichen Weitergabe der Bibel ist aber auch noch aus anderen Gründen wichtig.

Eine „neue“ Strategie, Menschen zu erreichen, ist so alt wie Adam und Eva. Seit Anbeginn der Menschheit, haben die Menschen ihre Geschichte, ihre Werte und Informationen durch das Erzählen von Geschichten weitergegeben.

Als Jesus auf der Erde war, lernten ungefähr 93 Prozent der Weltbevölkerung auf mündliche Weise.

Darum nutzte er das Erzählen von Geschichten, um den Menschen zu zeigen, wie Gott ist, und wie Er will, dass sie leben sollen.

Heute folgen Missionare in der „Orality“-Bewegung (mündliche Lehre) dem Beispiel Jesu, um die Verlorenen zu erreichen. Die Mehrheit derer, die noch nie das Evangelium gehört haben – 70 Prozent – sind teilweise oder vollständig Analphabeten. Die New Tribes Mission entwickelte zum ersten Mal in den 70er Jahren eine Methode der chronologischen Erzählung der Bibel in Papua, Neu Guinea. Jetzt nutzen JmeM, Campus Crusade International, Wycliffe, Trans World Radio, der internationale Missionsvorstand der Südlichen Baptisten, und viele andere diese Form des Erzählens von Geschichten, um ganze Volksgruppen zu erreichen, die gewöhnt sind, über das Zuhören zu lernen.

Dies wird an einem Beispiel am deutlichsten. Wir bilden immer wieder Missionsteams aus, die in Städte und Regionen gehen, wo unerreichte Volksgruppen sind.

Unsere jungen Missionare lernen als Vorbereitung sechzig bis achtzig Geschichten, die die ganze Bibel von 1. Mose bis zur Offenbarung umfassen. Diese Geschichten enthalten die grundlegenden Lehren von Gottes Wort und sollen Menschen zu Christus führen und die Prinzipien von individueller und kultureller Transformation lehren. Unsere Teams studieren und diskutieren diese Geschichten mehrere Monate, bevor sie in die Mission gehen, um sicherzugehen, dass die Geschichten kulturell passend und verständlich sind. Wenn sie dann in dem Land sind, suchen sie einen Menschen, der gut Englisch spricht, damit er ihnen als ihr Übersetzer helfen kann.

Das Team wird dann seine Geschichten innerhalb einiger Monate erzählen, meistens während öffentlichen Treffen der Einheimischen. Da die meisten unerreichten Volksgruppen Entscheidungen als Gemeinschaft treffen anstatt als Individuen, können sie so gemeinsam an einen Punkt von Glauben und Verständnis geführt werden. Das Team wird für ungefähr ein Jahr mit der Volksgruppe leben. Ihr Ziel ist es, eine Gemeinschaft von Gläubigen zur Geburt zu bringen. Diese Gläubigen lernen die Geschichten auswendig, damit auch sie wieder andere erreichen können.

Dieses eine Beispiel zeigt, was an vielen Orten geschieht. Ich bin sicher, dass wir auf diese Weise eine große Zahl von Menschen in den nächsten Jahren zum Glauben kommen sehen. Der Präsident vom International Orality Network, Avery Willis, bringt es auf den Punkt: „Geschichten dienen als Brücken, sie entfernen Barrieren und machen das Evangelium ganz lebendig und relevant für die Zuhörer."

Wie wichtig die Orality Mission auch ist, um neue Volksgruppen für Christus zu erreichen und ihre Gemeinschaften zu transformieren, so wissen wir dennoch, dass Menschen auch lernen müssen, wie man liest und schreibt, um ihr volles Potenzial zu entfalten. Fast einer von sechs Menschen auf der Welt ist noch Analphabet. Was kann getan werden, um diesen Menschen zu helfen, Gottes Wort kennenzulernen und zu verstehen?

Eine erstaunliche Abkürzung zum Lesen

Ich sehe Gottes Hand in allen Arten von technologischen Erfindungen und Entwicklungen. Ich spüre, wie Er uns ermutigt, voranzugehen und weitere Entdeckungen zu machen, die es ermöglichen, dass jede Person auf der Erde Sein Wort empfängt. Eine der aufregendsten Durchbrüche ist ein einfaches Schreibsystem, durch das jeder lernen kann, in nur zwei Wochen eine Sprache zu lesen.

Ich weiß, das klingt fast unglaublich. Wie kann man einem völligen Analphabeten in zwei Wochen das Lesen beibringen? Aber es ist wahr. Es ist ein einfaches phonetisches System, das sehr einfach und schnell zu verstehen ist. Diese neue Technik wurde von Dr. Sek Yen Kim-Cho entwickelt, einer koreanischen Linguistin und Professorin, die Doktoranden an der State University von New York in Buffalo lehrt. Vor mehr als 30 Jahren betete Dr. Kim-Cho eine ganze Nacht hindurch und fragte den Herrn, was sie mit ihrem Leben tun solle. Der Herr sagte ihr, dass sie ein Schreibsystem entwickeln solle, welches Missionaren hilft, Analphabeten zu lehren das Wort Gottes zu lesen.

Nach 30 Jahren Arbeit an diesem Projekt, erfand Dr. Kim-Cho ein globales Schreibsystem. Sie nannte es Nurigeul, nach dem vereinfachten Alphabet, das Koreas König Sejong im 15. Jahrhundert entwickelt hatte. Inspiriert durch ihr Studium von König Sejong entwickelte sie ein System, bestehend aus Symbolen für jeden Klang, den Menschen in den fünf Bereichen von Kehle und Mund entwickeln. Diese Klänge sind grundlegend für jede Sprache der Erde. Als Dr. Kim-Cho Nurigeul dieses allumfassende Alphabet vor der United Nations Educational Scientific und Cultural Organisation (UNESCO) vorstellte, standen die Delegierten für einen lang anhaltenden Applaus auf. Sie konnten das enorme Potenzial des Systems für Entwicklung in allen Nationen erkennen. Dr. Kim-Cho informierte die UNESCO, dass ihr Schreibsystem hauptsächlich für Missionare entwickelt wurde, um Analphabeten das Lesen beizubringen, damit sie die Bibel lesen können.

Die zwei Mongoleien

Für diejenigen von uns, die in Ländern aufgewachsen sind, wo die allgemeine Schulpflicht gilt, ist es schwer, sich vorzustellen, wie Dr. Kim-Chos Schreibsystem die Menschen befreien wird. Nehmen wir zum Beispiel China. Laut Dr. Kim-Cho sagen Experten, dass etwa 70 Prozent der Chinesen immer noch Analphabeten sind, obwohl Regierungsberichte dies leugnen und die Zahl bei 10 Prozent ansetzen. Dr. Kim-Cho erklärt die Diskrepanz damit, dass die chinesische Regierung alle als gebildet und kundig ansieht, die bis zur zweiten Klasse die Schule besucht haben, ungeachtet dessen, ob sie wirklich lesen und schreiben können. Aber es ist sehr schwierig, die tausende von chinesischen Schriftzeichen zu lernen. Die meisten Schüler haben sie nach der zweiten Klasse noch nicht gelernt. Es braucht viele Jahre Übung, damit chinesische Jungen und Mädchen lernen, wie man liest und schreibt.

Man kann dieses Problem auch sehen, wenn man die zwei Mongoleien miteinander vergleicht: Russland kontrolliert seit Jahren die äußere Mongolei, so dass die Menschen dort gelernt haben, ihre Sprache in kyrillischen Buchstaben zu schreiben. Aber auf der anderen Seite der Grenze haben die Chinesen das Volk der inneren Mongolei gelehrt, ihre Sprache mit chinesischen Schriftzeichen zu schreiben. Beide sprechen jedoch dieselbe Sprache. Die äußere Mongolei ist zu 80 Prozent lese- und schreibkundig, die innere Mongolei nur zu 10 Prozent.

Warum ist das wichtig? Es ist entscheidend für die Entwicklung eines Landes, ob seine Menschen lesen und schreiben können. Ein Land kann sich nie entwickeln, wenn Analphabetentum das Volk behindert. Und noch wichtiger ist, dass ein Volk nie eine Bibel lesen kann, wenn es niemals lesen gelernt hat.

Machtvolle Werkzeuge in unseren Händen

Eines Tages bekam ich einen Anruf in Kona. Es war ein lieber Freund von mir, Dr. Kun Mo Chung, der mich aus Südkorea anrief.

Er ist Präsident einer Universität in Seoul. Er erzählte mir von Dr. Kim-Cho und ihrem universalen Schreibsystem. Wir arrangierten einen Besuch von ihr in Kona. Dort stellte sie mir und anderen Leitern der Universität für die Nationen ihr Schreibsystem vor. Sie zeigte uns ein chinesisches Neues Testament in Nurigeul, dem globalen Schreibsystem, mit den chinesischen Zeichen in der zweiten Spalte daneben. Wir betrachteten es mit Erstaunen. Dr. Kim-Cho nutzt es, um chinesischen Analphabeten beizubringen, innerhalb von zwei Wochen die Bibel in ihrer eigenen Muttersprache zu lesen. Jetzt stellt Dr. Kim-Cho ihr System allen Missionaren zur Verfügung, um ihnen zu helfen, den Missionsbefehl zu erfüllen.

Wir haben ein enormes Vorrecht, dass wir heute leben dürfen. Wir stehen kurz davor, die Erfüllung all dessen zu sehen, wonach Gläubige seit Jahrtausenden gestrebt haben. Diejenigen, die lange vor uns gearbeitet haben, und diejenigen, die erst seit kurzer Zeit dienen, haben machtvolle Werkzeuge in unsere Hände gegeben. Jetzt liegt es an uns. Wir müssen unsere Herzen und unseren Sinn offen und lernbereit halten – um Gottes Ruf zu hören, Seine Führung und Kraft zu empfangen, und um die vor uns liegenden Gelegenheiten zu nutzen. Gott ruft uns immer dazu auf, unsere Vorstellung genauso zu nutzen wie unsere Willenskraft. Wir dürfen nicht auf alten Gleisen festgefahren sein, Dinge zu tun. Gott will, dass wir die Möglichkeiten sehen, und dass wir bereit sind, von neuen Dingen zu träumen, um sie dann in Seiner Kraft zu tun. Denn mit Gott können wir das alles erreichen!

Teil 6

Halte deine Augen auf Gott gerichtet

Kapitel 30

Der Geist und das Wort

In den letzten 30 Jahren hat sich auf der ganzen Welt eine große Gebetsbewegung ausgebreitet. Die Fürbitte für Nationen und Volksgruppen nimmt immer mehr zu und ist eine der wichtigen Bewegungen Gottes in unserer Zeit. Außerdem evangelisiert die Kirche Jesu Christi in einem nie dagewesenen Maße und nimmt sich gleichzeitig der Nöte von Armen und Bedürftigen an. Zusätzlich zu diesen guten Trends entdeckt Gottes Volk Lobpreis und Anbetung auf ganz neue Weise.

Dennoch habe ich auf meinen Reisen durch die Nationen in den letzten Jahrzehnten auch gesehen, was fehlt. Wir trainieren Christen nicht als Jünger im Wort Gottes. In den meisten Gemeinden, sogar in Mega-Gemeinden, verbringen wir eine Stunde, manchmal sogar eineinhalb Stunden mit dem Singen von Lobpreisliedern. Wir genießen es. Das ist gut. Wenn jedoch ein Prediger mehr als zwanzig, dreißig Minuten das Wort Gottes lehrt, dann beklagen sich die Leute. Und für viele sind diese zwanzig Minuten die ganze Bibel, die sie in der Woche lesen oder hören werden!

Wir müssen die Balance wiederherstellen. Wir brauchen gründliche Bibellehre gepaart mit dem Leben im Geist und einem aktiven Gebetsleben. Wenn wir nur Zeit in Lobpreis und Anbetung verbringen und im Fürbittgebet, aber nicht die Wahrheiten in Gottes Wort studieren, dann bleiben unser Denken und unsere Gewohnheiten unverändert – sie werden nicht erneuert. Ebenso werden das Denken und die Handlungsweisen unserer Länder unverändert bleiben.

Mit der Schrift durchdrungen, aber verloren

Eine andere Gefahr liegt am anderen Ende des Spektrums. Einige Leute lieben es, viel Zeit in ihren Bibeln zu verbringen und die Schätze der Wahrheit zu erforschen. Wenn sie dies jedoch ohne Hilfe und unabhängig vom Heiligen Geist tun, dann geraten sie in eine andere Falle. Der Buchstabe des Wortes ist nicht nur unzureichend, die Bibel sagt sogar, dass der Buchstabe des Wortes tötet. Hier wird die Bibel selbst zu einer Art Götzendienst, der Christen zu Passivität verführt. Dies ist der Fall, wenn Christen ihre Hoffnung und ihren Glauben in die Bibel selbst setzen, anstatt in den Autor der Schrift. Sie sind bekannt für ihre theologische Reinheit und schließlich auch für ihre Gesetzlichkeit, Strenge und Intoleranz. Sie sind nicht bereit, ihre Ansichten zu ändern, selbst wenn der Herr versucht, ihre Aufmerksamkeit zu erlangen.

Die Pharisäer waren das beste Beispiel für diese Haltung. Die religiösen Leiter zu Jesu Zeiten waren Männer des Wortes. Sie achteten die heiligen Schriften auf eine Weise, an die wir heutzutage nicht heranreichen. Jeder jüdische Junge musste den Pentateuch (die fünf Bücher Mose) auswendig lernen, und zwar im Alter von zwölf Jahren. Die Pharisäer kannten die Schriften Zeile für Zeile, Komma für Komma, vorwärts und rückwärts, sowie die rabbinischen Lehren von Jahrhunderten, die die Schriften ergänzten. Sie waren mit der Schrift durchdrungen, aber sie waren verloren. Jesus sagte, sie seien wie Blinde, die andere Blinde zu führen versuchen. Wenn sie andere bekehrten, dann multiplizierten sie nur ihren eigenen geistlichen Bankrott. Die Pharisäer waren stolz auf ihre Kenntnis der Schriften, hatten aber keine Ahnung davon, dass sie den Autor derselben ablehnten, der direkt vor ihnen stand.

Wie können wir diese Falle vermeiden? Wie können wir die Bibel lieben und ihre Wahrheiten herausfinden, ohne in die Falle von religiösem Stolz und Täuschung zu geraten, den Buchstaben des Gesetztes, der Tod bringt? Wir müssen Gott durch Seinen Geist bitten, uns Sein Wort zu offenbaren. Der Geist und das Wort zusammen bringen Leben.

Fidschi: Eine dramatische Rückkehr zum Leben

Manchmal kann das Leben, das der Geist und das Wort gemeinsam bewirken, auf ganz buchstäbliche und erstaunliche Weise erfahren werden. Kürzlich hatte ich einen ungewöhnlichen Besuch von drei Repräsentanten des Fidschi-Volkes in unserer Universität für die Nationen auf Kona, Hawaii.

Die Männer waren mit einem wichtigen Auftrag ihrer Regierung und der Pastoren von Fidschi gesandt worden. Wir stellten unsere besonderen Gäste in einer großen Versammlung unseren 800 Mitarbeitern und Studenten vor. Die Männer trugen Gewänder aus Fidschi. Mit großer Würde saßen sie mit verschränkten Beinen auf dem Boden unseres großen Pavillons und hielten ihre feierliche, ernste Rede nach typischer Art von Insulanern. Zuerst ehrten sie mich mit der Übergabe eines Walzahnes. Später erfuhr ich, dass sie dieses Geschenk nur sehr selten weitergeben. Die Zähne von Walen werden von Generation zu Generation in Familien von Häuptlingen und Königen weitergereicht. Es ist die höchste Form der Ehrung, die man in Fidschi erfahren kann. Wenn man von ihnen den Zahn eines Wals erhält, dann verknüpfen sie den Beschenkten mit sich selbst und mit ihrer Geschichte in einer hohen Wertschätzung.

Als die Reden der Männer von Fidschi übersetzt wurden, erfuhren wir den Zweck ihres Besuchs. Sie baten Jugend mit einer Mission, ihnen zu helfen, Gottes Bestimmung für ihre Nation zu erfüllen. Würden wir zu ihnen nach Fidschi kommen und ihnen mehr Lehre von Gottes Wort geben?

In den letzten Jahren hat Fidschi den Beginn einer nationalen Erweckung erlebt. Die Art von Transformation, die wir in diesem Buch beschrieben haben, beginnt dort zu geschehen. Es fing alles an, nachdem Fidschi durch zwei gewaltsame Aufstände im Jahr 2000 ging. Obwohl die führenden Persönlichkeiten des Landes die Rebellion niedergerungen und die Anstifter ins Gefängnis gesteckt hatten, fühlten sie, dass ihr Land in den Augen der Welt an Ansehen verloren hatte. Ihre Jugend war auf Abwegen. Ihr Land war dabei, in jeder Beziehung die Richtung zu verlieren.

Eine einmalige Fußwaschung

Für diejenigen, die Fidschi nicht so gut kennen: Fidschi ist die Nummer eins in Kommunikation, Bildung und Handel im Südpazifik (Polynesien und Melanesien). Seine ca. 830.000 Einwohner sind zur Hälfte einheimische Fidschis, die zumeist Christen sind, und zur anderen Hälfte Indo-Fidschis, die zum Großteil Hindus und Muslime sind, deren Vorfahren als Arbeiter während der britischen Kolonialzeit von Indien nach Fidschi gebracht wurden.

In den letzten Jahren ärgerten sich viele der einheimischen Fidschis aufgrund des finanziellen und politischen Erfolges der Indo-Fidschis. Im Jahr 2000 kam es dann zu einem Ausbruch der Gewalt, wo Fidschianer viele indische Geschäfte plünderten und niederbrannten. Aufständische Fidschis vergewaltigten indische Frauen und verletzten viele Einwohner. Einige starben durch die Gewalttaten.

Während dieser für das Land so schrecklichen Zeit wandte sich der Premierminister Laisenia Qarase an die Pastoren und geistlichen Leiter des Landes und bat sie, die Streitigkeiten zwischen den Kirchen zu beenden. Er hatte den Eindruck, dass die Bitterkeit im Leib Christi zu der tiefen Spaltung im Land beitrug. Die geistlichen Leiter kamen zusammen und baten einander um Vergebung für Groll und üble Nachrede. Dann bat der Premierminister die Pastoren, Gott zu suchen und zu fragen, was das Land tun solle. Die geistlichen Leiter fingen an zu beten und zu fasten. Der Premierminister und der Präsident taten dasselbe und riefen auch das Volk des Landes auf, zu fasten und zu beten.

Nachdem die politische Stabilität wiederhergestellt war, organisierte der Premierminister Qarase eine Versammlung im Albert Park in Suva, der Hauptstadt Fidschis. Fast alle christlichen und auch die politischen Leiter waren anwesend. Sie entschuldigten sich offiziell bei der Bevölkerung der Indo-Fidschis und bei der Öffentlichkeit. Dann, in einem erstaunlichen Erweis von Buße, ging der Premierminister auf seine Knie vor dem Oppositionsführer Mahendra Chaudhry, einem Hindu, und bat ihn um Vergebung. Als nächstes nahm der

Premierminister eine Schüssel und ein Handtuch und wusch seinem politischen Gegner die Füße. Hunderte von Fidschis folgten dem Beispiel ihres Premiers an diesem Tag im Albert Park, indem sie sich einander zuwandten und weinend um Vergebung baten.

Heilung des Landes

Buße und Wiederherstellung endeten jedoch nicht an diesem Tag im Albert Park. Die Pastoren trafen sich weiter miteinander und baten Gott, ihnen zu zeigen, wie sie ihrem Land Heilung bringen und wie sie die Leiter der Regierung beraten sollten.

Als die Pastoren den Herrn suchten, da empfingen sie einen sehr genauen Plan. Dieser Plan, der mittlerweile umgesetzt wurde, umfasste ein mobiles Team von Pastoren und Laien, und nennt sich „Heilung des Landes“. Dieses Team ist bereit, in jedes Dorf zu gehen, wenn sie von dem Leiter des Dorfes eingeladen werden. Dann fasten und beten sie eine Woche vor Ort. Danach besuchen sie alle Menschen von Tür zu Tür. Jeden Abend halten sie Bibelstunden. Der Lehrplan ist strukturiert und umfangreich, mit Lehre über Grundlagen des Glaubens und der Gelegenheit, Buße zu tun und mit geistlichem Kampf auf Probleme des Ortes zu reagieren.

Bill Efinger und ein Team von JmeM Kona gingen vor kurzem mit einem „Heilung-des-Landes“-Team zu einer ihrer Einsätze. Sie reisten zu dem Dorf Saunauka mit 500 Einwohnern.

Buße in der heißen Sonne

Bill sagte: „Jeden Abend kam das ganze Dorf nach draußen, um Bibellehre zu hören.“ Nachdem das Team gründlich die Bedingungen von Buße und Versöhnung erklärt hatte, gab es den Menschen die Gelegenheit, darauf zu reagieren. Das ganze Dorf schloss ein Bündnis, dem Herrn Jesus Christus zu dienen. Jeder. Einhundert Prozent. Am Samstag versammelten sie sich für eine offizielle Zeit der Buße und Versöhnung. Den ganzen Tag saßen sie im Schneidersitz auf dem Boden in der heißen Sonne. Die Häupter führender Familien, der Bürgermeister, und die ganze Bevölkerung bekannten einander abwechselnd ihre Sünden.

„Es geschah auf würdevolle Weise, gemäß dem Protokoll der Insel, aber wir konnten ihre Leidenschaft spüren“, sagte Bill. „Wir folgten den Gebeten voller Erstaunen, während unsere Übersetzer uns die Inhalte wiedergaben. Die Einwohner des Fidschi-Dorfes baten einander ganz offen und für konkrete Dinge um Vergebung.“ Eine Witwe bekannte, dass sie von Geldern gelebt hatte, die ihr verstorbener Ehemann über Jahre der Kirche gestohlen hatte. Die Sportler des Dorfes – das Fußballteam, die Rugbyspieler und das Volleyballteam – traten gemeinsam vor die Versammlung. All die großen, schmächtigen Jungs standen still mit geneigten Häuptern da, während ihre Sprecher um Vergebung baten für ihre Rebellion, Trunkenheit und Ungehorsam den Eltern gegenüber.

George Otis berichtet in seiner Dokumentation „Let the Sea Resound“ von ähnlichen Versammlungen, die in 14 Fidschi-Dörfern stattfanden. In einem Dorf, wo ihre Vorväter einen Missionar im 19. Jahrhundert getötet und gegessen hatten, waren die Einwohner von Schuld geplagt. Sie zahlten die Flugtickets, um die Nachkommen des Opfers aus England einzufliegen, damit sie persönlich um Vergebung bitten konnten.

In einer anderen Handlung der Buße rissen Marihuana-Pflanzer 13.864 Pflanzen aus und verbrannten diese im Hochland von Fidschi, was einem geschätzten Wert von 11 Millionen Dollar entsprach. Ein Leiter der Versöhnungs-Bewegung, Savenaca Nakauyaca, sagte: „Sie erkannten, dass sie schuldig waren, das Land zu verunreinigen und darum unter Gottes Fluch waren. Darum zerstörten sie ihre Drogenfarmen und gaben ihre Herzen Gott.“

Andere gaben Zauberrituale auf, die ihre Vorfahren überliefert hatten. Bill Efinger berichtet davon, wie er den Dorfbewohnern von Saunaka dabei zusah, wie sie alle ihre Götzen und Zauberartikel auf einem großen Feld verbrannten.

Dieser ganze Prozess wurde von Bibellehre begleitet und durchdrungen. Das Team von „Heilung für das Land“ führt intensive Bibelstudien in bekehrten Dörfern durch, in denen es den Leuten zeigte, wie sie persönlich und als Gemeinschaft leben sollten. Während das Volk Buße tat und anfing, richtig zu leben, hat Gott buchstäblich neues Leben in ihr Land zurückgebracht.

Heilung der Umwelt

Eine erstaunliche Sache ist in dem Dorf Rukua geschehen, das am Meer liegt. Das Korallenriff bei diesem Dorf war in den letzten Jahren am Absterben. Da ihr Lebensunterhalt von den Fischen abhing, die sich von dem Korallenriff ernährten, waren die Dorfbewohner verzweifelt. Nachdem sie sich vor Gott gedemütigt hatten, erwachte ihr Korallenriff zu neuem Leben, und die Fische kamen wieder. Stell dir das mal vor! Es braucht Jahrhunderte für das Wachstum eines Korallenriffs. Aber Gott stellte ihr Korallenriff buchstäblich über Nacht wieder her. Dasselbe geschah in einem anderen Dorf, in Nateleira.

In dem Dorf Nuku, das im Inneren von Naitasiri liegt, war die Hauptquelle des Wassers seit mehr als 40 Jahren verschmutzt und säurehaltig. Drei Tage, nachdem die Dorfbewohner Buße getan hatten, sagte Nakauyaca: „Gott heilte den Bach. Er wurde wieder sauber und rein.“

Die Einwohner von Fidschi berichten aus dem ganzen Land ähnliche Geschichten. In einigen Orten sind die Fische in leblose Bereiche des Meeres zurückgekehrt. An einem anderen Ort zerstörten Wildscheine die Ernten. Sie verschwanden ganz plötzlich. Als diese Geschichten sich herumsprachen, luden die Leiter von weiteren Dörfern und von anderen Inseln das „Heilung-des-Landes“-Team zu sich ein. An vielen Orten, wo sie gedient haben, hat das Team erlebt, dass 100 Prozent der Menschen Buße taten und ihre Hingabe an Jesus Christus aussprachen.

Die Drehbücher neu schreiben

Das Wort Gottes beeinflusst nicht nur das Innere des Landes. Vini Guanavinaka, eine Leiterin der JmeM-Schule in Kona, sagte: „Es gibt eine verstärkte Hingabe an Evangelisation und Mission … und ein neues Verlangen, Christentum in jedem Bereich des Lebens anzuwenden.“ Sie sagt, dass auch die Indo-Fidschis, die fast alle Hindus sind, sich jetzt auch zum Herrn bekehren. Die Anzahl der gläubigen Christen hat sich verdoppelt. Erweckung trägt auch Früchte auf der persönlichen Ebene.

Über die Geschäftswelt sagt der Fidschi Kalara Vusoniwailala: „In der Hauptstadt Suva hat fast jede Firma eine Bibelgruppe während der Woche. Es gibt eine Erweckung in der Wirtschaft, und die Leute wollen die praktische Anwendung ihres Glaubens verstehen.“ Ebenso treffen sich Mitarbeiter im Medienbereich regelmäßig, um Gottes Wort zu studieren, indem sie Gott fragen, wie sie sich verhalten sollen. Vini berichtet von einem berühmten Nachrichtensprecher, der seine Informationsblätter neu schreibt, um faire und wahrheitsgetreue Nachrichten im Fernsehen weiterzugeben.

Ich glaube nicht, dass ich eine buchstäblichere Erfüllung und Demonstration der Prinzipien aus 2. Chronik 7,14 zu meinen Lebzeiten gesehen habe. Wir versprachen der Delegation aus Fidschi, die gekommen war, um uns um Hilfe zu bitten, dass wir alles in unserer Macht Stehende tun wollen, um das Wirken Gottes dort zu maximieren. Wir werden mehr Training in Fidschi anbieten. Unser Ziel ist es, dem Volk von Fidschi zu helfen, diese Transformation über ihre Grenzen hinaus zu verbreiten. Diese Art von Transformation ist nicht nur für die Fidschi-Inseln. Gott verheißt jedem von uns: „Wenn mein Volk, über dem mein Name ausgerufen ist, sich demütigt, und sie beten und suchen mein Angesicht und kehren um von ihren bösen Wegen, dann werde Ich vom Himmel her hören und ihre Sünden vergeben und ihr Land heilen.“ (2. Chronik 7,14) Ich freue mich darauf zu sehen, was als nächstes geschieht. Wir werden erleben, was Gott noch alles in Fidschi tut, und in den Nationen, in denen Christen aus Fidschi als Missionare arbeiten.“

Kapitel 31

Jesus, das lebendige Wort

Was immer die Herausforderungen sind, in welchem Land auch immer es Probleme gibt: Gott hat die Antworten. Ganz gleich, wie verhärtet, ungläubig, moralisch verschmutzt oder bedrückt eine Nation ist: Der Herr will Leben und Wiederherstellung bringen. Wir brauchen mehr als Pläne oder Strategien. Wie wir am Beispiel von Fidschi gesehen haben, braucht es die Kraft des Heiligen Geistes, zusammen mit dem Wort Gottes, um Heilung zu bringen.

Jesus selbst ist die Quelle allen Lebens und von Heilung. Wir müssen Ihn durch Sein Wort kennen, und wir müssen Jesus auf jeder Seite sehen. Die Bibel wurde nicht wie andere Bücher geschrieben. Sie wurde von Menschen geschrieben, deren Verstand übernatürlich durch den Heiligen Geist erleuchtet war. Sie sollte auf dieselbe Weise gelesen werden. Je mehr Zeit wir im Wort mit der Salbung des Heiligen Geistes auf unserem Denken verbringen, umso mehr werden wir Jesus im ganzen Wort Gottes entdecken.

Im ersten Kapitel des Johannesevangeliums lesen wir: „Am Anfang war das Wort, und das Wort war von Gott, und das Wort war Gott … und das Wort wurde Fleisch und wohnte unter uns.“ Wir bauen die richtige Grundlage für die Transformation von Menschen und Nationen auf, wenn wir verstehen, wer Gott ist – wenn wir Ihn lieben und Seine Wege verstehen lernen.

Als 7-jähriger Junge lernte ich die Namen aller 66 Bücher der Bibel auswendig. Viele Jahre später erzählte mir ein befreundeter Pastor aus Südafrika von einer Predigt, die er von Oral Roberts gehört hatte. Der große Heilungsevangelist sagte, dass wir Jesus in jedem Buch der Bibel entdecken können. Als mein Freund das sagte, ging ich in meinem Inneren die Bücher der Bibel durch und dachte an Beispiele, die dies belegen. Dann ging ich tiefer und erforschte das Wort daraufhin. Ich ermutige dich, dasselbe zu tun. Halte in jedem Buch Ausschau nach Jesus. Hier ist einiges von dem, was ich dabei entdeckt habe.

Jesus in der ganzen Bibel

Jesus, das lebendige Wort, ist der Schöpfer im 1. Buch Mose, der Befreier im 2. Buch Mose, der Hohepriester im 3. Buch Mose, der gute Spion im 4. Buch Mose, der Gesetzgeber im 5. Buch Mose, der Eroberer in Josua, der gerechte Richter in Richter, und der verwandte Löser in Ruth. Jesus ist der zweite David in 1. und 2. Samuel, der König der Könige in 1. und 2. Könige und der Geschichtsschreiber im 1. und 2. Chronikbuch. Er ist der Wiederhersteller des Tempels in Esra. Jesus ist der Erbauer unserer Mauern des Schutzes in Nehemia. Er ist der König, der Sein Volk rettet, in Esther.

In Hiob ist Er der lebendige Erlöser, der einen doppelten Segen freisetzt, nachdem Satan uns bestohlen hat. Er ist das Objekt unseres Lobpreises und unserer Anbetung im Buch der Psalmen. Er ist die Weisheit in den Sprüchen, der große Prediger im Buch Prediger, und der Liebhaber unserer Seele im Hohelied Salomos.

Jesus ist der erhöhte und hoch erhabene König in Jesaja, auf dessen Schultern die Regierung ruht; aber Er ist auch der leidende Knecht, der für uns geschlagen und gestorben ist. Er ist der weinende Prophet in Jeremia, der wegen der Sünden Seines Volkes gebrochen ist. Er verkörpert die Tränen Gottes in den Klageliedern. In Hesekiel fällt der Prophet vor Jesus nieder, dessen Aussehen wie glänzende Bronze ist. In Daniel ist Er der vierte Mann im Feuerofen, sowie der nicht von Händen gemachte Stein, der die Fundamente der Reiche dieser Welt zerstört.

Jesus ist der Ehemann mit dem gebrochenen Herzen in Hosea. Er ist der verheißene Spätregen in Joel. In Amos ist Er die von oben herabkommende Gerechtigkeit, die wie ein Strom fließt. In Obadja ist Er der Herrscher und Richter der Nationen. Er ist der Gott der zweiten Chance im Buch Jona. Er handelt gerecht, liebt Erbarmen und wandelt demütig in Micha. In Nahum ist Er der Zorn Gottes. Er offenbart die Vision klar und deutlich in Habakuk, und Er verheißt uns darin, dass die Erkenntnis von Jesus, der Herrlichkeit Gottes, die Erde bedecken wird, wie Wasser den Meeresboden bedeckt.

Er singt über uns mit Freuden in Zefania. Er ist die spätere und größere Herrlichkeit in Haggai und derjenige, der die Nationen erschüttert. In Sacharja ist Er es, der das Gewand des Hohepriesters reinigt, und zu uns sagt: „Nicht durch Heer oder Kraft soll es geschehen, sondern durch meinen Geist." In Maleachi bringt Jesus die Generationen zusammen, die Väter zurück zu den Söhnen und die Söhne zurück zu den Vätern.

In Matthäus ist Er der Messias; in Markus der höchste Befehlshaber; in Lukas der Menschensohn; und in Johannes der Sohn Gottes. Er ist der Erbauer und das Haupt der Gemeinde in der Apostelgeschichte. Er ist der zweite Adam, der uns zu Abba Vater im Römerbrief bringt, und der es für uns ermöglicht, als Seine Miterben adoptiert zu werden. Im 1. Korintherbrief ist Jesus die Liebe, die größer ist als Glaube und Hoffnung. Im 2. Korintherbrief ist Er der wahre Apostel. Im Galaterbrief ist Er das lebendige Beispiel aller Früchte des Geistes; Er ist derjenige, in dem es weder Juden noch Griechen, weder Sklaven noch Freie, Mann oder Frau mehr gibt. Wir sind eins in Ihm, der selber den Leib eins macht.

Der Epheserbrief offenbart Jesus als den Eckstein und die volle Waffenrüstung Gottes, die wir anlegen: Den Helm des Heils, den Brustpanzer der Gerechtigkeit, den Gürtel der Wahrheit um unsere Lenden, das Evangelium des Friedens an unseren Füßen, den Schild des Glaubens und das Schwert des Geistes. Im Philipperbrief ist Er derjenige, der sich selbst entleert hat, der die Herrlichkeit des Himmels verließ, der starb und in den Abgrund der Hölle stieg, um vom Vater auferweckt zu werden. Er wurde über jeden Namen erhöht. Jedes Knie wird sich vor Ihm beugen und bekennen, dass Er der Herr ist, zur Ehre des Vaters; und durch Jesus Christus können wir alle Dinge tun. Im Brief an die Kolosser sehen wir, dass Er die Welt geschaffen hat, und immer noch alles durch das Wort Seiner Macht zusammenhält, auch unser Leben, unsere Familien und unsere Dienste.

Der 1. Thessalonicherbrief zeigt uns Jesus fürsorglich wie eine Mutter, die ihre Kinder pflegt und als einen Vater, der für Seine Kinder sorgt. In 2. Thessalonicher wird Jesus als König offenbart, der wiederkommt in großer Herrlichkeit und Majestät. In 1. Timotheus ist Er der eine Mittler zwischen Gott und Mensch und das wahre Vorbild für die Ältesten. Jesus überbrückt die Generationen in 2. Timotheus, indem Er den Glauben der Großmutter Lois, der Mutter Eunice und des Sohnes Timotheus vereinigt.

Er ist der Reiniger der Gemeinde in Titus und derjenige, der die Sklaven im Philemonbrief befreit. Im Hebräerbrief ist Jesus die wahre Ruhe des Glaubens und der Hohepriester nach der Ordnung Melchisedeks, und der Anfänger und Vollender unseres Glaubens. In Jakobus verkörpert Er die guten Werke, die lebendigen Glauben begleiten. In 1. Petrus, während Zeiten der Verfolgung und des Märtyrertums sagt Jesus Seinem Volk: „Werft alle eure Sorgen auf mich, denn Ich sorge für euch!" In 2. Petrus ist Er der kostbare Retter.

In 1. Johannes sagt Er: Wenn wir unsere Sünden bekennen, dann wird Er uns vergeben und uns reinigen. Wenn wir Ihn kennen, dann werden wir Ihn lieben und Seine Gebote bewahren. In 2. Johannes ist Er der vollkommene Pastor, der für die Seinen sorgt, und in 3. Johannes ist Er der gute Leiter, der sich um die Fremden kümmert und um diejenigen in Reisediensten. In Judas warnt Er vor falschen Propheten – die ähnlich sind wie Kain, der seinen Bruder ermordete; Bileam, der Gottes Volk verfluchte; und wie Korach, der seine Brüder zur Spaltung verführte.

Er ist die Herrlichkeit, die Majestät, Herrschaft und Autorität vor aller Zeit, jetzt und für immer. Im Buch der Offenbarung offenbart sich Jesus dem Johannes, damit Er Ihn in Seiner Herrlichkeit sieht. Menschen aus jeder Nation, Stamm, Volks- und Sprachgruppe werden Ihn ehren und preisen mit Liedern in ihrer Sprache und mit Tänzen ihrer Kultur.

Er ist derjenige, der auf dem weißen Pferd reitet und den Drachen und das Biest besiegt. Jeder Mensch, der je gelebt hat, wird vor Ihm stehen, denn Er sitzt auf dem großen, weißen Thron. Er wird alle richten, und wird die Gerechten von den Ungerechten trennen. Offenbarung 21 zeigt, wie die Nationen kommen und ihre Herrlichkeit zu Seinen Füßen niederlegen, die Herrlichkeit, die sie durch Jesus im Wort Gottes kennengelernt und empfangen haben. Und Er ist, wie das letzte Kapitel sagt, das Alpha und das Omega, der Anfang und das Ende, der war und ist und der da kommt, der Allmächtige.

Jesus ist daher das Wort im Wort, der uns durch den Heiligen Geist real gemacht wird. Er wird zum lebendigen Wort in unserem Leben, in unserer Gesellschaft und in jeder Nation der Erde.

Lass es uns tun!

Wenn wir die Bibel studieren, dann können wir Gottes Wege kennenlernen. Wir sehen, wie Er Menschen in der Vergangenheit geleitet hat. Dies ist uns ein Vorbild und Beispiel für die Kämpfe, durch die wir in unserer Generation gehen. Je mehr wir Sein Wort studieren, umso mehr werden wir Antworten entdecken, selbst für die schwierigsten Probleme unserer Zeit.

Manchmal scheint es so, als seien die Probleme der Welt unlösbar. Wie kann jemand ein Volk transformieren, das tiefsitzende schlechte Gewohnheiten und bittere Früchte hat?

Gott stand vor demselben Problem, als Er Sein Volk aus der Sklaverei in Ägypten befreite. Nach vierhundert Jahren hatten die Hebräer eine Sklavenmentalität. Obwohl sie Errettung und Befreiung durch das Blut des Passalammes erlebt hatten, wussten sie nichts darüber, wie sie sich verhalten sollten, wie ihre Familien, ihre sozialen Gruppen und ihr Land organisiert sein sollten.

Gott gebrauchte Mose, um diese Millionen befreiter Sklaven zu Jüngern zu machen und sie zu einer Nation zu bauen. In den folgenden Jahrhunderten segnete diese relativ kleine Volksgruppe die ganze Welt, genau wie Gott es Abraham verheißen hatte. Sie taten dies, indem sie uns die Bibel und Jesus, Gottes Sohn, gaben.

Heute können wir das Wort als das lebendige Wort jedem bringen, der immer noch wartet. Wir können die ganze Welt verändern. Wir können Nationen bauen und neu errichten – auch die, die das Buch seit Generationen verloren haben, auch jene, die es in jüngster Zeit aufgaben, und alle, die es noch nie gehört oder gesehen haben.

Es kommt eine Öffnung!

Im Jahr 1985 geschah etwas Ungewöhnliches, als ich in Tuscula in Finnland auf einer nationalen Konferenz sprach, die in einem großen Zelt stattfand. Mit einem Mal fing Gott mir an zu zeigen, was Er östlich von uns in der Sowjetunion tun würde. Ich sagte den Finnen: „Gott zeigt mir, dass die Sowjetunion sich öffnen wird." Dann sah ich eine Vision von Gläubigen, die in aller Freiheit auf den Straßen von Russland predigten. Ich sah, wie öffentlich Bibeln verteilt wurden, und wie russische Missionare in die ganze Welt gehen. Ich teilte dies live den Finnen mit, während Gott mir diese Dinge zeigte. Ich erinnere mich noch genau an die Reaktion, als ich diese Aussagen machte. Ihre Gesichter schienen zu sagen: „Mann, o Mann, hör sich einer diesen verrückten Prediger an!"

Im darauffolgenden Jahr 1986 verkündete Gorbatschow, dass „Glasnostch", das russische Wort für „Offenheit", in die Sowjetunion gekommen sei. Nach der Tragödie von Tschernobyl, welche das Ausmaß der Täuschung der Regierung offenbart hatte, fing die Sowjetunion an, sich zu öffnen. Es gab natürlich viele weitere Faktoren, die zum Ende der kommunistischen Herrschaft geführt haben, die zu zahlreich sind, um sie hier zu erklären. Als ich in jenem Jahr sah, wie sich diese Ereignisse zügig in Russland und Osteuropa entfalteten, da dachte ich an den Abend in dem Zelt in Tuscula in Finnland zurück, wo der Herr zu mir darüber gesprochen hatte. Gott sagte, dass Offenheit kommt. Er wollte, dass wir uns bereit machen. Innerhalb kurzer Zeit predigte ich selbst auf den Straßen von Russland ohne jede Behinderung, genau so, wie Gott es vorausgesagt hatte. In einer Stadt, wo ich auf einem offenen Platz predigte, kamen sogar Polizisten auf mich zu, die mich leise um eine Bibel baten.

Boris Jelzin, der neue Staatslenker Russlands damals, bat die weltweite Christenheit, dass sie 125 Millionen Bibeln senden sollte, damit jeder Student eine Bibel erhalten könne. Viele Missionswerke kamen im Jahr 1990 zusammen und sandten daraufhin etwa 25 Millionen Bibeln. Aber wir waren nicht darauf vorbereitet, so viele Bibeln zu senden, wie die Regierung angefordert hatte. Was für eine verlorene Gelegenheit!

Wir müssen uns bereit machen

Vor einigen Jahren organisierte Bruder Andrew eine heimliche Bibel-Verteilaktion in China. Neben anderen erstaunlichen Leistungen schafften seine freiwilligen Helfer es, eine Million Bibeln auf kleinen Schiffen von Hongkong nach China zu transportieren. Später forderten Geschäftsleute die chinesische Regierung in Beijing heraus, das Drucken von Bibeln in China zu gestatten. Sie fragten: „Warum habt ihr Angst vor der Bibel?“

Die Regierung stimmte daraufhin dem Druck von Bibeln zu. Einige Missionare von JmeM wurden ein Teil des Teams, welches die Bibeln druckte. Ein Jahr nach Beginn des Programms waren ein bis drei Millionen Bibeln in China gedruckt worden. Mit Genehmigung der Regierung haben auch andere Werke und Organisationen Bibeln nach China gebracht, damit sie dort verteilt werden. Bis heute hat es keine ernsthafte Opposition dagegen gegeben. Heute – im Jahr 2012 – hat China eine Bevölkerung von 1,351 Milliarden Menschen (das sind 1.351 Millionen!). Und da die Anzahl der gläubigen Christen jeden Tag um mehrere tausend zunimmt, gibt es bei weitem noch nicht genug Bibeln in China.

Wir dürfen keine weitere Gelegenheit verpassen. Wir müssen Sein Wort zu den Völkern bringen. Der Herr zählt auf uns und ist begierig darauf, mit uns zu gehen und zu wirken, um Sein Wort in die ganze Welt zu tragen. Er will, dass wir mit Gebet die Schriften nach Antworten durchforschen, um Lösungen für jedes Problem zu finden, das die Menschheit hat. Er hat diesen unbezahlbaren Schatz in unsere Hände gegeben. Es ist Zeit, ihn zu nutzen!

Ein Gleichnis für die Nationen

Ich bin Bob Moffitt dankbar, dass er mir gestattete, das folgende Gleichnis aus seinem Buch „If Jesus Were Mayor“ in dieses Buch aufzunehmen. Es fasst so viel von dem Geist zusammen, den ich in diesem Buch vermitteln will.

Das Gleichnis von Juan

Juan spürte eine Berufung von Gott, in eine Gegend mit wenigen Gemeinden zu ziehen und in dieser stark wachsenden Stadt eine neue Gemeinde zu gründen. Jedes Mal, wenn er mit einem Bus zur Arbeit fuhr, kam der Bus an einem Slumgebiet von Las Pavas vorbei. Juan spürte eine seltsame Zuneigung zu den Menschen, die dort lebten. Er hatte nicht viel Training erfahren – nur einige Bibelschulkurse im Fernstudium. Was er jedoch hatte war eine Leidenschaft zu helfen, dass Menschen Jesus kennenlernen.

Juan sprach mit seiner Frau, und gemeinsam entschieden sie, mit ihren beiden jungen Töchtern nach Las Pavas zu ziehen. Sie mieteten eine kleine Holzbaracke, bestehend aus einem Zimmer. Las Pavas hatte kein Wasser, keine Elektrizität, keine Schule und kein Krankenhaus. Die Straßen waren schmutzig und staubig. Die Menschen waren arm. Sie lebten in Baracken, die aus Dachpappe, Dosen, alten Reifen, Pappkartons, alten Brettern und allem, was sie finden konnten, zusammengebaut waren. Es war ein hartes Leben, doch Juan und seine Frau glaubten, dass Gott sie berufen hatte, um dort zu leben und zu dienen.

Juan arbeitete tagsüber, nutzte jedoch seine Abende, um Nachbarn zu besuchen und sie in sein Heim zum Bibelstudium einzuladen. An den Wochenenden tat er den Dienst eines Pastors. Einige Monate später versammelte sich jeden Sonntag eine kleine Gruppe von Frauen und Kindern in Juans kleinem Ein-Zimmer-Haus. Nach einigen weiteren Monaten waren sie in der Lage, einen Raum zu mieten, der als Versammlungsort diente. Juan hatte ungefähr 20 Frauen und viele Kinder in seiner Gemeinde; Männer jedoch fehlten. Die Männer der Nachbarschaft mochten Juan, glaubten aber, dass Religion etwas für Frauen und Kinder sei.

Juan war ein treuer und liebevoller Pastor. Er stand jeden morgen früh auf, um für seine Leute zu beten und die Bibel zu studieren. Nach dem ersten Jahr hatten sie gute Gemeinschaft, doch es gab nicht viel Wachstum. Juan und seine Frau merkten, dass die armseligen Lebensumstände sie gesundheitlich schwächten. Ihre kleinen Töchter waren oft krank. Juan verdiente nicht genug Geld, um ihnen richtige medizinische Versorgung zu ermöglichen. Er war entmutigt.

Eines Morgens stand Juan frühmorgens um vier leise auf. Wie gewöhnlich bewegte er sich vorsichtig, um seine Frau und seine Töchter nicht zu wecken. Er hatte einen Plastikvorhang aufgehängt, um den Raum zu teilen. Nachts trennte dieser den Schlafbereich vom Wohnbereich, der mit einem Tisch und vier Stühlen eingerichtet war. Juan setzte sich an den Tisch und zündete den Docht in einer alten Milchkanne an. Sie war mit Paraffin gefüllt und diente als Lampe. Er öffnete seine Bibel und begann zu lesen. An diesem Morgen las er Jesaja 58. Er las über Gottes Herz für die Hungrigen, die Nackten, die Obdachlosen und die Bedrückten.

Juans Herz schrie leise: „Gott, ich sehe Dein Herz für die Armen in der Bibel. Warum sehe ich es nicht auch hier in Las Pavas?“ Er war tief bewegt von den Nöten der Menschen, und eine Träne floss an seiner Wange herunter, während er betete. Als er über den Unterschied zwischen seiner Erfahrung und dem, was er hier las, nachdachte, klopfte es sanft an seine Tür.

Sogleich ging Juan zur Tür, doch er öffnete sie nicht. Es war gefährlich, die Tür im Dunkeln einem Fremden zu öffnen. „Wer ist da?“, flüsterte Juan.

Eine sanfte Stimme sagte: „Ich bin Jesus, Juan.“

„Wer bist du wirklich?“

Die Stimme sagte erneut: „Ich bin Jesus, Juan.“

Die Stimme klang so sanft, dass Juan fast glaubte, dass es wirklich Jesus sei. Leise schob er den Riegel der Tür zurück und öffnete sie vorsichtig einen spaltweit. Er konnte die Umrisse eines Mannes im Dunkeln erkennen, der nicht bedrohlich aussah. Juan öffnete die Tür ein wenig mehr und sagte: „Komm herein.“

Doch Jesus sagte: „Nein Juan, Ich habe deinen Schrei heute Morgen gehört. Ich bin gekommen, damit du mir die Dinge zeigen kannst, die dich in Las Pavas belasten.“ Juan trat schnell und leise nach draußen, ein wenig überrascht von seinem eigenen plötzlichen Gehorsam gegenüber dieser Einladung. Er schloss die Tür hinter sich.

Juan sagte: „In Ordnung, Jesus, aber bleibe nahe bei mir. Dies ist die Regenzeit, und ich weiß, wo man gehen muss, um die Pfützen zu vermeiden."

„Okay Juan", sagte Jesus. „Ich folge dir."

Sie fingen an, den gewundenen Pfad entlang zu gehen. Während sie gingen, sagte Juan: „Jesus, da drüben, in dieser Baracke, lebt eine alleinstehende Mutter. Sie verkauft ihren Körper – in ihrem Haus und vor ihren Kindern, um Geld für Nahrung zu verdienen." Sie gingen ein wenig weiter. „In dieser Baracke aus Dachpappe lebt eine Familie. Der Mann ist Alkoholiker. Er kommt oft betrunken nach Hause und schlägt seine Frau und seine Kinder. Die ganze Nachbarschaft kann ihn brüllen hören. Jesus, ich kann es kaum ertragen, wenn ich die Schreie höre, doch ich kann nichts tun."

Sie gingen weiter und Juan sagte: „Halte bitte deine Nase zu, wenn wir hier hinübergehen. Diesen Ort nutzt jeder, um seinen Müll und die Toilettenabfälle zu entsorgen." Sie konnten die Ratten hören, wie sie den Müll durchwühlten. Dann zeigte Juan auf eine andere Behausung. Diese war größer als die anderen. Juan sagte: „Hier, Jesus, lebt der Presidente von Las Pavas. Er meint, dass er ein großer Mann sei. Überall sammelt er Geld und erzählt den Menschen, es sei dafür bestimmt, Wasser und Elektrizität hierher zu bringen. Aber jeder weiß, dass er es für Alkohol und Frauen ausgibt."

Dann machte Juan eine Biegung und ging den Hügel herunter, um zu dem Ort zurückzugehen, wo sie hergekommen waren. Juan zeigte auf eine kleine Baracke am Fuß des Hügels. „Jesus", sagte er, „dies ist das Traurigste für mich in ganz Las Pavas. Die Frau, die dort lebt, wurde von dem Vater ihrer drei kleinen Kinder verlassen. Sie schlafen auf dem Boden. Wann immer es regnet überfluten schwarze Wasser ihre kleine Baracke. Manchmal sitzt sie die ganze Nacht da und hält ihre Kinder auf dem Arm, damit diese nicht ertrinken."

Juan hörte jemanden sanft weinen. Er schaute sich um. An der Art der Bewegung von Jesu Schultern konnte er sehen, dass es der

Herr war, der weinte. Juan erkannte, dass dieselben Dinge, die sein Herz brachen, auch das Herz von Jesus brachen. Mit gebrochener Stimme wandte Jesus sich um und sagte: „Juan, ich will dir meine Absichten für Las Pavas zeigen."

Juan wusste nicht, wie es geschehen war, doch plötzlich blickten er und Jesus auf Las Pavas herab. Er konnte die ganze Region sehen. Jesus begann, über angemessene Häuser zu reden. Plötzlich verwandelten sich die Baracken in kleine, hübsche Häuschen. Sie waren nicht besonders, aber sie waren schön. Jesus sprach über Jobs, und Juan sah, dass die Menschen nun zur Arbeit gingen. Irgendwie konnte er erkennen, dass es keine hochbezahlten Jobs waren, doch er wusste, dass sie nun genug verdienten, um ihre Familien in Las Pavas zu versorgen.

Jesus sprach auch über Wasser. Plötzlich waren überall Wasserkanäle in der Stadt – und jeder hatte sauberes Wasser. Jesus sprach über Bildung und Gesundheit. Direkt vor Juans Augen entstanden eine Schule und eine Klinik. Jesus sprach über Schönheit. Juan sah, wie sich die Müllberge entfernten. An ihrer Stelle spielten jetzt Kinder auf einer Wiese mit Bäumen und Blumen. Jesus sprach über gesunde Familien, in denen Männer, Frauen und Kinder einander achteten und liebten. Dann sprach Jesus über geistliche Heilung, und Juan sah seine kleine Gemeinde voll mit Familien – einschließlich der Männer. Er war begeistert. Er dachte: Das ist die Art von Gemeinde, wie ich sie liebe!

Natürlich konnte Jesus seine Gedanken lesen und sagte: „Juan, das sind meine Absichten und Pläne für Las Pavas. Ich will, dass du den Menschen von meinen Plänen erzählst und damit beginnst, sie dahin zu führen."

„Aber Jesus", protestierte Juan. „Ich kann das nicht tun. Wie kann meine kleine Gemeinde von Frauen und Kindern irgendetwas tun? Wir kämpfen doch selbst ums Überleben."

„Juan, höre mir zu. Ich will, dass du den Menschen hier meine Pläne mitteilst, und dass du deine Gemeinde unterweist, ihren Nachbarn zu dienen. Besucht die Kranken. Besucht die alleinstehenden

Mütter. Redet mit ihren Nachbarn. Sie können einen Becher Reis, ein Stück Seife, etwas Zucker oder Salz, ein wenig Gemüse und Kleidung bringen, die sie nicht brauchen. Sammelt dies in Körben und bringt es zu denen, die größere Not haben als ihr. Dies solltet ihr jede Woche tun. Dann gehst du hin und baust Beziehungen mit den Beamten der Stadt. Erforsche, was nötig ist, um Wasser und Strom nach Las Pavas zu bringen."

„Jesus", sagte Juan, „wir müssen realistisch sein. Diese kleinen Dinge werden nie einen Unterschied ausmachen. Ich …"

„Juan, wer erschuf die Welt?"

„Du hast es getan, Herr, aber …"

„Juan, wer hat die Wasser des Meeres geteilt, damit das Volk Israel hindurchgehen konnte?"

„Du hast es getan, Herr, aber …"

„Juan, wer hat die Fünftausend mit fünf Broten und zwei Fischen gespeist?"

„Du hast es getan, Herr, aber …"

„Juan, Ich bin derselbe gestern, heute und in Ewigkeit. Tue du deinen Teil, und Ich tue den Rest. Einige Dinge werden nicht erfüllt werden, bis Ich wiederkomme. Aber Ich will, dass du mit dem Prozess beginnst. Du und deine kleine Herde – ihr seid meine Botschafter, meine Repräsentanten. Wenn ihr gehorcht, werde Ich anfangen, Las Pavas zu heilen."

Juan dachte darüber nach, was Jesus gesagt hatte. Plötzlich hörte er einen Hahn krähen. Er konnte seine Frau hören, wie sie sich hinter dem Vorhang bewegte. Als er sich umdrehte wurde ihm bewusst, dass er wieder an dem Tisch in seiner Hütte saß. Der Docht war ausgegangen. Draußen wurde es langsam hell.

Juan schaute sich nach Jesus um, aber er sah niemanden. Was war geschehen? Juan dachte: „Habe ich eine Vision gehabt? War es ein Traum?" Er wusste es nicht. Doch er wusste, dass er Jesus begegnet war und eine neue Vision für die Gemeinde und die Stadt Las Pavas hatte.

****

Was wäre, wenn du mit Jesus durch deine Nachbarschaft und Umgebung gehen würdest? Was wäre, wenn du mit Ihm über deinen Dienst, deine Firma oder dein Land reden würdest? Wirst du dann die Wünsche Seines Herzens und den Klang seines Weinens hören? Wärest du bereit, etwas zu tun, das unmöglich erscheint? Wärest du bereit zu glauben, dass derjenige, der die Brote und Fische vermehrte, auch deinen Dienst und Einsatz multiplizieren kann? Wärst du bereit, Ihm zu vertrauen, deinen Teil der Welt zu verändern?

Wenn wir auf Ihn hören und tun, was Er uns sagt, werden wir ganze Nationen zu Jüngern machen. Wir werden die Welt verändern. Wir werden erleben, wie die Erkenntnis Seiner Person die Erde erfüllt so wie Wasser das Meer bedeckt.

Aufschließen der Abraham-Verheißung

Sieben Schlüssel zur Multiplikation

Es gibt eine Verheißung im Wort Gottes, die für alle Christen gilt, männlich und weiblich, ungeachtet der Rasse oder des sozialen Hintergrunds. Diese Verheißung führt zu großer Fruchtbarkeit und Segnungen im Leben des Gläubigen.

Sie garantiert ein Leben im Sieg über alle Feinde und eröffnet das Potenzial, Nationen zu erreichen und zu segnen. Sie wird durch einen Schwur des Allerhöchsten bekräftigt und wartet darauf, aufgeschlossen zu werden: Der Abraham-Segen! Als Christen sind wir Erben der Verheißung Gottes an Abraham, dass alle Familien der Erde Seinen Segen erfahren und göttliche Vermehrung erleben.

Autor und Dienst: Berin Gilfillan ist der visionäre Gründer der ISDD Bibelschule sowie der Organisation „Good Shepherd Ministries", wohinter Gottes Vision steht, Gemeinden zu helfen, Christen im Wort Gottes als Jünger Jesu und für den Dienst auszubilden. Dieses Buch beschreibt die Vision der Multiplikation hinter der ISDD Bibelschule und beschreibt die Aufgabe, welche Gott uns gegeben hat, mit Ihm zusammenzuarbeiten. Heute gibt es über 200.000 aktive Bibelschüler in über 145 Nationen der Welt und in 60 Sprachen. ISDD ist ein Hilfsdienst für Pastoren und Leiter, eine neue Generation von Christen auszubilden und die große Endzeiternte einzuholen. Die Arbeit erfährt explosive Multiplikation in der ganzen Welt.

Berin Gilfillan - 133 Seiten - 9,95 Euro

www.isddbibelschule.de

Erhältlich unter: http://cfeshop.rakuten-shop.de